SHENJI
ANLI FENXI

审计案例分析

主　编 翁维
副主编 彭洁　罗丹　庞磊　罗敬

中国财经出版传媒集团
经济科学出版社
Economic Science Press

图书在版编目（CIP）数据

审计案例分析/翁维主编. —北京：经济科学出版社，2021.9
ISBN 978 – 7 – 5218 – 2848 – 1

Ⅰ. ①审… Ⅱ. ①翁… Ⅲ. ①审计 – 案例 – 中国 – 高等学校 – 教材 Ⅳ. ①F239.22

中国版本图书馆 CIP 数据核字（2021）第 182555 号

责任编辑：周国强
责任校对：靳玉环
责任印制：王世伟

审计案例分析
主　编　翁　维
副主编　彭　洁　罗　丹　庞　磊　罗　敬
经济科学出版社出版、发行　新华书店经销
社址：北京市海淀区阜成路甲 28 号　邮编：100142
总编部电话：010 – 88191217　发行部电话：010 – 88191522
网址：www.esp.com.cn
电子邮箱：esp@esp.com.cn
天猫网店：经济科学出版社旗舰店
网址：http://jjkxcbs.tmall.com
北京季蜂印刷有限公司印装
787×1092　16 开　12.5 印张　220000 字
2021 年 9 月第 1 版　2021 年 9 月第 1 次印刷
ISBN 978 – 7 – 5218 – 2848 – 1　定价：68.00 元
（图书出现印装问题，本社负责调换。电话：010 –88191510）
（版权所有　侵权必究　打击盗版　举报热线：010 – 88191661
QQ：2242791300　营销中心电话：010 – 88191537
电子邮箱：dbts@esp.com.cn）

前言

审计学是一门理论性和实践性兼备的学科，一方面要求学生能够深入理解审计准则的要求，另一方面又要求学生能熟悉审计业务流程和企业业务内容。审计案例教学不仅能够帮助学生更好地理解审计理论知识、锻炼学生的逻辑思维能力和团队合作精神，还能增强学生的学习兴趣和对审计理论与实践以及审计准则的理解。

本书所选案例涉及审计职业道德与法律责任、销售与收款循环审计、购货与付款循环审计、生产与存货循环审计、筹资与投资循环审计、货币资金审计、新能源类公司审计、新媒体类公司审计、IPO公司审计等，涵盖上市公司财务报表审计实际工作的诸多环节，具有较强的可读性和指导性。特别是，为紧跟审计行业发展新趋势，引入了新能源类、新媒体类和IPO公司审计的真实案例，以求增加本教材的前瞻性和新颖性。

本书分为九章。第一章介绍了职业道德与法律责任；第二至六章分别介绍了五大审计循环，分别是销售与收款循环审计、购货与付款循环审计、生产与存货循环审计、筹资与投资循环审计、货币资金审计；第七章介绍了新能源类公司审计；第八章介绍了新媒体类公司审计；第九章介绍了IPO公司审计。一共有16个案例，各案例既相互独立又具有系统性。

本书所有章节编撰思路按照相关概念、案例分析、延伸思考、相关规定共四节依次展开，旨在全方位提高学生对审计案例的分析能力。第一节，相关概念，主要是根据章节内容引入相关的概念和理论，进行逐一介绍。第二节，案例分析，包括被审计单位情况介绍、主要会计问题、审计单位情况介绍、主要审计问题等，着力于在更高层次上训练学生的审计实践能力。第三节，延伸思考，主要是希望以问题形式，激发学生思维的灵活性，发散思考，更深入地解读案例。第四节，相关规定，这是根据第二节案例分析中的主要会计问题和主要审计问题涉及的会计准则和审计准则进行补充，拓展学生知识面。

本书比较全面地反映了审计理论和实务的发展与应用情况，可作为培养应用型人才的高等学校审计学专业、会计学专业本科学生的教材，也可作为高职高专和成人教育相关专业的教材，亦可作为审计工作者的培训教材和业务参考书。

本书由云南师范大学经济与管理学院翁维主编并审定[①]，彭洁、罗丹、庞磊和罗敬四位老师参与了编写工作。另外，郭昌鸿、蔡赵旖、迟雪华、张尤娅琪、何亚梅等同学做了具体的编写校对工作，在此特致以感谢。

由于水平和时间有限，书中难免有些遗漏和不足之处，敬祈指正。

编者
2021 年 7 月

---

① 教师如需课件资料请联系主编：Vemal@163.com。

目录

第一章 职业道德与法律责任 1
    第一节 相关概念 1
    第二节 案例分析 7
    第三节 延伸思考 23
    第四节 相关规定 23

第二章 销售与收款循环审计 31
    第一节 相关概念 31
    第二节 案例分析 34
    第三节 延伸思考 50
    第四节 相关规定 51

第三章 购货与付款循环审计 59
    第一节 相关概念 59
    第二节 案例分析 64
    第三节 延伸思考 72
    第四节 相关规定 73

第四章 生产与存货循环审计 75
    第一节 相关概念 75
    第二节 案例分析 79
    第三节 延伸思考 91
    第四节 相关规定 91

第五章 筹资与投资循环审计 93
    第一节 相关概念 93

第二节 案例分析 ………………………………………… 99
第三节 延伸思考 ………………………………………… 108
第四节 相关规定 ………………………………………… 109

第六章 货币资金审计 ……………………………………… 120

第一节 相关概念 ………………………………………… 120
第二节 案例分析 ………………………………………… 123
第三节 延伸思考 ………………………………………… 136
第四节 相关规定 ………………………………………… 136

第七章 新能源类公司审计 ………………………………… 147

第一节 相关概念 ………………………………………… 147
第二节 案例分析 ………………………………………… 148
第三节 延伸思考 ………………………………………… 153
第四节 相关规定 ………………………………………… 154

第八章 新媒体类公司审计 ………………………………… 156

第一节 相关概念 ………………………………………… 156
第二节 案例分析 ………………………………………… 161
第三节 延伸思考 ………………………………………… 167
第四节 相关规定 ………………………………………… 167

第九章 IPO 公司审计 ……………………………………… 171

第一节 相关概念 ………………………………………… 171
第二节 案例分析 ………………………………………… 177
第三节 延伸思考 ………………………………………… 185
第四节 相关规定 ………………………………………… 185

参考文献 …………………………………………………… 190

第一章
职业道德与法律责任

第一节 相关概念

注册会计师应当遵守中国注册会计师职业道德守则（以下简称"职业道德守则"），履行相应的社会责任，维护公众利益。为了维护公众利益，注册会计师应当持续提高职业素养。

一、注册会计师职业道德

（一）注册会计师职业道德概念界定

本书中所谓的注册会计师职业道德，是指对注册会计师的职业品德、职业纪律、业务能力、工作规则及职业责任等思想方式和行为方式所做的基本规定和要求。[①]

（二）注册会计师职业道德基本原则

根据 2020 年 12 月 17 日修订的《中国注册会计师职业道德守则第 1 号——职业道德基本守则》要求注册会计师在执业中，应遵循下列职业道德基本原则[②]：

1. 诚信

注册会计师应当遵循诚信原则，在所有的职业活动中保持正直、诚实守信。诚信是社会主义市场经济运行的基础。对注册会计师行业来说，诚信是注册会计师行业存在和发展的基石，在职业道德基本原则中居于首要地位。

注册会计师如果认为业务报告、申报资料、沟通函件或其他方面的信息存在下列问题，不得与这些有问题的信息发生关联：含有虚假记载、误导性陈述；含有缺乏充分根据的陈述或信息；存在遗漏或含糊其辞的信息，而这种遗漏或含糊其辞可能会产生误导。注册会计师如果注意到已与有问题的信息发生关联，应当采取措施消除关联。

2. 客观公正

注册会计师应当遵循客观公正原则，公正处事，实事求是，不得由于偏见、利益

[①] 崔君平，徐振华. 审计学 [M]. 北京：北京大学出版社，2020：156-161.
[②] 中国注册会计师协会. 中国注册会计师职业道德守则（2020）[Z]. 2020-12-17.

冲突或他人的不当影响而损害自己的职业判断。如果存在对职业判断产生过度不当影响的情形，注册会计师不得从事与之相关的职业活动。

3. 独立性

在执行审计和审阅业务、其他鉴证业务时，注册会计师应当遵循独立性原则，从实质上和形式上保持独立性，不得因任何利害关系影响其客观公正。独立性是鉴证业务的灵魂，是专门针对注册会计师从事审计和审阅业务、其他鉴证业务而提出的职业道德基本原则。

4. 专业胜任能力和勤勉尽责

注册会计师应当遵循专业胜任能力和勤勉尽责原则。根据该原则的要求，注册会计师应当：获取并保持应有的专业知识和技能，确保为客户提供具有专业水准的服务；做到勤勉尽责。

注册会计师应当通过教育、培训和执业实践获取和保持专业胜任能力；持续了解并掌握当前法律、技术和实务的发展变化，将专业知识和技能始终保持在应有的水平。在运用专业知识和技能时，注册会计师应当合理运用职业判断。

注册会计师应当勤勉尽责，既要遵守职业准则的要求又要保持应有的职业怀疑，认真、全面、及时地完成工作任务；采取适当措施，确保在其授权下从事专业服务的人员得到应有的培训和督导。在适当时，注册会计师应当使客户或专业服务的其他使用者了解专业服务的固有局限。

5. 保密

注册会计师应当遵循保密原则，对职业活动中获知的涉密信息保密。根据该原则，注册会计师应当遵守下列要求：

（1）警觉无意中泄密的可能性，包括在社会交往中无意中泄密的可能性，特别要警觉无意中向关系密切的商业伙伴或近亲属泄密的可能性；

（2）对所在会计师事务所内部的涉密信息保密；

（3）对职业活动中获知的涉及国家安全的信息保密；

（4）对拟承接的客户向其披露的涉密信息保密；

（5）在未经客户授权的情况下，不得向会计师事务所以外的第三方披露其所获知的涉密信息，除非法律法规或职业准则规定注册会计师在这种情况下有权利或义务进行披露；

（6）不得利用因职业关系而获知的涉密信息为自己或第三方谋取利益；

（7）不得在职业关系结束后利用或披露因该职业关系获知的涉密信息；

（8）采取适当措施，确保下级员工以及为注册会计师提供建议和帮助的人员履行保密义务。

在终止与客户的关系后，注册会计师应当对以前职业活动中获知的涉密信息保密。如果变更工作单位或获得新客户，注册会计师可以利用以前的经验，但不得利用或披露以前职业活动中获知的涉密信息。

如果注册会计师遵循保密原则，信息提供者通常可以放心地向注册会计师提供其从事职业活动所需的信息，而不必担心该信息被其他方获知，这有利于注册会计师更好地维护公众利益。

6. 良好职业行为

注册会计师应当遵循良好的职业行为原则，爱岗敬业，遵守相关法律法规，避免发生任何可能损害职业声誉的行为。

注册会计师不得在明知的情况下，从事任何可能损害诚信原则、客观公正原则或良好职业声誉，从而可能违反职业道德基本原则的业务、职务或活动。如果一个理性且掌握充分信息的第三方很可能认为某种行为将对良好的职业声誉产生负面影响，那么这种行为属于可能损害职业声誉的行为。

注册会计师在向公众传递信息以及推介自己和工作时，应当客观、真实、得体，不得损害职业形象。注册会计师应当诚实、实事求是，不得有下列行为：夸大宣传提供的服务、拥有的资质或获得的经验；贬低或无根据地比较他人的工作。

（三）职业道德概念框架

1. 职业道德概念框架的概念界定

本书中的职业道德概念框架，是指解决职业道德问题的思路和方法，用以指导注册会计师：识别对职业道德基本原则的不利影响；评价不利影响的严重程度；必要时采取防范措施消除不利影响或将其降低至可接受的水平。①

注册会计师遇到的许多情形（如职业活动、利益和关系）都可能对职业道德基本原则产生不利影响，职业道德概念框架旨在帮助注册会计师应对这些不利影响。职业道德概念框架适用于各种可能对职业道德基本原则产生不利影响的情形。

2. 识别对职业道德基本原则的不利影响

（1）前提。

注册会计师识别不利影响的前提是了解相关事实和情况，包括了解可能损害职业道德基本原则的职业活动、利益和关系。

某些由法律法规、注册会计师协会或会计师事务所制定的，用于加强注册会计师职业道德的条件、政策和程序也可能有助于识别对职业道德基本原则的不利影响。这些条件、政策和程序也是在评价不利影响的严重程度时需要考虑的因素。

（2）可能会产生不利影响的因素。

①自身利益。因自身利益产生的不利影响，是指由于某项经济利益或其他利益可能不当影响注册会计师的判断或行为，而对职业道德基本原则产生的不利影响。这种不利影响的例子包括：注册会计师在客户中拥有直接经济利益；会计师事务所的收入过分依赖某一客户；会计师事务所以较低的报价获得新业务，而该报价过低，可能导致注册会计师难以按照适用的职业准则要求执行业务；注册会计师与客户之间存在密切的商业关系，注册会计师能够接触到涉密信息，而该涉密信息可能被用于谋取个人私利；注册会计师在评价所在会计师事务所以往提供的专业服务时，发现了重大错误。

②自我评价。因自我评价产生的不利影响，是指注册会计师在执行当前业务的过

---

① 中国注册会计师协会. 中国注册会计师职业道德守则（2020）[Z]. 2020-12-17.

程中，其判断需要依赖其本人或所在会计师事务所以往执行业务时作出的判断或得出的结论，而该注册会计师可能不恰当地评价这些以往的判断或结论，从而对职业道德基本原则产生的不利影响。这种不利影响的例子包括：注册会计师在对客户提供财务系统的设计或实施服务后，又对该系统的运行有效性出具鉴证报告；注册会计师为客户编制用于生成有关记录的原始数据，而这些记录是鉴证业务的对象。

③过度推介。因过度推介产生的不利影响，是指注册会计师倾向客户的立场，导致该注册会计师的客观公正原则受到损害而产生的不利影响。这种不利影响的例子包括：注册会计师推介客户的产品、股份或其他利益；当客户与第三方发生诉讼或纠纷时，注册会计师为该客户辩护；注册会计师站在客户的立场上影响某项法律法规的制定。

④密切关系。因密切关系产生的不利影响，是指注册会计师由于与客户存在长期或密切的关系，导致过于偏向客户的利益或过于认可客户的工作，从而对职业道德基本原则产生的不利影响。这种不利影响的例子包括：审计项目团队成员的主要近亲属或其他近亲属担任审计客户的董事或高级管理人员；鉴证客户的董事、高级管理人员，或所处职位能够对鉴证对象施加重大影响的员工，最近曾担任注册会计师所在会计师事务所的项目合伙人；审计项目团队成员与审计客户之间长期存在业务关系。

⑤外在压力。因外在压力产生的不利影响，是指注册会计师迫于实际存在的或可感知到的压力，导致无法客观行事而对职业道德基本原则产生的不利影响。这种不利影响的例子包括：注册会计师因对专业事项持有不同意见而受到客户解除业务关系或被会计师事务所解雇的威胁；由于客户对所沟通的事项更具有专长，注册会计师面临服从该客户判断的压力；注册会计师被告知，除非其同意审计客户某项不恰当的会计处理，否则计划中的晋升将受到影响；注册会计师接受了客户赠送的重要礼品，并被威胁将公开其收受礼品的事情。

3. 应对不利影响的措施

（1）消除不利影响或将其降低至可接受的水平。如果注册会计师确定识别出的不利影响超出可接受的水平，应当通过消除该不利影响或将其降低至可接受的水平来予以应对。注册会计师应当通过采取下列措施应对不利影响：消除产生不利影响的情形，包括利益或关系；采取可行并有能力采取的防范措施将不利影响降低至可接受的水平；拒绝或终止特定的职业活动。

（2）采取防范措施。防范措施是指注册会计师为了将对职业道德基本原则的不利影响有效降低至可接受的水平而采取的行动，该行动可能是单项行动，也可能是一系列行动。防范措施随事实和情况的不同而有所不同。例如，在特定情况下可能能够应对不利影响的防范措施包括：向已承接的项目分配更多时间和有胜任能力的人员，可能能够应对因自身利益产生的不利影响；由项目组以外的适当复核人员复核已执行的工作或在必要时提供建议，可能能够应对因自我评价产生的不利影响；向鉴证客户提供非鉴证服务时，指派鉴证业务项目团队以外的其他合伙人和项目组，并确保鉴证业务项目组和非鉴证服务项目组分别向各自的业务主管报告工作，可能能够应对因自我评价、过度推介或密切关系产生的不利影响；由其他会计师事务所执行或重新执行业务的某些部分，可能能够应对因自身利益、自我评价、过度推介、密切关系或外在压力产生的不利影响；由不同项目组分别应对具有保密性质的事项，可能能够应对因自身利益产生的不利影响。

（3）形成总体结论。注册会计师应当就其已采取或拟采取的行动是否能够消除不利影响或将其降低至可接受的水平形成总体结论。在形成总体结论时，注册会计师应当：复核所作出的重大判断或得出的结论；实施理性且掌握充分信息的第三方测试。①

二、注册会计师的法律责任

（一）注册会计师法律责任的概念

注册会计师法律责任是指注册会计师在承办业务的过程中，未能履行合同条款或者未能保持应有的职业谨慎，或者出于故意未按专业标准出具合格报告，致使审计报告使用者遭受损失，依照有关法律法规，注册会计师或会计师事务所应承担的法律责任。按照应该承担责任的内容不同，注册会计师的法律责任可分为行政责任、民事责任和刑事责任三种。三种责任可以同时追究，也可以单独追究。②

（二）对注册会计师责任的认定

引起注册会计师法律责任的原因主要源自注册会计师的违约、过失和欺诈。

1. 违约

违约指合同的一方或几方未能达到合同条款的要求。当审计业务违约给他人造成损失时，注册会计师应承担违约责任。

2. 过失

过失指在一定条件下缺少应有的合理谨慎。评价注册会计师的过失，是以其他合格注册会计师在相同条件下可做到的谨慎为标准的。当过失给他人造成损害时，注册会计师应负过失责任。过失按其程度不同分为普通过失和重大过失两种。

（1）普通过失（一般过失）。普通过失指没有保持职业上应有的合理的谨慎，对注册会计师而言，普通过失是指注册会计师没有完全遵循专业准则的要求。

（2）重大过失。重大过失是指连起码的职业谨慎都不保持，对重要的业务或事务不加考虑，满不在乎。对注册会计师而言，重大过失是指注册会计师根本没有遵循专业准则或没有按专业准则的基本要求执行审计。

3. 欺诈

欺诈又称舞弊，是以欺骗或坑害他人为目的的一种故意的错误行为。对注册会计师而言，欺诈就是为了达到欺骗他人的目的，明知委托单位的财务报表有重大错报，却加以虚伪的陈述，出具无保留意见的审计报告。

---

① 中国注册会计师协会. 中国注册会计师职业道德守则（2020）［Z］. 2020 – 12 – 17.
② 张丽. 审计学［M］. 成都：西南财经大学出版社，2020：40.

推定欺诈又称涉嫌欺诈，是指虽无故意欺诈或坑害他人的动机，但存在极端或异常的过失。①

（三）影响法律责任的几个概念

1. 经营失败

经营失败指企业由于经济或经营条件的变化，如经济衰退、不当的管理决策或出现意料之外的行业竞争等，无法满足投资者的预期。经营失败的极端情况是申请破产。

2. 审计失败

审计失败指注册会计师由于没有遵守审计准则的要求而发表了错误的审计意见，例如，注册会计师可能指派了不合格的助理人员去执行审计任务，未能发现应当发现的财务报表中存在的重大错报。

3. 审计风险

审计风险指财务报表中存在重大错报而注册会计师发表不恰当审计意见的可能性（可能遵守或未遵守审计准则）。

在绝大多数情况下，当注册会计师未能发现重大错报并出具了错误的审计意见时，就可能产生注册会计师是否恪守应有的职业谨慎的法律问题。如果注册会计师在审计过程中没有尽到应有的职业谨慎，就属于审计失败。

审计风险不为零的原因如下：由于审计中的固有限制影响注册会计师发现重大错报的能力，注册会计师不能对财务报表整体不存在重大错报获取绝对保证。特别是如果被审计单位管理层精心策划和掩盖舞弊行为，注册会计师尽管完全按照审计准则执业，有时还是不能发现某项重大舞弊行为。

4. 审慎人

希望注册会计师审计对财务报表的公允表述做合理的保证，就是审慎人的概念。现实中，公众的"期望差距"往往使注册会计师陷入诉讼泥潭。②

（四）注册会计师承担法律责任的种类

注册会计师因违约、过失或欺诈给被审计单位或其他利害关系人造成损失的，按照有关法律规定，可能承担行政责任、民事责任或刑事责任。这三种责任可单处，也可并处。

行政责任，对注册会计师而言，包括警告、暂停执业、罚款、吊销注册会计师证书等；对会计师事务所而言，包括警告、没收违法所得、罚款、暂停执业、撤销等。民事责任主要是指赔偿受害人损失。刑事责任是指触犯刑法所必须承担的法律后果，其种类包括罚金、有期徒刑以及其他限制人身自由的刑罚等。③

---

①② 张丽. 审计学 [M]. 成都：西南财经大学出版社，2020：40-41.
③ 秦荣生，卢春泉. 审计学 [M]. 北京：中国人民大学出版社，2017：84-85.

第二节 案例分析

一、职业道德与法律责任——绿大地

(一) 被审计单位情况

1. 绿大地基本情况

云南绿大地生物科技股份有限公司（以下简称"绿大地"）创建于1996年。2001年完成股份制改造，2006年11月，绿大地申请深交所上市失败。2007年12月，绿大地股票在深交所上市，成为国内绿化行业第一家上市公司，云南省第一家民营上市企业。截至2007年绿大地申请上市时，注册资本1.5亿元人民币，公司的主要发起人、控股股东为何学葵，持有公司24 032 214股股份，占股本总额的38.18%，其股权结构见表1-1。此后，绿大地股权结构经历了多次调整，但控股股东何学葵的大股东地位从未动摇。

表1-1　　　　　　　绿大地2007年申请上市时股权结构

股东名称	持股数量（股）	持股比例（%）
何学葵	24 032 214	38.18
Treasure Land Enterprises Limited	11 187 456	17.77
中国科学院昆明植物研究所	6 712 474	10.67
北京歌元投资咨询有限公司	6 617 998	10.51
云南省红河热带农业科学研究所	4 712 156	7.49
严文艳	3 074 982	4.89
四川万佳投资有限责任公司	2 700 000	4.29
深圳市殷图科技发展有限责任公司	2 000 000	3.18
蒋凯西	1 900 000	3.02
合计	62 937 280	100.00

资料来源：巨潮资讯网。

绿大地主营业务为绿化工程设计及施工，绿化苗木种植及销售，拥有自主苗木生产基地2.9万余亩，生产各类绿化苗木500多种。绿大地是云南首家获得国家园林绿化施工一级资质的企业，在北京、成都等地都设有分、子公司，是国家级重大科技项目承担企业、中国优秀民营科技企业、云南省高新技术企业。

自2008年10月以来，绿大地三度更换财务总监、三度变更审计机构。

2009年绿大地的内部管理层对第三季度的业绩报告做多番修改。

2009年10月到2010年4月五次反复变更业绩预报表。

2010年3月,绿大地因信息披露严重违规等问题被证监会调查。

2010年12月,董事长何学葵持有的4 325.8万股云南绿大地股票被冻结,引起连锁反应,四个交易日内公司市值蒸发12.2亿元,超过80%的投资人损失惨重。2011年绿大地擅自变更了会计估计。①

2011年3月,董事长何学葵因涉嫌欺诈发行股票罪被公安机关逮捕。

2011年3月,北京、上海、成都三地的律师受云南绿大地投资人委托,起诉绿大地、何学葵、华泰联合证券。

2011年4月,财务总监李鹏因信息披露违规被公安机关控制。

2011年12月,云南省官渡区人民法院一审判决:绿大地因犯欺诈发行股票罪,被判处罚金人民币400万元;何学葵、蒋凯西因犯欺诈发行股票罪,各判处有期徒刑三年、缓刑四年;庞明星、赵海丽、赵海艳犯欺诈发行股票罪,分别判处有期徒刑二年、缓刑三年,有期徒刑二年、缓刑三年,有期徒刑一年、缓刑二年。②

在绿大地造假的6年时间里,累计造假达8.84亿元,其中上市前通过虚增资产、收入和利润等手段,共造假3.37亿元,上市后造假5.47亿元。

2. 主要会计问题

(1) 虚增资产。

绿大地财务造假的主要手段之一就是虚增资产,尤其是大幅虚增固定资产。2007年,绿大地上市时在其招股说明书中显示:截至2007年6月30日,绿大地拥有5 066.35万元固定资产净额。在昆明开发区内的办公楼占地26.5亩,总价942.59万元,其中包括绿大地将"外地坪、沟道"作价的107.66万元。其固定资产中的"马鸣基地"围墙的价值为686.9万元,该基地4块地,总共3 500亩,其围墙按周长来折算,每米围墙的造价达到了1 268.86元。此外,马鸣基地的3口深水井共216.83万元,平均达到72.27万元的单位造价。而该招股说明书上的另一口水井造价仅有8.13万元,价格相差悬殊。③

根据昆明市官渡区人民法院的判定显示,2004年2月,绿大地在购买马龙县旧县村委会土地时,虚增购买成本900万元;2005年4月,购买马龙县马鸣土地时,虚增购买成本3 190万元;截至2007年6月30日,绿大地改造马鸣基地灌溉系统时,将灌溉管网成本虚增797万元;2007年1~3月,绿大地对马鸣乡基地土壤改良时,虚增成本2 124万元。④

另外,绿大地2010年第一季度的季度报表中固定资产虚增5 983.67万元。⑤ 该季度母公司报表中,固定资产项目已经计入了子公司的固定资产,在合并报表的时候,再次计入子公司的报表,导致该项目被反复合并,造成该项目虚增。

---

① 绿大地董事长全部股权遭司法冻结 连续两跌停 [EB/OL]. [2010-12-24]. https://www.163.com/money/article/6OM7SH6300251LJJ.html.

②④ 昆明市官渡区人民法院《刑事判决书》(〔2011〕官刑一初字第367号)。

③ 2007年云南绿大地生物科技股份有限公司首次公开发行股票招股说明书。

⑤ 云南绿大地生物科技股份有限公司2010年财务报表。

（2）虚增收入。

苗木采购大户的订单是绿大地盈利的主要来源。绿大地在上市前发布的招股书显示，2004年及其随后的三年中，绿大地的几个主要的下游购货商分别有昆明五华花卉经贸公司、昆明自由空间园艺有限责任公司、昆明滇文卉园艺有限公司、昆明天绿园艺有限公司、昆明祥佑旅游开发有限公司、成都贝叶园艺有限责任公司、昆明鑫景园艺工程有限公司、昆明晓林园艺工程有限公司、北京都丰培花卉有限公司等众多来自昆明、北京以及成都的园林公司，这些采购客户间多数存在关联关系。①

昆明鑫景园艺工程有限公司位列绿大地2007年上半年苗木采购第一大户，当期采购苗木的金额为755万元，占同期绿大地营业收入的5.69%，其股东晁晓林持有公司10%的股份，该公司在2005年和2006年都是绿大地的第三大客户。同时，晁晓林还担任昆明晓林园艺工程有限公司的法定代表人并持有该公司80%的股份，该公司也为绿大地的前五大客户之一，2007年上半年该公司向绿大地采购了超过300万元的苗木。②

然而让人意外的是，这些采购大户在绿大地上市后又接连注销。成都贝叶园艺有限公司与成都万朵园艺有限公司两家来自成都的企业，均成立于2005年11月15日，并且同时在2008年6月5日在工商局办理了注销手续。北京都丰培花卉有限公司及昆明天绿园艺有限公司分别于2006年12月25日和2008年4月15日被工商机关吊销了营业执照；昆明祥佑旅游开发有限公司于2007年8月进行了工商注销；昆明鑫景园艺工程有限公司于2010年2月3日在昆明市工商局办理了工商注销手续。在成都注册的万朵园艺有限公司、贝叶园艺有限公司，其成立日相同，注册资本相同，注册经营范围都是种植、花卉苗木养护等。③

另外，自2009年起绿大地出现了巨额销售退回事件。经中国证监会介入调查，绿大地在2010年4月30日的信息披露显示，2008年的年度报告存在重大会计差错。未对销售退回进行账务处理，并在2009年年报中对前期重大会计差错进行更正。确认了2008年主营业务退款额为2 348.5195万元，2009年退款额高达1.58亿元，几乎覆盖了全部主营业务收入。绿大地在招股说明书披露2004年至2007年上半年营业收入合计收入为6.26亿元，这其中属于虚假收入的有2.96亿元；而2007年的营业收入2.57亿元，其中属于虚假收入的金额有9 660万元；2008年和2009年的虚假收入分别高达8 565万元和6 856万元。④

（3）虚构现金流量。

绿大地2010年第一季度的现金流量表中，共计差错有27项，其中涉及上千万元的差错有8项，涉及上亿元的差错共计12项。"筹资活动产生的现金流量"差异：取得借款收到的现金、筹资现金流入、偿还债务流出分别为1.57亿元、1.57亿元、6.14亿元，更正后均为空白。⑤ 在中国证监会对绿大地的调查中发现，绿大地的管理中出现一人掌管多项公章的情况，其中有工商银行等金融机构的公章。可见绿大地虚构现金流量状况直接体现为虚构筹资业务。

---

①② 2007年云南绿大地生物科技股份有限公司首次公开发行股票招股说明书。
③④ 李涛. 从绿大地事件看上市公司监管 [J]. 财会研究，2012（6）：61-63.
⑤ 云南绿大地生物科技股份有限公司2010年第一季度财务报表。

(4) 频繁更换会计师事务所。

深圳市鹏城会计师事务所与绿大地合作时间长达 7 年之久。正是在深圳鹏城会计师事务所审计期间，绿大地在不具备首次公开发行股票相关条件的情况下，为达到上市目的，经过被告人原董事长何学葵、原财务总监蒋凯西、四川华源会计师事务所所长庞明星的共谋、策划，由被告人绿大地原出纳主管赵海丽和原大客户中心负责人赵海艳登记注册了一批由绿大地实际控制或者掌握银行账户的关联公司，并利用相关银行账户操控资金流转，采用伪造合同、发票、工商登记资料等手段，少付多列、将款项支付给其控制的公司成员、虚构交易业务、虚增资产、虚增收入。面对如此严重的造假行为，深圳鹏城会计师事务所仍然出具了标准无保留审计意见。而且，在绿大地上市仅仅 1 年后，深圳鹏城会计师事务所便与绿大地解除了审计合约。

2008 年 10 月 14 日，绿大地董事会审议通过，不再聘请深圳鹏城会计师事务所，而改聘中和正信会计师事务所为公司 2008 年度审计机构，年度审计费用为 30 万元。

2009 年 11 月 6 日，公司改聘中审亚太会计师事务所有限公司为 2009 年度财务审计机构，聘期为一年，年度审计费用为 50 万元。而正是在这次审计师变更前后，绿大地出现了许多异常的情况。在该次审计师变更前后，绿大地披露的业绩预告和快报五度反复。2009 年 10 月 30 日，公司发布 2009 年三季报称，预计 2009 年度净利润同比增长 20%～50%。2010 年 1 月 30 日，公司将 2009 年净利润增幅修正为较上年下降 30% 以内。2010 年 2 月 27 日第三次发布 2009 年度业绩快报时，净利润又变为 6 212 万元。2010 年 4 月 28 日绿大地又将净利润修正为 -12 796 万元。2010 年 4 月 30 日，公司最终发布 2009 年年度报告，披露公司 2009 年净利润为 -15 123 万元。业绩五度"变脸"后，绿大地 2009 年的净利润从最初的盈利 1.04 亿元变为最终的亏损 1.5 亿元。①

随后不久，2011 年 1 月 11 日，绿大地再次表示变更审计机构，中审亚太会计师事务所不再担任公司审计机构，改聘中准会计师事务所为公司 2010 年审计机构，费用依旧为 50 万元。中准会计师事务所对绿大地 2010 年年报出具了无法表达意见的审计报告。由此，绿大地在 2011 年 5 月 4 日被实施退市风险警示，公司股票被冠以"*ST"标记。

(5) 高管频繁变动。

绿大地上市后，公司高管大幅度更换。从最初成立至绿大地案发时，董事会成员除董事长何学葵外仅存两人；而监事会成员则全部变更。绿大地在公司治理方面最大的缺陷，就是一权独大，权力没有得到有效的制衡。绿大地从成立直至 2009 年，一直由何学葵一人担任董事会董事长及总经理两个职务。从 2010 年 4 月开始，董事会秘书也由董事长何学葵来兼任。因此可以非常清晰地看出，董事长何学葵在公司的治理结构中扮演着极其重要的角色，甚至可以说，整个公司都在其掌控之中，权力没有得到

---

① 绿大地再修年度业绩快报 一季报预亏千余万 [EB/OL]. [2011-04-28]. http://finance.sina.com.cn/stock/s/20110428/02379762860.shtml.

丝毫的分散和制衡。

2009年9月，公司董事黎钢、董事赵国权因股权变动辞职。2009年5月，绿大地免去蒋凯西财务总监职务后，聘任王跃光为财务总监。2009年12月2日，公司董事、常务副总兼财务总监王跃光宣布因"个人原因"申请辞去全部职务。①

2010年5月，股东深圳殷图科技的派出董事钟佳富在换届时因"个人时间不能满足工作需要"辞职。同时，绿大地总经理一职由2010年2月从昆明市商务局局长退休的王光中担任。此后的2010年6月9日，公司监事会召集人刘玉红因"个人原因"辞职，辞职生效后"将不在公司工作"。②

（6）大股东减持套现。

在限售股解禁到来之时，2009年1~8月，原第二大股东Treasure Land Enterprises Limited由持有17.7%绿大地的股份到全面退出绿大地，套现超过4亿元，获利高达20余倍，同时改变了绿大地外商投资企业的性质。除此之外，2009年2~9月，原第四大股东北京歌元投资咨询有限公司从持有绿大地10.51%的股份减持到2.83%，套现约1.62亿元，直至2009年底全部抛售所持绿大地股份。③ 原第五大股东云南省红河热带农业科学研究所以及蒋凯西也纷纷减持。

（二）审计单位情况

1. 深圳鹏城会计师事务所基本情况

深圳鹏城会计师事务所（以下简称"鹏城所"）1992年4月成立，曾是深圳地区规模最大的会计师事务所。鹏城所除具有一般会计师事务所的审计验证资格外，还可以为证券和期货两方面提供审计工作。1997年10月，因事务所改制的规定，由深圳市审计师事务所变为深圳鹏城会计师事务所。深圳鹏城会计师事务所的审计业务包括一般的审计业务和特殊审计业务，例如外债审计、房地产评估和审计查证等业务。

2012年8月，在未提前向公众预告的前提下，鹏城所突然和国富浩华会计师事务所合并了。这件事不仅引起了业内还有整个金融圈的讨论，而且违规的会计师事务所被强烈要求严格惩罚。截至2020年12月，鹏城所已在多个财务造假案中频频出现，见表1-2。

表1-2　　　　　　深圳鹏城会计师事务所审计失败情况汇总

被审计单位	被罚年份	业务类型	被罚的主要问题
成都聚友网络股份有限公司	2010	年报审计	未对未回函酒店实施其他有效替代性审计程序；对收入确认可能出现的重大差异和可能出现的舞弊行为未进行关注，未追加任何审计程序；未对函证过程进行谨慎全面的控制

---

① 云南绿大地生物科技股份有限公司2007~2011年财务报表。
② 根据云南绿大地生物科技股份有限公司2007~2011年财务报表整理得到。
③ 黄河，罗敏夏. 那些神秘的手"拿捏"绿大地［N］. 南方周末，2012-03-19.

续表

被审计单位	被罚年份	业务类型	被罚的主要问题
广西北生药业股份有限公司	2014	年报审计	未勤勉尽责；未给予必要的关注并实施必要充分的审计程序；未以其他适当方式获取充分的审计证据
深圳海联讯科技股份有限公司	2016	IPO审计、年报审计	未勤勉尽责；未对海联讯收入、成本和毛利率的重大波动情况予以适当关注并实施相应的审计程序；未按照规定实施应收账款函证程序；未保持职业怀疑态度，对审计中的异常情况未予以适当关注并实施相应的审计程序
深圳键桥通讯技术股份有限公司	2016	年报审计	未勤勉尽责；未恰当识别和评估可能存在的舞弊风险；未按准则规定实施实质性程序

资料来源：根据中国证监会行政处罚决定书整理得到。

鹏城所在对绿大地的审计工作中，没有函证所有的银行账户，审计工作底稿未真实完整编制，违反了有关规定。绿大地虚增收入、资产和利润，鹏城所没有发现，发表了无保留审计意见，这些做法没有严格履行其职责且没有出具真实完整的审计报告，问题十分严重，于是中国证监会于 2013 年 5 月 15 日作出了撤销鹏城会计师事务所证券服务业务资格的处罚。①

2. 主要的审计问题

鹏城所在对绿大地发行上市编制的财报审计中未勤勉尽责，未保持自身独立性，所执行的审计程序不当，在审计过程中未保持应有的职业谨慎，最终造成其未发现绿大地在发行上市所编制的财务报表中存在编造虚假资产、虚构业务收入等情况，并为绿大地出具无保留意见的审计报告，发表了不恰当的审计意见。

（1）未保持自身独立性。

绿大地之所以能在采取各种造假手段后还能顺利上市，很大一方面的原因是注册会计师对财务报表没有进行深入分析。在分析来自会计师事务所层面的原因前，需要深入了解鹏城所与绿大地之间的关系。公司外聘顾问庞明星在 2011 年 12 月 3 日收到了法院的一审判决。对其中的关系进行梳理可以发现：2005 年之前，庞明星任职于鹏城所，后任职于四川华源会计师事务所所长，两所之间是合作伙伴关系。从这一点看，注册会计师的独立性已经受到了严重影响。在 2007 年申请上市过程中，鹏城所作为绿大地审计机构，且庞明星以外聘顾问的身份任职绿大地公司。庞明星在担任公司"上市顾问"的同时，又以"介绍项目"的方式，将绿大地的审计业务介绍给了会计师事务所，而会计师事务所"回报"庞明星的，则是任命庞明星为该审计项目的项目负责人。②

（2）审计程序不当。

绿大地 2004～2006 年财务报表披露的各年度前五大销售客户与实际不符，根据资料分析可得，深圳鹏城的审计底稿中没有记录对绿大地前五大销售客户的审计程序。③

---

① 中国证监会．财政部行政处罚决定书〔2013〕26 号，详见证监会网站。
② 昆明市官渡区人民法院《刑事判决书》（〔2011〕官刑一初字第 367 号）。
③ 中国证监会行政处罚决定书〔2013〕27 号，详见证监会网站。

绿大地招股说明书披露的 2006 年销售收入中包含通过绿大地交通银行某账户核算的销售收入，交通银行提供的资料显示，上述交易部分不存在。绿大地招股说明书披露，2006 年 12 月 31 日货币资金余额为 47 742 838.19 元，其中，交通银行该账户余额为 32 295 131.74 元；2006 年 12 月 31 日该账户余额为 4 974 568.16 元。鹏城所未向交通银行函证绿大地交通银行该账户 2006 年 12 月 31 日的余额。①

上述行为不符合《中国注册会计师审计准则第 1301 号——审计证据》第六条、《中国注册会计师审计准则第 1312 号——函证》第十一条、《中国注册会计师审计准则第 1331 号——审计工作底稿》第四条的规定。

（3）审计人员未保持应有的职业谨慎。

2006 年 11 月，绿大地首次公开发行（IPO）曾被证监会发审委以业绩存在怀疑遭到否决。此时，作为审计单位应当对此引起警觉，关注绿大地提供的财务报表是否存在重大错报嫌疑，并对管理层的诚信展开调查，看其是否存在管理舞弊的可能性。但是鹏城所与绿大地的合作时间较长，审计人员长期与被审计单位接触，已形成比较亲密的关系。在审计过程中本应保持应有的职业谨慎，但由于鹏城所对熟悉的业务已失去警觉，甚至经常忽略已出现的若干财务预警信号。2007 年，鹏城所仍继续出具标准无保留意见的审计报告，这无疑是不恰当的审计意见，而其审计失败与审计人员缺乏职业谨慎态度有很大的关系。

二、职业道德与法律责任——科龙电器

（一）被审计单位情况

1. 科龙电器基本情况

广东科龙电器股份有限公司（以下简称"科龙电器"）于 1992 年 12 月 16 日在中华人民共和国注册成立，主要生产制冷家电冰箱、空调、洗衣机、冷柜，科龙冰箱销售量占全国首位。1996 年，科龙电器正式发行股份，并在香港上市。1999 年，又在深圳证券交易所上市交易。此时的科龙电器不但在国内享有盛誉，在国外也是被业界推崇的榜样。可以说，在会计舞弊案件发生前，科龙公司是一家全球知名的成功企业。

1995 年，顾雏军以个人名义建立格林柯尔有限公司。格林柯尔公司的成立，是科龙公司会计舞弊案例的基础。

2001 年 10 月，科龙（容声）集团将所持科龙电器股份转让给顾雏军控制的顺德市格林柯尔企业发展有限公司，开始了科龙电器的"顾雏军时代"。

2002 年 4 月，顾雏军彻底完成了对科龙电器有限公司的收购。在成功收购了科龙电器之后，顾雏军就在科龙电器内部私设了秘密账户，用来与格林柯尔公司之间进行资金对倒。几年时间内，科龙电器通过制造虚假经济业务、少计经济支出的手段伪造了完美的财务报告，形成扭亏为盈的虚假局面，从 2002 年到 2004 年每年虚增利润均多

---

① 中国证监会行政处罚决定书〔2013〕27 号，详见证监会网站。

于1亿元。在此期间,董事长顾雏军通过直接持有60%广东格林柯尔企业发展公司的股份、GCT投资有限公司和格林柯尔制冷剂有限公司间接持有40%的股份完全控制科龙第一大股东广东格林柯尔企业发展有限公司,详见图1-1。

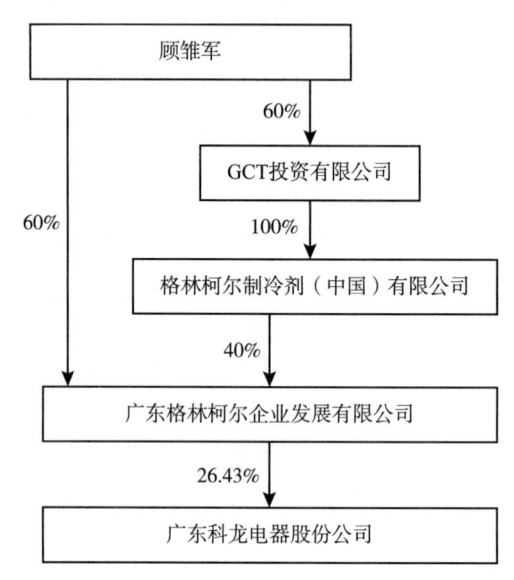

图1-1 科龙电器2004年股权结构

资料来源:根据科龙电器2004年年度报告数据整理得到。

2003年4月,科龙电器发布德勤华永会计师事务所有限公司(以下简称"德勤")审计的2002年度会计报告,科龙电器从上一年度亏损10多亿元,摇身一变变成盈利1亿多元。顾雏军点石成金,广大投资者受其利好影响,大量购进科龙电器股票。

2004年4月,科龙电器公布的2003年年报报告了巨额盈利。

2005年5月,证监会正式对科龙电器虚假陈述行为进行调查。此消息一公布,投资者纷纷抛售其股票,导致其股票大跌。

2005年11月,德勤辞去了科龙电器的审计师职务。

2006年7月,证监会就"科龙电器披露的2002年、2003年、2004年年度报告存在虚假记载、重大遗漏等违法事实",对科龙电器与顾雏军等人作出行政处罚决定。

2. 主要会计问题

(1) 利用会计政策,调节减值准备,实现"扭亏"。科龙电器通过虚构主营业务收入、少计坏账准备、少计诉讼赔偿金等编造虚假财务报告。2002~2004年,科龙电器共在其年报中虚增利润3.87亿元。其中,2002年虚增利润11 996.31万元,2003年虚增利润11 847.05万元,2004年虚增利润14 875.91万元。科龙电器2001年中报实现收入27.9亿元,净利润1 975万元,可是到了年报,却实现收入47.2亿元,净亏损15.56亿元。科龙电器2001年下半年出现近16亿元巨额亏损的主要原因之一是计提减值准备6.35亿元。2001年的科龙年报被审计师出具了拒绝表示意见。到了2002年,科龙电器转回各项减值准备,对当年利润的影响是3.5亿元。但是没有证据能够证明其巨额资产减值计提及转回都是"公允"的。如果 2001 年没有计提各项减值准备和广告费用，科龙电器 2002 年的扭亏为盈将不可能实现；如果没有 2001 年的计提和 2002 年的转回，科龙电器在 2003 年也不会盈利。综上所述，科龙电器 2002 年和 2003 年根本没有盈利。①

（2）虚增收入和收益。科龙电器通过使用不正当的收入确认方法，虚构收入、虚增利润、粉饰财务报表。2002 年科龙电器年报中共虚增收入 40 330.54 万元，虚增利润 11 996.31 万元。其具体手法主要是通过对未出库销售的存货开具发票或销售出库单并确认为收入，以虚增年报的主营业务收入和利润。此后的 2003 年和 2004 年，同样是在顾雏军和格林柯尔的操纵下，科龙电器的年报又分别虚增收入 30 483.86 万元和 51 270.29 万元，虚增利润 8 935.06 万元和 12 042.05 万元。这意味着在顾雏军入主科龙之后所出具过的 3 份公司年报都存在财务造假，将不曾实现的销售确认为当期收入。②

（3）利用关联交易转移资金。科龙电器 2002~2004 年未披露与格林柯尔公司共同投资、关联采购等关联交易事项，2000~2001 年未按规定披露重大关联交易，2003 年、2004 年科龙公司年报也均未披露使用关联方巨额资产的事项。案发时，科龙已有 37 家控股子公司、参股公司，28 家分公司，而顾雏军把国内上市公司科龙当作"提款机"，一方面以科龙系列公司和格林柯尔系列公司打造融资和拓展平台为由，通过众多银行账户，频繁转移资金，满足不断扩张的资本需求，采用资本运作，通过错综复杂的关联交易对科龙进行盘剥，掏空上市公司；另一方面又通过财务造假维持科龙的利润增长。

（二）审计单位基本情况

1. 德勤会计师事务所基本情况

德勤于 1845 年成立于英国伦敦，是全球领先的专业服务机构，世界四大会计师事务所之一。截至 2021 年，德勤拥有约 330 000 名专业人士，为客户提供审计及鉴证、管理咨询、财务咨询、风险咨询、税务及相关服务。德勤透过遍及全球逾 150 个国家与地区的成员所网络及关联机构（统称为"德勤组织"）为财富全球 500 强企业中约 80% 的企业提供专业服务。

德勤于 1917 年在上海设立办事处，德勤品牌由此进入中国。到 2021 年，德勤中国已开设 25 家办公室，拥有约 18 000 名专业人士，为中国本地和在华的跨国及高增长企业客户提供全面的审计及鉴证、管理咨询、财务咨询、风险咨询和税务服务。德勤中国持续致力于为中国会计准则、税务制度及专业人才培养作出重要贡献。德勤中国是一家中国本土成立的专业服务机构，由德勤中国的合伙人所拥有。③

2. 主要的审计问题

（1）存货及主营业务成本执行的审计程序不充分、不适当。德勤的注册会计师在科龙电器的库存货物和其旗下主营几项业务的成本实施的审计方法不恰当，审计程序

---

①② 中国证监会行政处罚书〔2006〕16 号，详见证监会网站。
③ 根据德勤会计师事务所官网（https://www2.deloitte.com/cn/zh.html）整理。

不严谨。在对存货和主营业务成本进行审计时，德勤采用直接依据科龙电器期末的库存货的盘点数量以及每一期的平均成本来确定余额，以此来推算出科龙电器每一期几项主营业务的成本。并且在未对产成品进行过有效测试和充分抽样盘点的状况下，对科龙电器的存货和主营业务成本进行审计并且予以确认，审计方法和程序不合理。

（2）存货抽盘过程缺乏必要职业谨慎，确定抽盘范围不适当。德勤的注册会计师在对科龙电器库存货物的抽盘过程中，工作不够严谨，抽盘的范围不当，审计操作步骤不充分。没有确定充分有效的抽样盘点的范围，致使其未能察觉科龙电器存在确认虚构销售收入的行为。如果德勤在存货监盘过程中进行账实相符核查，就不难发现问题。

（3）应收账款及主营业务收入执行的程序不充分、函证方法不当。德勤会计师在对科龙电器主营业务收入和应收账款审计的过程中的执行程序不充分，函证的方法也不适当。一般来说，存货"出库开票"并不代表可以确认收入，而要以货物的风险和报酬的转移为标准。而在2003年，德勤接受审计调查时，对一些已经出库但未开具票证的货物项目向4个客户发出询证函。经过回函统计，表明4个客户对询证函的首页都予以盖章确认。但是都没有对询证函后的附明细列表进行数量和金额的确认，而这一现象没有得到德勤的重视。

（4）没有实施必要的审计程序。德勤会计师对于大量的关联交易"销售退回"没有保持敏感的怀疑态度，没有实施必要的审计程序，导致科龙电器通过关联交易大做文章，进行资产的转移，虚增利润的行为未被发现。

（5）内部票据贴现未能适当关注。德勤会计师对科龙公司内部的票据贴现未能保持适当关注，从2001年10月开始，科龙电器及其附属公司与格林柯尔系公司之间进行大量的不正常现金流入和流出。四年多的时间里，科龙电器与关联方不正常现金流总额达75.5亿元。① 而德勤在三年审计期间内均未对此作出反应。

上述行为违反了《审计准则第1311号——存货监盘》第五条、第十一条，《审计准则第1101号——财务报表审计的目标和一般原则》第十一条，《审计准则第1312号——函证》第二十四条、第二十五条，《审计准则第1323号——关联方》第十一条、第十二条，《审计准则第1221号——重要性》第八条的规定。

三、职业道德与法律责任——金亚科技

（一）被审计单位基本情况

1. 金亚科技基本情况

成都金亚科技股份有限公司（以下简称"金亚科技"）位于成都，成立于1999年11月，主营业务为数字电视系统前后端软、硬件产品的研发、生产和销售服务。2007年9月，整体改制成为股份有限公司，并更名为成都金亚科技股份有限公司。2009年

---

① 严誉嘉. 注册会计师审计责任界定研究［D］. 沈阳：辽宁大学，2014.

10月，金亚科技作为首批挂牌的28家创业板上市公司之一，成功登陆深圳交易所创业板。金亚科技原大股东是周旭忠，2004年周旭忠将其所持有的公司75%的股权全部转让给哥哥周旭辉。周旭辉为了公司业务发展需要进行了多次融资，股权逐步稀释到36.36%，并抓住2009年创业板首批上市的机遇把公司推向了创业板。

为了向海外拓展业务，金亚科技上市后并购了一系列的公司，如哈佛国际和英国的目标公司，虽投入巨大，但并没有达成海外扩张的战略，反而因此造成了严重的亏损。在"三网融合"政策的推动下，我国数字电视行业飞速发展。各地广电纷纷加大广播电视数字化进程及双向网络改造升级的步伐，运营商已经不再需要通过运营分成的商业模式与金亚科技合作，而是采取直接采购的模式，导致市场竞争加剧，这对金亚科技原有的商业模式造成巨大冲击。金亚科技2014年营业收入相比2013年呈下降趋势正是这一冲击最直接的表现。作为首批进入创业板市场的28家公司之一，金亚科技接连陷入经营窘境，业绩不佳的同时也是对公司声誉的威胁，甚至还面临退市风险，公司及其管理层在各方的巨大的压力下，选择铤而走险，进行财务舞弊。

由表1-3可看出，虽然金亚科技在上市后也发生过股份变动情况，但周旭辉一直为金亚科技最大的股东。

表1-3　　　　　　金亚科技大股东2012~2017年持股变化　　　　　　单位：%

年份	周旭辉持股比例	其他九位大股东持股比例
2017	27.98	8.50
2016	27.98	7.30
2015	27.80	16.02
2014	27.80	10.68
2013	27.21	11.09
2012	27.21	12.87

资料来源：根据2012~2017年金亚科技年报整理得到。

2013年，金亚科技出现大幅亏损。为了粉饰报表，公司在财务会计核算中设置了两个账套：内部管理用一套账，对外披露用另一套账。内部管理账套反映实际发生的业务，对外披露账套记录虚假的财务数据。

2014年通过设置两套账的舞弊手段伪造财务数据。

2014年，金亚科技通过虚构客户、伪造合同、伪造银行单据、伪造材料产品收发记录、隐瞒费用支出等方式虚增利润。

2015年6月，金亚科技因涉嫌证券违法违规被证监会立案调查。

2015年6月，金亚科技停牌自查，及至2016年3月30日复牌，已经历了董事长辞职、注销全资子公司、终止重大资产重组事项、对2014年年度重大会计差错更正等事件。

2018年3月，中国证监会对金亚科技作出行政处罚。

2019 年 5 月，金亚科技因 2016 年、2017 年、2018 年连续三个会计年度经审计的净利润为负值，股票暂停上市。

2020 年 4 月，金亚科技触发了退市条件。

2020 年 5 月，金亚科技收到深交所下发的关于终止公司股票上市的决定。

2020 年 8 月，正式被深交所摘牌。

2. 主要会计问题

(1) 大股东违规侵占资金及虚构货币资金。

金亚科技 2014 年年报中披露的货币资金为 34 523.39 万元，但在 2015 年年报中披露出 2014 年货币资金存在重大会计差错，对货币资金进行会计更正后，调整后金额为 12 428.85 万元，故虚增货币资金 22 094.54 万元。中国证监会调查发现上述虚构的资金金额与金亚科技在 2015 年 2 月 13 日收购成都天象互动科技有限公司 100% 的股权有密切关系。该股权收购的交易价格为 220 000 万元，而金亚科技的董事长早在 2015 年 2 月 9 日便以 22 000 万元获得了天象互动 10% 的股权，但这笔交易在公司当年的财务报表上并没有记入"其他应收款"科目，导致账实不符。①

(2) 虚增利润和收入。

金亚科技通过虚构客户、伪造合同、伪造银行单据、伪造材料产品收发记录、隐瞒费用支出等方式虚增利润。经核实，金亚科技 2014 年年度报告合并财务报表共计虚增营业收入 73 635 141.10 元，虚增营业成本 19 253 313.84 元，少计销售费用 3 685 014 元，少计管理费用 1 320 835.10 元，少计财务费用 7 952 968.46 元，少计营业外收入 19 050.00 元，少计营业外支出 13 173 937.58 元，虚增利润总额 80 495 532.40 元，占当期披露的利润总额的比例为 335.14%，上述会计处理使金亚科技 2014 年年报利润总额由亏损变为盈利。②

金亚科技公司在内部与外部设置了两套账。对内主要是用于对日常活动进行核算，进而让企业管理所需要的得到满足；对外则是进行虚报假账，通过对财务信息进行修改，进而隐藏真实数据。具体流程：通过向周旭辉报告公司的真实利润情况，并由其作出决定，决定对外界的财务信息进行披露；进而将这一消息传给主管财务的副总经理，最后将指令传达给财务主管，再要求财务人员对财务报表进行改变，让报表中的明细账得以修改，例如调增存货、货币资金、往来明细等，通过这一系列手段让企业得以虚增收入和利润。同样，这一方式也让金亚科技的财务形成了一条造假链条，主要在外部账套中体现。

(3) 虚构预付工程款。

2014 年，金亚科技的子公司成都金亚智能技术有限公司建设项目，由四川宏山建设工程有限公司施工，建设面积 385 133 平方米，每平方米造价约 2 000 元，按 40% 的预付比例估算需要预付工程款 3.1 亿元。为此金亚科技制作了假的建设工程合同，填制了虚假银行付款单据 3.1 亿元，减少银行存款 3.1 亿元，同时增加 3.1 亿元预付工

---

① 薛田. 立信对金亚科技审计失败案例分析 [J]. 北方经贸, 2019 (12): 106 – 109.
② 中国证监会行政处罚书〔2018〕10 号，详见证监会网站。

程款。①

正是针对这笔预付工程款的调整，直接导致了成都金亚科技股份有限公司调整现金流量表中的"购建固定资产、无形资产和其他长期资产支付的现金"科目发生额调减 3.1 亿元。从此处数据的大幅变动可以判断出，金亚科技当初所谓的"预付四川宏山工程款"是根本不存在的。更何况四川宏山建设工程有限公司早在 2015 年 1 月 5 日便被吊销营业执照、经营存在明显异常的公司，却成为成都金亚科技股份有限公司的主要预付款对象，且涉及金额将近金亚科技全部账面净资产的一半。

（4）虚构采购数据。

金亚科技在采购数据的披露上也存在诸多疑点。根据该公司原始 2014 年年报中披露的信息，当年排名前五位的供应商合计的采购金额高达 9 060.8 万元，占全部采购总额的比重为 17.95%，由此可以计算出公司 2014 年采购总额高达 50 478.05 万元。如果金亚科技真实采购这么大量的商品，要么形成最终的产成品并被销售出去，体现为被结转的营业成本，要么针对尚未实现对外销售的部分，形成存货。然而从金亚科技披露的 2014 年年报中的营业成本数据来看，结转金额仅为 42 234 万元，这明显要比金亚科技的总采购规模要少。再考虑到金亚科技的营业成本中还必然包含人力成本等非采购类成本，则其中属于物料消耗的金额只会变得更低。那么，既然成本结转中消耗的金额明显低于采购金额，这差异部分就应当导致金亚科技的存货出现明显增加，至少要增加近亿元才对。但资料显示金亚科技的存货科目余额变动情况，2013 年末为 10 917 万元，2014 年末则为 7 642 万元，不仅没有出现任何增加，相反还减少了 3 000 多万元。本应当出现很大金额增加的存货，实际上却出现反向减少现象，这样诡异的财务数据也指明金亚科技的采购数据存在披露不实的情况。

（二）审计单位基本情况

1. 立信会计师事务所基本情况

立信会计师事务所（以下简称"立信"）是由中国会计泰斗潘序伦先生于 1927 年在上海创建，是中国建立最早和最有影响的会计师事务所之一。1986 年复办，2000 年成立上海立信长江会计师事务所有限公司，同年立信加入国际网络提前实现了专业服务与国际接轨，并扎实培养了一批国际化人才。2007 年更名为立信会计师事务所有限公司。2009 年立信加入全球第五大国际会计网络——BDO 国际，通过与境外成员所的交流、锻炼、巩固和发展了立信跨境业务的经验与优势。2010 年，立信获得首批 H 股审计执业资格。2010 年 12 月改制成为国内第一家特殊普通合伙会计师事务所。经过九十余年的长足发展，立信在业务规模、执业质量和社会形象方面都取得了国内领先的地位。

截至 2021 年上半年，立信现共有从业人员 10 000 余名，其中执业注册会计师 2 000 余名。总部设在上海，有八个专业委员会，以及审计业务部、国际业务部、银行业务部及审计风险管理部、信息技术部、教育培训部、管理咨询部、税务部、资

---

① 中国证监会行政处罚书〔2018〕10 号，详见证监会网站。

产评估部、工程造价咨询部、信息鉴证部、公司清算部、市场与品牌推广部、会计政策研究中心、产学研基地等与业务相关的部门。① 立信会计师事务所近年来审计失败情况汇总表1-4。

表1-4　　　　　　　　　　立信审计失败情况汇总

被审计单位	被罚年份	业务类型	被罚的主要问题
上海大智慧	2016	年报审计	未勤勉尽责;未执行必要的审计程序;未获取充分适当的审计证据
广西康华农业	2017	年报审计	未勤勉尽责;虚构核实函证对象收件地址的审计程序,未能发现康华农业销售收入、应收账款造假的事实;未实施恰当的审计程序,未能发现康华农业的银行存款造假的事实;虚构与康华农业前任注册会计师沟通的审计程序;出具的康华农业2011年、2012年、2013年和2014年1~4月即三年又一期财务报表审计报告存在虚假记载
金亚科技	2018	年报审计	未勤勉尽责;未按要求执行货币资金的函证程序;销售与收款循环函证程序不当,未关注重大合同的异常情况;采购与付款函证程序不当;3.1亿元预付工程款的审计程序不当
武汉国药科技	2018	年报审计	未勤勉尽责,出具了存在虚假记载的审计报告;关联方审计程序不到位;钢材贸易收入审计程序不到位

资料来源:根据中国证监会行政处罚决定书整理得到。

通过查阅金亚科技的年报发现,截至2009年上市以前,立信会计师事务所连续三年为金亚科技提供年审服务。到2014年审计失败更换事务所为止,立信为金亚科技共计连续9年提供审计业务,并且金亚科技上市以来没有更换过主审会计师,每年都出具标准无保留意见的审计报告。表1-5为2009~2018年金亚科技年度意见审计表。

表1-5　　　　　　　　2009~2018年金亚科技年度意见审计表

会计截止日期	审计意见类型	注册会计师	境内审计事务所
2009-12-31	标准无保留意见	唐跃华,高敏	立信大华会计师事务所有限公司
2010-12-31	标准无保留意见	唐跃华,高敏	立信大华会计师事务所有限公司
2011-12-31	标准无保留意见	邹军梅,程进	立信会计师事务所
2012-12-31	标准无保留意见	邹军梅,程进	立信会计师事务所
2013-12-31	标准无保留意见	邹军梅,程进	立信会计师事务所
2014-12-31	标准无保留意见	邹军梅,程进	立信会计师事务所
2015-12-31	无法发表意见	康辉,倪孙泉	中兴华会计师事务所

① 根据立信会计师事务所官网(https://www.bdo.com.cn/en-gb/home)整理。

续表

会计截止日期	审计意见类型	注册会计师	境内审计事务所
2016-12-31	保留意见	周英，周含军	亚太（集团）会计师事务所
2017-12-31	标准无保留意见	周含军，周英	亚太（集团）会计师事务所
2018-12-31	无保留意见加强调事项段	唐雪峰，戴勤永	亚太（集团）会计师事务所

资料来源：根据 2009~2018 年金亚科技年报中的审计报告整理得到。

2. 主要的审计问题

（1）未保持职业怀疑。

对于注册会计师而言，职业怀疑是从自己的经验和专业知识出发，客观地作出怀疑，是一种非常宝贵的职业素养，也是注册会计师执业能力的重要组成部分。金亚科技 2014 年的财务报表中出现了 50 478.05 万元的商品购买额度，但是具体的商品购买金额为 4 564.04 万元，这两个数值之间的差额便是金亚科技虚增的资金；2013 年金亚科技的账目余额为 13 067.94 万元。2014 年金亚科技本应该出现账目余额的增加，但是通过分析当年金亚科技的应付账款余额，却发现了余额短缺的现象。这一部分短缺的资金不能在公司正常经营过程中体现，很明显是借助财务舞弊的手段进行资金的调整，但奇怪的是，立信会计师事务却没有发现这些明显的问题，更没有及时指出和纠正。

（2）未设计和实施恰当的审计程序。

①未按要求执行货币资金的函证程序。

货币资金的审计包括库存现金的监盘和银行存款的函证，审计人员在货币资金的审计过程中，未对库存现金进行实地监盘来检查账实是否相符，也没有通过向银行直接发送询证函的方式来确定资金银行账户的余额是否与企业账户金额相符。立信的注册会计师在事后才取得银行回函，且取得回函证后未实施验证程序，导致未能发现金亚科技伪造银行回函虚增 217 911 835.55 元银行存款的事实。[①]

审计人员违反了《中国注册会计师审计准则第 1312 号——函证》第十四条的规定。

②销售与收款循环函证程序不当，未关注重大合同的异常情况。

第一，应收账款函证程序不当。立信所未对存在不确定性的发函地址实施进一步审计程序，导致未能发现错误及不存在的发函地址，且审计工作底稿未记录发函和回函过程，现有证据无法证实其对函证保持控制；同时立信所未关注回函中的异常情况，未正确填写被询证者地址。现有证据未能证实立信所针对未收到回函的客户实施了进一步替代程序，以证实应收账款是否真实存在，计价是否正确。

上述行为违反了《中国注册会计师审计准则第 1312 号——函证》第十四条规定、《中国注册会计师审计准则第 1312 号——函证》第十九条关于在未回函的情况下，注

[①] 中国证监会行政处罚书〔2018〕78 号，详见证监会网站。

册会计师应当实施替代程序以获取相关、可靠的审计证据的规定。

第二，对重大合同的异常情况，未保持合理的职业怀疑。立信对金亚科技2014年前20大客户及金额较大合同进行查验，并在审计工作底稿中予以记录。经调查，其中有7份合同存在异常情况，存在未签字盖章、两份合同编号相同等异常情况。审计人员未保持职业怀疑，未充分关注重大合同中的异常情况，未实施进一步审计程序。

上述行为违反了《中国注册会计师审计准则第1141号——财务报表审计中与舞弊相关的责任》第十三条、第十四条的规定。

③采购与付款函证程序不当。

审计工作底稿中"发函清单"显示共发出28份函证，其中13份（占函证的46.43%）存在发函地址与发票地址不一致等异常情况，立信所未关注上述异常情况。审计工作底稿未记录收发函物流信息，也未记录应付款的函证结论。

上述行为违反了《中国注册会计师审计准则第1312号——函证》第十四条、第十九条的规定。

④预付工程款3.1亿元的审计程序不当。

金亚科技与四川宏山建设工程有限公司（以下简称"四川宏山"）签订的《建设工程施工合同》，主合同部分双方均未盖章签字，立信所取得的3.1亿元预付工程款的银行对账单系金亚科技伪造并提供。在合同涉及金额较大，且合同形式存在不完备的情况下，立信所未特别关注，未保持合理的职业怀疑，未考虑到因管理层舞弊可能导致的重大错报风险。

上述行为违反了《中国注册会计师审计准则第1141号——财务报表审计中与舞弊相关的责任》第十三条的规定。

(3) 未勤勉尽责。

由于金亚科技在2014年12月31日结束了该年度的年度报告，如果扣除元旦期间的放假时间，那么该公司在收到立信发的询证函时，肯定是在2015年1月5日之后。因此，对于该公司和四川宏山建设工程有限公司的协议及其3.1亿元的账目，立信会计师事务有足够的时间进行调查。而且，如果立信会计师没有收到回函或者对该公司的回函不满意，本应需要在其审计底稿中陈述出现不满意的原因及如何才能达到规定的要求。如了解客户信誉、账龄分析、业务往来的过程、以往的收回情况，以及经济合同的有关条款等方面的着手检查等。会计师在对财务报表进行审计时，需要完整的环节和过程，这也是个需要不断的取证和完善的过程。如果有异常情况出现，更需要不断跟进，挖出实质，在已经执行的审计程序无法满足既定的目标时就应该立即采取审计替代程序达到完成审计目标的目的。但是，在2014年1月这家公司就已经被终止营业，金亚科技还是按照协议的内容对这家公司进行预付款，所支付的资金数额达到金亚科技净资产的一半左右。在时间充足、审计替代程序实施条件充分的情况下，立信却在没有对回函内容进行查验和评价，也没有对回函的应收账款进行代替审计程序的情况下，而相信管理层的诚信而满足于缺乏说服力的证据，为审计失败埋下了巨大的隐患。

立信所在金亚科技2014年财务报表审计过程中未勤勉尽责，出具的审计报告存在虚假记载,违反了《证券法》第一百七十三条的规定,构成《证券法》第二百二十三条所述情形。

第三节 延伸思考

一、职业道德与法律责任——绿大地

(1) 结合案例分析并思考,绿大地公司造假的动因是什么?
(2) 近年来农业类上市公司的造假层数不穷,通过绿大地案例试探究为何农业类上市公司造假如此频繁?
(3) 绿大地财务舞弊中,深圳鹏城会计师事务所注册会计师的"独立性"并未得到发挥并体现,应如何发挥会计师事务所在审计中的外部制衡作用,充分保障注册会计师的独立性?

二、职业道德与法律责任——科龙电器

(1) 在本案例中,德勤是否还保持着注册会计师的独立性?
(2) 德勤在存货监盘过程中存在的问题?
(3) 德勤审计失败的主要原因包括?
(4) 结合德勤审计科龙案例,谈谈如何规避审计失败?

三、职业道德与法律责任——金亚科技

(1) 影响会计师事务所独立性的因素有哪些?对策是什么?
(2) 结合案例分析,注册会计师如何识别审计风险?
(3) 立信审计金亚科技案例中,会计师事务所的过失有哪些?
(4) 应该如何从事务所的角度避免审计失败?

第四节 相关规定

一、职业道德与法律责任——绿大地

《企业会计准则第4号——固定资产》

第三条 固定资产,是指同时具有下列特征的有形资产:

（一）为生产商品、提供劳务、出租或经营管理而持有的；
（二）使用寿命超过一个会计年度。

使用寿命，是指企业使用固定资产的预计期间，或者该固定资产所能生产产品或提供劳务的数量。

第四条　固定资产同时满足下列条件的，才能予以确认：
（一）与该固定资产有关的经济利益很可能流入企业；
（二）该固定资产的成本能够可靠地计量。

《企业会计准则第14号——收入》

第四条　企业应当在履行了合同中的履约义务，即在客户取得相关商品控制权时确认收入。取得相关商品控制权，是指能够主导该商品的使用并从中获得几乎全部的经济利益。

第五条　当企业与客户之间的合同同时满足下列条件时，企业应当在客户取得相关商品控制权时确认收入：
（一）合同各方已批准该合同并承诺将履行各自义务；
（二）该合同明确了合同各方与所转让商品或提供劳务（以下简称"转让商品"）相关的权利和义务；
（三）该合同有明确的与所转让商品相关的支付条款；
（四）该合同具有商业实质，即履行该合同将改变企业未来现金流量的风险、时间分布或金额；
（五）企业因向客户转让商品而有权取得的对价很可能收回。

在合同开始日即满足前款条件的合同，企业在后续期间无需对其进行重新评估，除非有迹象表明相关事实和情况发生重大变化。合同开始日通常是指合同生效日。

第六条　在合同开始日不符合本准则第五条规定的合同，企业应当对其进行持续评估，并在其满足本准则第五条规定时按照该条的规定进行会计处理。

对于不符合本准则第五条规定的合同，企业只有在不再负有向客户转让商品的剩余义务，且已向客户收取的对价无需退回时，才能将已收取的对价确认为收入；否则，应当将已收取的对价作为负债进行会计处理。没有商业实质的非货币性资产交换，不确认收入。

第七条　企业与同一客户（或该客户的关联方）同时订立或在相近时间内先后订立的两份或多份合同，在满足下列条件之一时，应当合并为一份合同进行会计处理：
（一）该两份或多份合同基于同一商业目的而订立并构成一揽子交易。
（二）该两份或多份合同中的一份合同的对价金额取决于其他合同的定价或履行情况。
（三）该两份或多份合同中所承诺的商品（或每份合同中所承诺的部分商品）构成本准则第九条规定的单项履约义务。

第十三条　对于在某一时点履行的履约义务，企业应当在客户取得相关商品控制权时点确认收入。在判断客户是否已取得商品控制权时，企业应当考虑下列迹象：

（一）企业就该商品享有现时收款权利，即客户就该商品负有现时付款义务。

（二）企业已将该商品的法定所有权转移给客户，即客户已拥有该商品的法定所有权。

（三）企业已将该商品实物转移给客户，即客户已实物占有该商品。

（四）企业已将该商品所有权上的主要风险和报酬转移给客户，即客户已取得该商品所有权上的主要风险和报酬。

（五）客户已接受该商品。

（六）其他表明客户已取得商品控制权的迹象。

《企业会计准则第33号——合并财务报表》

第二十一条　母公司应当将其全部子公司（包括母公司所控制的单独主体）纳入合并财务报表的合并范围。

如果母公司是投资性主体，则母公司应当仅将为其投资活动提供相关服务的子公司（如有）纳入合并范围并编制合并财务报表；其他子公司不应当予以合并，母公司对其他子公司的投资应当按照公允价值计量且其变动计入当期损益。

《中国注册会计师审计准则第1301号——审计证据》

审计证据的充分性，是对审计证据数量的衡量。注册会计师需要获取的审计证据的数量受其对重大错报风险评估的影响，并受审计证据质量的影响。

《中国注册会计师审计准则第1312号——函证》

第十一条　注册会计师通常以资产负债表日为截止日，在资产负债表日后适当时间内实施函证。如果重大错报风险评估为低水平，注册会计师可选择资产负债表日前适当日期为截止日实施函证，并对所函证项目自该截止日起至资产负债表日止发生的变动实施实质性程序。

《中国注册会计师审计准则第1312号——函证》指南

注册会计师应当确定是否有必要实施函证程序以获取认定层次的相关、可靠的审计证据。在作出决策时，注册会计师应当考虑评估的认定层次重大错报风险，以及通过实施其他审计程序获取的审计证据如何将检查风险降至可接受的水平。

《中国注册会计师审计准则第1131号——审计工作底稿》

第四条　审计工作底稿还可以实现下列目的：

（一）有助于项目组计划和执行审计工作；

（二）有助于负责督导的项目组成员按照《中国注册会计师审计准则第1121号——对财务报表审计实施的质量管理》的规定，履行指导、监督与复核审计工作的责任；

……

《〈中国注册会计师审计准则第 1131 号——审计工作底稿〉应用指南》

及时编制充分、适当的审计工作底稿，有助于提高审计质量，便于在完成审计报告前，对获取的审计证据和得出的结论进行有效复核和评价。在审计工作完成后编制的审计工作底稿，可能不如在执行审计工作时编制的审计工作底稿准确。

二、职业道德与法律责任——科龙电器

《中国注册会计师审计准则第 1311 号——存货监盘》

第五条　如果存货盘点在财务报表日以外的其他日期进行，注册会计师除实施本准则第四条规定的审计程序外，还应当实施其他审计程序，以获取审计证据，确定存货盘点日与财务报表日之间的存货变动是否已得到恰当的记录。

《中国注册会计师审计准则第 1311 号——存货监盘》

第十一条　如果管理层不同意注册会计师与外部法律顾问沟通或会面，或者外部法律顾问拒绝对询证函恰当回复或被禁止回复，并且注册会计师无法通过实施替代审计程序获取充分、适当的审计证据，注册会计师应当按照《中国注册会计师审计准则第 1502 号——在审计报告中发表非无保留意见》的规定，在审计报告中发表非无保留意见。

《中国注册会计师审计准则第 1101 号——财务报表审计的目标和一般原则》

第十一条　注册会计师的目标是：
（一）无论适用的财务报告编制基础是否对关联方作出规定，充分了解关联方关系及其交易，以便能够确认由此产生的、与识别和评估由于舞弊导致的重大错报风险相关的舞弊风险因素（如有）；根据获取的审计证据，就财务报表受到关联方关系及其交易的影响而言，确定财务报表是否实现公允反映。
（二）如果适用的财务报告编制基础对关联方作出规定，获取充分、适当的审计证据，确定关联方关系及其交易是否已按照适用的财务报告编制基础得到恰当识别、会计处理和披露。

《中国注册会计师审计准则第 1312 号——函证》

第二十四条　对于识别出的超出正常经营过程的重大关联方交易，注册会计师应当：
（一）检查相关合同或协议（如有）；
（二）获取交易已经恰当授权和批准的审计证据。
如果检查相关合同或协议，注册会计师应当评价：
（一）交易的商业理由（或缺乏商业理由）是否表明被审计单位从事交易的目的可能是为了对财务信息作出虚假报告或为了隐瞒侵占资产的行为；

（二）交易条款是否与管理层的解释一致；

（三）关联方交易是否已按照适用的财务报告编制基础得到恰当会计处理和披露。

第二十五条　如果管理层在财务报表中作出认定，声明关联方交易是按照等同于公平交易中通行的条款执行的，注册会计师应当就该项认定获取充分、适当的审计证据。

《中国注册会计师审计准则第1323号——关联方》

第十一条　注册会计师的目标是：

（一）无论适用的财务报告编制基础是否对关联方作出规定，充分了解关联方关系及其交易，以便能够确认由此产生的、与识别和评估由于舞弊导致的重大错报风险相关的舞弊风险因素（如有）；根据获取的审计证据，就财务报表受到关联方关系及其交易的影响而言，确定财务报表是否实现公允反映。

（二）如果适用的财务报告编制基础对关联方作出规定，获取充分、适当的审计证据，确定关联方关系及其交易是否已按照适用的财务报告编制基础得到恰当识别、会计处理和披露。

《中国注册会计师审计准则第1323号——关联方》

第十二条　《中国注册会计师审计准则第1211号——通过了解被审计单位及其环境识别和评估重大错报风险》和《中国注册会计师审计准则第1141号——财务报表审计中与舞弊相关的责任》规定了注册会计师在审计过程中实施的风险评估程序和相关工作。作为风险评估程序和相关工作的一部分，注册会计师应当实施本准则第十三条至第十八条规定的审计程序和相关工作，以获取与识别关联方关系及其交易相关的重大错报风险的信息。

《中国注册会计师审计准则第1221号——重要性》

第八条　实际执行的重要性，是指注册会计师确定的低于财务报表整体的重要性的一个或多个金额，旨在将未更正和未发现错报的汇总数超过财务报表整体的重要性的可能性降至适当的低水平。如果适用，实际执行的重要性还指注册会计师确定的低于特定类别的交易、账户余额或披露的重要性水平的一个或多个金额。

《中华人民共和国证券法》（1999年）

第五十九条　公司公告的股票或者公司债券的发行和上市文件，必须真实、准确、完整，不得有虚假记载、误导性陈述或者重大遗漏。

第六十条　股票或者公司债券上市交易的公司，应当在每一会计年度的上半年结束之日起二个月内，向国务院证券监督管理机构和证券交易所提交记载以下内容的中期报告，并予公告：

……

第（五）项国务院证券监督管理机构规定的其他事项。

第六十一条　股票或者公司债券上市交易的公司，应当在每一会计年度结束之日起四个月内，向国务院证券监督管理机构和证券交易所提交记载以下内容的年度报告，并予公告：

……

第（五）项国务院证券监督管理机构规定的其他事项。

第六十二条　发生可能对上市公司股票交易价格产生较大影响、而投资者尚未得知的重大事件时，上市公司应当立即将有关该重大事件的情况向国务院证券监督管理机构和证券交易所提交临时报告，并予公告，说明事件的实质。

第一百七十七条　依照本法规定，经核准上市交易的证券，其发行人未按照有关规定披露信息，或者所披露的信息有虚假记载、误导性陈述或者有重大遗漏的，由证券监督管理机构责令改正，对发行人处以三十万元以上六十万元以下的罚款。对直接负责的主管人员和其他直接责任人员给予警告，并处以三万元以上三十万元以下的罚款。构成犯罪的，依法追究刑事责任。

前款发行人未按期公告其上市文件或者报送有关报告的，由证券监督管理机构责令改正，对发行人处以五万元以上十万元以下的罚款。

《中华人民共和国证券法》（2005 年修订）

第六十六条　上市公司和公司债券上市交易的公司，应当在每一会计年度结束之日起四个月内，向国务院证券监督管理机构和证券交易所报送记载以下内容的年度报告，并予公告：

（一）公司概况；

（二）公司财务会计报告和经营情况；

（三）董事、监事、高级管理人员简介及其持股情况；

（四）已发行的股票、公司债券情况，包括持有公司股份最多的前十名股东的名单和持股数额；

（五）公司的实际控制人；

（六）国务院证券监督管理机构规定的其他事项。

第一百九十三条　发行人、上市公司或者其他信息披露义务人未按照规定披露信息，或者所披露的信息有虚假记载、误导性陈述或者重大遗漏的，责令改正，给予警告，并处以三十万元以上六十万元以下的罚款。对直接负责的主管人员和其他直接责任人员给予警告，并处以三万元以上三十万元以下的罚款。

发行人、上市公司或者其他信息披露义务人未按照规定报送有关报告，或者报送的报告有虚假记载、误导性陈述或者重大遗漏的，责令改正，给予警告，并处以三十万元以上六十万元以下的罚款。对直接负责的主管人员和其他直接责任人员给予警告，并处以三万元以上三十万元以下的罚款。

发行人、上市公司或者其他信息披露义务人的控股股东、实际控制人指使从事前两款违法行为的，依照前两款的规定处罚。

第二百二十三条　证券服务机构未勤勉尽责，所制作、出具的文件有虚假记载、误导性陈述或者重大遗漏的，责令改正，没收业务收入，暂停或者撤销证券服务业务许可，并处以业务收入一倍以上五倍以下的罚款。对直接负责的主管人员和其他直接责任人员给予警告，撤销证券从业资格，并处以三万元以上十万元以下的罚款。

三、职业道德与法律责任——金亚科技

《中国注册会计师审计准则第1312号——函证》

第十四条 当实施函证程序时，注册会计师应当对询证函保持控制，包括：
（一）确定需要确认或填列的信息；
（二）选择适当的被询证者；
（三）设计询证函，包括正确填列被询证者的姓名和地址，以及被询证者直接向注册会计师回函的地址等信息；
（四）发出询证函并予以跟进，必要时再次向被询证者寄发询证函。

《中国注册会计师审计准则第1312号——函证》

第十九条 在未回函的情况下，注册会计师应当实施替代程序以获取相关、可靠的审计证据。

《中国注册会计师审计准则第1141号——财务报表审计中与舞弊相关的责任》

第十三条 按照《中国注册会计师审计准则第1101号——注册会计师的总体目标和审计工作的基本要求》的规定，注册会计师应当在整个审计过程中保持职业怀疑，认识到存在由于舞弊导致的重大错报的可能性，而不应受到以前对管理层、治理层正直和诚信形成的判断的影响。

第十四条 除非存在相反的理由，注册会计师可以将文件和记录作为真品。但如果在审计过程中识别出的情况使注册会计师认为文件可能是伪造的或文件中的某些条款已发生变动但未告知注册会计师，注册会计师应当作出进一步调查。

《中国注册会计师审计准则第1312号——函证》（2010年修订）

第十四条 当实施函证程序时，注册会计师应当对询证函保持控制，包括：
（一）确定需要确认或填列的信息；
（二）选择适当的被询证者；
（三）设计询证函，包括正确填列被询证者的姓名和地址，以及被询证者直接向注册会计师回函的地址等信息；
（四）发出询证函并予以跟进，必要时再次向被询证者寄发询证函。

《中华人民共和国证券法》（2005年）

第六十三条 发行人、上市公司依法披露的信息，必须真实、准确、完整，不得

有虚假记载、误导性陈述或者重大遗漏。

第一百七十三条　证券服务机构为证券的发行、上市、交易等证券业务活动制作、出具审计报告、资产评估报告、财务顾问报告、资信评级报告或者法律意见书等文件，应当勤勉尽责，对所依据的文件资料内容的真实性、准确性、完整性进行核查和验证。

第一百九十三条　发行人、上市公司或者其他信息披露义务人未按照规定披露信息，或者所披露的信息有虚假记载、误导性陈述或者重大遗漏的，责令改正，给予警告，并处以三十万元以上六十万元以下的罚款。对直接负责的主管人员和其他直接责任人员给予警告，并处以三万元以上三十万元以下的罚款。

发行人、上市公司或者其他信息披露义务人未按照规定报送有关报告，或者报送的报告有虚假记载、误导性陈述或者重大遗漏的，责令改正，给予警告，并处以三十万元以上六十万元以下的罚款。对直接负责的主管人员和其他直接责任人员给予警告，并处以三万元以上三十万元以下的罚款。

发行人、上市公司或者其他信息披露义务人的控股股东、实际控制人指使从事前两款违法行为的，依照前两款的规定处罚。

第二百二十三条　证券服务机构未勤勉尽责，所制作、出具的文件有虚假记载、误导性陈述或者重大遗漏的，责令改正，没收业务收入，暂停或者撤销证券服务业务许可，并处以业务收入一倍以上五倍以下的罚款。对直接负责的主管人员和其他直接责任人员给予警告，撤销证券从业资格，并处以三万元以上十万元以下的罚款。

第二章
销售与收款循环审计

第一节 相关概念

一、销售与收款循环基本概念

销售与收款循环主要是指企业向客户出售商品或者提供劳务,并收取价值相同的应收款项的相关业务活动。对于企业而言,在经营的过程中最重要的内容即在于销售,其他行为几乎都是为了销售工作服务。因为产品只有通过销售的途径,才能转化为企业的利润。在销售过程中的关键点就在于收款,当相关销售款项收回时,才能确保整个业务流程完成,同时才能为企业提供再生产以及扩大生产的资金。因此,销售与收款,对企业而言形成了一定的推动作用。

销售与收款循环是由与客户之间交换商品或劳务、收到现金收入等有关业务活动组成的。主要包括价格管理、销售合同管理、销售发货和发票管理、销售退货和售后服务管理、销售费用管理、应收账款管理以及客户信用管理。其中合同管理、发票管理、应收账款管理以及客户的信用管理是关键环节。[①]

二、销售与收款循环涉及的业务流程

由图 2-1 可以看出,销售预收款循环业务流程中,首先需要接受客户订单,其次需要将销售单进行联系编号、信用审批,之后再签订合同、制定凭证、装运凭证、向客户开具发票、核对客户签收单,最后再核对明细账。

三、销售与收款循环中的主要风险

(一)欺诈舞弊风险

销售与收款环节是企业整个运营过程中比较关键的环节,由于该环节涉及的业务

---

① 秦荣生,卢春泉. 审计学 [M]. 北京:中国人民大学出版社,2017:186-194.

流程较复杂，且涉及的部门较多，如销售部、财务部、综合管理部、仓储部、质量管理部等；涉及的人员也众多，既有内部人员也有外部客户及第三方物流公司。因此，上述各种复杂的因素交织在一起就会导致该环节出现舞弊的可能性更高，企业面临的风险也越大。

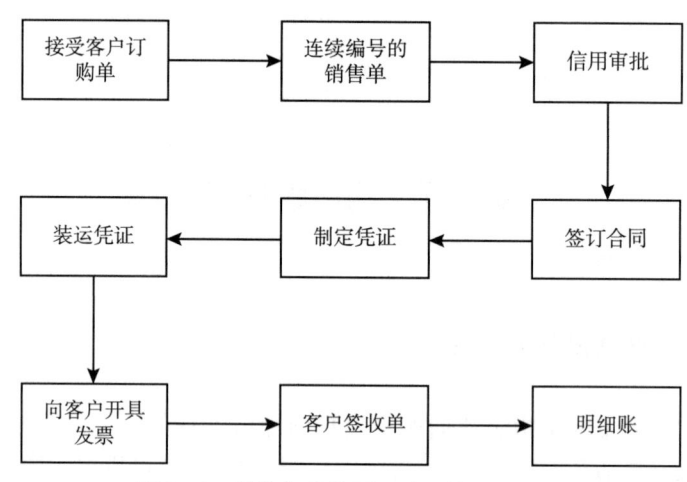

```
接受客户订购单 → 连续编号的销售单 → 信用审批
                                              ↓
装运凭证 ← 制定凭证 ← 签订合同
    ↓
向客户开具发票 → 客户签收单 → 明细账
```

图 2-1　销售与收款循环涉及的业务流程

资料来源：秦荣生，卢春泉. 审计学 [M]. 北京：中国人民大学出版社，2017：186-194 整理得到。

（二）会计风险

在销售与收款环节中，商品有销售就有对应的收入。对于采用赊销政策的企业来说，如果内控制度管理有缺陷，货款不能及时回收，企业应收账款数额巨大，坏账计提金额相应地增加，对企业正常的资金营运产生不利的影响，甚至可能造成企业破产。此外，这个环节对于财务部门来说也很关键，因为收入费用的相关确认和计量会直接影响会计信息的真实性、完整性和准确性。因此，针对该环节财务部门需要做到：确认销售业务是否及时计量在准确的会计期间；核查销售收入确认是否符合相关会计准则的要求；判断坏账准备的计提和核销是否科学合规；确认已发生但尚未支付的费用是否正确计提。

（三）合法性风险

国家运行要遵守国际法律法规，同样，企业若想正常地运营，也要遵守国内制定的法律法规以及市场的运行规则，这也是保证企业运营的前提和必要条件。在企业的日常经营环境中，如果超越法律的界限，生产的产品损害了国家和消费者的利益甚至危及消费者生命，那必然会受到法律的制裁。在销售与收款环节中，只有企业对产品质量严格要求，并依法纳税，在国家法律法规允许的范围内合法经营，这样才能保证企业的持续发展。

（四）市场和经营风险

在现代市场高强度的竞争态势下，企业想要提高市场份额、服务满意度以及客户的黏性，就需要对市场动态、消费者的需求、销售资源使用效率具有足够的了解。销售与收款环节中需要着重关注以下几个市场和经营管理风险：对市场预测的不准确；未能及时抓住机遇，导致销路受阻，加剧经营风险；经营管理制度不健全，对不良资产未能及时地管理，造成企业资金周转率较低；销售费用的效率和效果低下，弱化销售费用的"拉动效应"；忽视售后的服务质量，降低客户满意度低的同时会造成客户流失和市场份额的丧失。

（五）信用风险

信用管理在销售与收款循环中有着举足轻重的地位。销售部门希望拥有宽松的信用管理和审批制度，这样可以为企业带来更多的客户和销售业绩，而财务部则希望执行严格的信用审批制度，以此降低不良资产率，并加快资金周转的速度。企业面临的销售与收款循环的信用风险主要是客户管理以及结算方式不科学给企业带来的坏账与欺诈风险。

四、销售与收款循环审计的基本程序和目标

整个审计程序可以简单地概括为：了解被审计单位及其环境—评估重大错报风险—设计审计程序—实施审计程序—评价获得的审计证据—随时对最初的评估进行检验—实施更多的程序或者得出结论。企业销售与收款循环的审计目标，是评价受该业务循环影响的各账户余额、发生额是否真实合法，并与其他循环的审计结合起来评价整个企业的账务。

五、销售与收款循环审计常见的审计风险

（一）收入确认存在的舞弊风险

有的企业为达到粉饰报表的目的而采用虚增或隐瞒收入的方式实施舞弊。审计人员可以从实施舞弊的动机或压力出发，比如某公司想要上市，基于上市这一动机，管理层很有可能通过虚增收入来粉饰财务报表。中国注册会计师审计准则要求注册会计师识别和评估与收入确认相关的重大错报风险时，应当基于收入确认存在舞弊风险的假定，评定哪些类型的收入、收入交易或认定导致舞弊风险。

（二）收入的复杂性可能导致的舞弊

收入确认涉及的方法越复杂，其重大错报风险水平越高。比如可变对价安排、特殊的退货约定、特殊的服务期限安排等特殊的交易安排。尤其是近两年新的收入确认

准则的修订，管理层可能缺乏相应的交易风险判断经验，而导致收入确认发生错误。

（三）发生的收入交易未能得到准确记录

发生的收入交易未能得到准确记录与收入的准确性、应收账款的计价和分摊认定相关。审计人员应当查明收入未能得到准确记录的原因，并考虑是否存在潜在的重大错报风险。

（四）收入未被记录在正确的会计期间

期末收入交易和收款交易可能未计入正确的期间，包括销售退回交易的截止错误，与截止认定相关。审计人员应当关注被审计单位年尾年初的交易是否被记录于正确的会计期间，是否会对本年的营业收入产生重大影响。

（五）收入未被记录在正确的账户

收款未及时入账或计入不正确账户，导致应收账款、应收票据和银行存款的错报。多数情况下属于分类错报，审计人员应当考虑报表项目的性质，有的时候即使其金额重大也不构成重大错报。比如，被审计单位有一项500万元的应收票据被记录到应收账款，但由于两个账户同属于资产类账户，即使计入了错误的账户，也不会对年度利润或损益产生影响，这种情况下不构成重大错报。

第二节　案 例 分 析

一、销售与收款循环审计——九好集团

（一）被审计单位情况

1. 九好集团基本情况

浙江九好办公服务集团有限公司（现名为九好网络科技集团有限公司）简称"九好集团"，2010年3月5日成立于杭州，注册资本为5 000万元人民币，其成立初公司名为浙江九好投资有限公司。2010年9月，公司名变更为浙江九好办公服务集团有限公司。2012年12月，在经过多次的股权变更后，九好集团注册资本为6 868.63万元。2014年6月，经过股东会的审议，同意增资1 075.27万元，该次增资完成后，九好集团注册资本变更为7 943.89万元。截至2015年12月31日，九好集团经过多次股权变更后的股权结构如表2-1所示。

表 2-1　　　　　　　　　　九好集团 2015 年股权结构

股东名称	出资额（万元）	持股比例（%）
郭丛军	4 250.42	53.51
科桥嘉永	837.63	10.54
科桥成长	762.63	9.60
江阴安益	538.79	6.78
华睿海越	374.83	4.72
金永信	250.00	3.15
杜晓芳	200.00	2.52
华睿德银	187.41	2.36
大丰匀耀	161.29	2.03
宁波科发	161.29	2.03
普思投资	129.60	1.63
张勇	90.00	1.13
合计	7 943.89	100

资料来源：巨潮资讯网。

九好集团是一家提供综合性商务服务的网络中介平台企业，首创了"互联网+后勤"的商业模式，集结了大量的供应商，为供需双方提供了一个整合的资源交流平台，其服务囊括了餐饮、物流、信息化、商务、金融及员工服务等多方面，并可以根据客户的需求制订方案。公司自成立以来，相继获得了多项荣誉称号。

自 2010 年以来，九好集团发展迅速，为实现更大的发展需要借助资本市场的力量。九好集团的借壳方为辽宁省鞍山市的重型矿山机械设备生产商鞍重股份，因其自身经营不善、利润下滑，急需提高持续盈利能力，才上市三年多就着手"卖壳"。

2015 年 4 月，鞍重股份停牌。

2015 年 11 月 26 日，鞍重股份在停牌大半年后公布并购重组预案并复牌，九好集团计划作价 37.18 亿元置入鞍重股份。交易实现后，郭丛军将会成为鞍重股份的实际控制人。按照九好集团的账面净资产计算，预估增值率接近 800%。

2015 年末，市场环境整体平稳，鞍重股份在公布并购重组预案之后，股价一路上扬，连续拉出多个涨停板。2015 年 11 月 27 日，公司股价为 26.17 元/股，15 个交易日之后，在 12 月 18 日达到 87.79 元/股，涨幅高达 221.93%。同时，与停牌前的收盘价 23.78 元相比，涨幅高达 269%。

2016 年，证监会接到群众举报，并于同年 5 月 27 日，对鞍重股份下发了《立案调查通知书》。次日，九好集团收到了《立案调查通知书》。

2016年7月12日，证监会下发了《中国证监会行政许可申请终止审查通知书》，对九好集团行政许可申请的审查终止。

2017年9月20日，证监会对利安达会计师事务所及负责该项目的注册会计师作出行政处罚。至此，利安达对九好集团借壳鞍重股份的审计失败案件终告一段落。

2. 主要会计问题

平台服务费收入和贸易收入是九好集团的两大重要收入来源，而其虚增的收入也都是通过这两种渠道实现的。2013~2015年，九好集团通过多种手段实施舞弊，三年共虚增264 897 668.7元服务费收入，其中，2015年虚增574 786.32元贸易收入，虚构3亿元银行存款，未披露3亿元借款及银行存款质押。

（1）虚增服务费收入。九好集团于2013~2015年通过多种渠道虚增264 897 668.7元服务费收入，三年的虚增额分别为17 269 096.11元、87 556 646.91元以及160 071 925.68元。① 虚增的服务费收入主要通过以下三种渠道核实确认：第一，通过供应商核实，确认有125家供应商与九好集团没有真实的业务关系或者存在着资金往来没有实际业务为依托的情况。这三年间，九好集团通过这些供应商共虚增服务费收入191 524 278.2元。第二，通过客户核实，确认46家客户与另外84家九好集团的供应商并无业务往来，或双方之间的业务与九好集团没有任何关系。九好集团在此期间通过这些客户和供应商共虚增服务费收入50 991 653.19元。第三，通过九好集团相关员工核实，九好集团与19家供应商的业务并不属于九好集团经营范畴。供应商向九好集团支付款项后，九好集团让资金途经其控制的个人银行账户后转回供应商，并与供应商签订虚假业务合同将其确认为服务费收入，此种手段也被资金循环的证据所印证。九好集团通过这19家供应商累计虚增服务费收入22 381 737.31元。

（2）虚增贸易收入。九好集团与融康信息间存在资金循环。2015年，融康信息向九好集团采购货物，在付给九好集团的款项已退回且融康信息未收货的情况下，九好集团仍确认其销售收入及应收账款收回，因此虚增2015年销售收入574 786.32元。

（3）虚构银行存款。2015年1月，九好集团虚构银行存款转入47 702 412.00元，虚构收回其他应收款1.7亿元，同时转出1亿元资金不入账，账面形成虚假资金317 702 412.00元。3月26日，九好集团虚构收到退回的款项1 170万元。2015年3月31日，好融实业向上海银行账户转入1.6亿元不入账，九好集团在账面虚假记载少计其他应收款收回29 402 412.00元。至此，九好集团最终在账面形成了3亿元虚假资金。具体的过程总结如图2-2所示。

（4）未对外披露借款3亿元并进行存单质押的事实。九好集团向其他公司借款形成定期存单或购买理财产品，在当日或次日以定期存单或理财产品为借款方承兑汇票提供担保，并通过汇票贴现把资金归还借款方，在账面形成并保持3亿元银行存款的假象。具体的过程总结如图2-3所示。

---

① 九好集团2013~2015年财务报告。

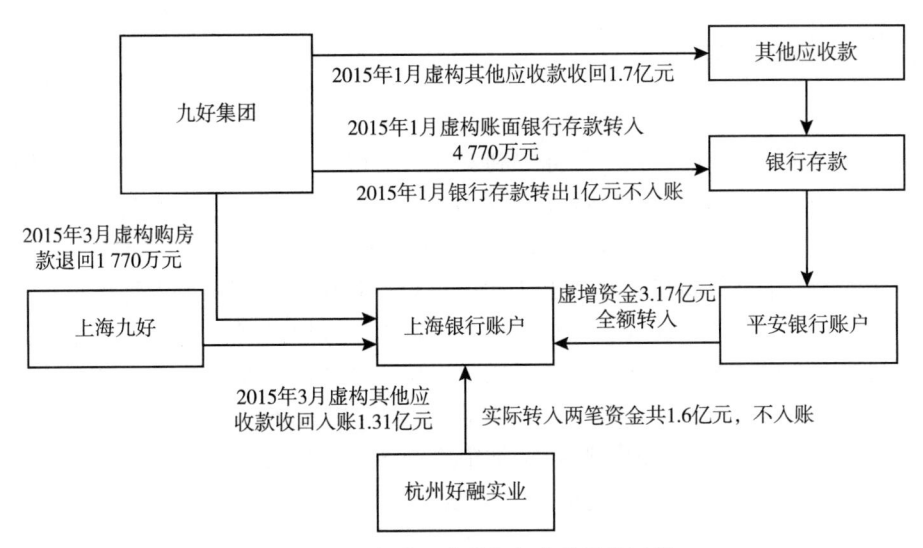

图 2-2　九好集团虚构银行存款具体过程

资料来源：《九好集团 2015 年审计报告》。

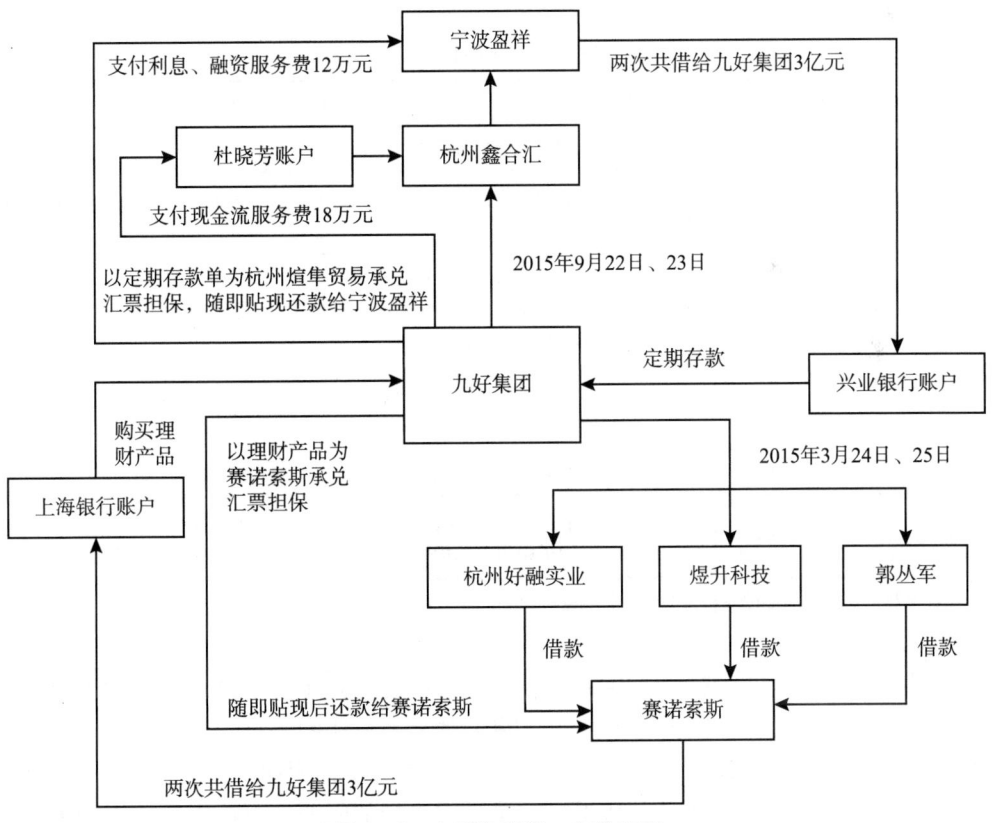

图 2-3　九好集团借、存款流程

资料来源：《九好集团 2015 年审计报告》。

（二）审计单位情况

1. 利安达会计师事务所基本情况

利安达会计师事务所（以下简称"利安达"），1993 年成立，1999 年经历了脱钩改制，在 2013 年底转变为特殊普通合伙制。自成立以来至今已取得长足发展，先后在中国主要城市设有近 30 家分支机构，系具有相当规模的国内会计集团网络之一，拥有了一大批在国内外享有很高知名度的客户网络。截至 2020 年 12 月，利安达已经具备了在审计、资产评估、税务、会计、工程造价、投融资、管理咨询和国际业务等领域，特别是便利地为客户进入国际资本市场提供全方位、全球性专业服务的能力，同时利安达通过与中威正信资产评估有限公司（具证券、期货相关业务评估资格）、北京利安达管理顾问有限公司、利安达国际财税培训中心等各专业公司建立战略联盟，实现了资源优势互补，联手打造大平台的概念，力争为客户提供高效、增值、全方位的专业服务。①

在 2017 年九好集团审计失败之前，利安达前后共经历了 6 次被处罚的情况，具体情况如表 2-2 所示。

表 2-2　　利安达审计失败情况汇总

被审计单位	被罚年份	业务类型	被罚的主要问题
北亚实业	2009	年报审计	未执行充分的审计程序
华阳科技	2012	年报审计	未勤勉尽责；未执行充分的财务报表分析程序；未执行有效的函证替代程序
天丰节能	2014	IPO 审计	未勤勉尽责；未真实编制工作底稿；未对评估的重大错报风险实施恰当的审计程序；未有效执行关联方交易识别和披露的审计程序；未执行相关函证程序
华锐风电	2015	年报审计	未能识别和评估财务报表重大错报风险；未充分了解企业内部控制设计；未审慎核查；未执行相关函证程序；未勤勉尽责
赛迪传媒	2016	年报审计	未勤勉尽责；未能识别和评估财务报表重大错报风险
连城兰花	2016	年报审计	未勤勉尽责；未执行前后任注册会计师的沟通程序；未能识别和评估财务报表重大错报风险；未按行业准则实施函证程序

资料来源：根据中国证监会行政处罚决定书整理得到。

由表 2-2 可知，利安达于 2009 年第一次受到证监会处罚，2016 年最为严重，一年之内两次审计失败。六次审计失败中，除了对天丰节能的审计，均为年报审计。处罚的主要原因是注册会计师"未勤勉尽责"，在具体的审计程序上，"未执行相关函证程序"或"未执行有效的函证替代程序"是最常出现的问题。而近年来"未能识别和评估财务报表重大错报风险"也成为最普遍的问题。

---

① 利安达会计师事务所官网（http://www.reanda.com/about.php?ziSort=11）整理。

2. 主要的审计问题

（1）注册会计师未能在风险评估阶段深入了解被审计单位。

①未能深入了解对互联网公司审计存在的风险。

九好集团作为一个互联网平台企业，既没有存货和实物流，也没有生产、采购和销售等环节。监盘和对产供销的分析性复核等传统审计方法都不再适用，这就要求注册会计师必须有熟练的相关审计经验，熟悉互联网公司的经营特点和经营模式，并以此形成新的审计工作思路。

但实际情况是注册会计师对这个新兴的行业并不了解，而且并没有类似于后勤托管业务的上市公司。在这个细分市场中，也没有可以与九好集团来进行比较的大体量的竞争者。这使得注册会计师不能与行业标准进行准确的比较和判断，很难判断确定公司财务数据的合理性和真实性。但在该种情况下，注册会计师并没有识别出其存在的风险，也没有进行必要的风险评估。

②未能深入了解被审计单位的内部控制风险。

在现代风险导向审计理论的指导下，注册会计师应对被审计单位的内部控制风险作出了解和评价，并重点关注涉及影响被审计单位内控环境的要素。注册会计师在对九好集团展开调查时，并没有关注到其内部控制环境存在的问题，为其出具了不当的内部控制鉴证意见，这对注册会计师识别与评估风险产生了极大的影响。

被审计单位内部控制管理部门并未保持其独立性。九好集团在最高权力机构股东大会下设董事会和监事会，唯一的内部控制管理部门审计监察部设置于董事会下。审计监察部担任了对效益性和合规性的审计检查，并需要制定和实施企业的各项管理制度。一直以来，刘树龙在董事长郭丛军的直接领导下担任着审计监察部的经理，且郭丛军控制的嘉兴九贵也有刘树龙作为股东，二人之间的利益关系非常明显。[1]

2010年3月自九好集团创立以来，郭丛军夫妇始终持股50%以上。通过表2-1可以看出，截至2015年末，郭丛军夫妇持股比例高达56.3%，九好集团的实际控制权归属于郭丛军夫妇。在这种情况下，公司的内控环境不容乐观，内控仅流于形式而其实质作用难以得到有效发挥，公司的经营、决策和监督权实际均处在董事长郭丛军一人控制之下，郭丛军很容易决策并组织多部门实施大规模的舞弊，一股独大的情形非常显著。

（2）函证审计程序不到位。

①未对函证保持有效控制。

注册会计师在函证实施时，应对其全过程保持控制。但九好集团的相关人员始终参与注册会计师的发函工作，且注册会计师在子公司层面丧失了对函证的控制。函证发出时，询证函本应经由被审计单位盖章并由注册会计师直接发出，但注册会计师在对九好集团实施函证程序时，安排审计人员与其员工共同填写询证函并寄出，各个子公司的询证函则是由审计人员填好后由各个子公司自行寄出。通过调查利安达收到的

---

[1] 翁雅，陈文寿. 上市公司舞弊审计案例研究：以九好集团为例［C］//四川劳动保障杂志出版有限公司. 劳动保障研究会议论文集（七）. 四川劳动保障杂志出版有限公司，2020.

回函发现，存在着九好集团工作人员直接回函的现象，如浙江元茂文化创意有限公司回函快递单明确写明九好集团。另外，发函与回函快递单号接近，回函的快递单连号或号码接近的情形大量存在。

②未按拟定的选样标准进行发函。

审计人员在实施函证程序的过程中应严格执行所拟定的发函标准，但注册会计师在对应收账款进行函证时并没有做到这一点。利安达所拟定的发函选取标准为 10 万元以下随机抽取，10 万元以上全部发函。但在对九好集团的审计中，审计人员对部分 10 万元以上的供应商未进行函证。如均没有向杭州颐高数码科技市场乐轩电脑商行 2013 年底应收账款 860 000 元、新昌县亿嘉置业有限公司 2013 年底应收账款 1 310 000 元等发函。利安达所拟定的发函清单共涉及九好集团的供应商 228 家，但经过调查发现，实际发函仅为 54 家。宁波九好计划向 200 家供应商发函，实际统计发函为 97 家。

③未妥善应对回函存在的问题和疑点。

注册会计师在对九好集团函证程序实施的过程中，没有妥善应对回函所存在的问题和疑点。在合理的时间未能收到回函时，注册会计师应当考虑必要时再次向被询证者发函，若仍未能得到被询证者的回应则应当实施替代审计程序。注册会计师在对 3 亿元定期存款实施函证程序时并没有收到回函，且当地证监局也曾提示过应关注 3 亿元定期存单，但利安达未再次发函或实施替代程序，审计结论仍为未见异常情况。利安达收到银行回函是在 2016 年 6 月 2 日，已远远晚于审计报告出具日 4 月 21 日。

同时，注册会计师对回函中存在的诸多疑点并没有予以重视和关注。

数家供应商回函留有同样的邮寄信息。如云昀网络科技有限公司、焊点投资管理有限公司、普丰信息技术有限公司等回函寄件人电话均相同。

不同供应商回函由同一快递员收件。广州曼舞电子有限公司、广州耀得电子有限公司、广州市海力士电子科技有限公司、广州市松吉电子科技有限公司、广州市狮之威电子科技有限公司、广州丹裕电子科技有限公司、广州华州电子有限公司的回函均由同一编号的快递员取件。发函与回函地址不一致。如北京友好创嘉投资管理有限公司发函地址为北京市，供应商实际回函地址为深圳市；广州市亿盈电器科技有限公司发函地址为深圳市，实际回函地址是广州。

④对供应商和客户的走访存在问题。

注册会计师对九好集团的审计工作底稿中有 69 家供应商的现场走访记录，证监会经比对现场照片后发现，审计人员实际走访的供应商仅有 11 家，其余进行走访签字的大多数为资产评估公司或者西南证券的相关人员。一部分在工作底稿中收录的访谈记录存在问题，一些供应商有在同一时间不同地点接受访谈的情况，并且访谈记录存在严重不合理的状况，而注册会计师表示未关注到该事项。

（3）注册会计师未能保持应有的职业怀疑。

注册会计师在整个审计工作进行中都需要保持应有的职业怀疑态度。对可能存在重大错报的领域运用其自身的专业知识和经验进行全面的考虑，对已获得的审计证据进行审慎的评价，这样才能识别出被审计单位存在的舞弊行为，减少审计失败发生的概率。但在九好集团的案例中，注册会计师并没有保持应有的职业怀疑，尤其是在对收入实施审计程序的过程中尤为明显。九好集团提供的与确认收入有关的资料和证据存在诸多问题和疑点,而九好集团主要的舞弊手段正是通过虚增服务费收入和贸易收入来实现的。

九好集团与收入有关的资料和证据存在的问题包括:部分九好集团的合同用印错误,九好集团与供应商签订的管理咨询服务合同书的用印样式,与往来账项及交易询证函回函的用印样式不同。部分合同条款自相矛盾,如某供应商与两家客户的合同期限均为一年,但合同记载具体期限却分别为2013年12月1日~12月31日、2013年6月1日~7月31日。供应商与客户的合同及供应商收入确认函等资料不完整。如供应商杭州天诚运通医药有限公司、上海大汉三通通信股份有限公司、杭州捷美洁餐饮管理有限公司等无收入确认函。

证监会经过调查发现,注册会计师并没有关注和重视上述的疑点,并没有以原有审计计划为基础补充其他必要的审计程序来应对以上问题。因此,注册会计师在九好集团的案例中未能保持其应有的职业怀疑,从而导致其未能发现九好集团的舞弊事实,进而造成审计失败的发生。

(4)会计师事务所质量控制不严格。

审计准则规定了审计质量所需达到的要求,质量控制促使着审计工作达到所要求的水平。为提高审计质量,要对事务所内指导、监督和复核审计工作建立制度规范,同时也要对人力资源管理进行规范,建立健全科学严格的质量控制体系以实现对事务所的质量控制。当下,事务所都在逐渐实现规模化发展,为实现事务所不仅做大还要做强的目标,加强质量控制至关重要。

从九好集团的案例中,我们可以看到,利安达对质量控制的执行并不严格,这种不严格体现在审计程序执行的过程以及审计结果的形成上。比如,证监会在检查利安达的审计底稿时发现,利安达对同一供应商收录了两份完全不同的约谈记录,但签字注册会计师却表示并没有注意到该异常情况。可以看出利安达对该项目的复核环节失效,未能有效把控审计质量。

二、销售与收款循环审计——欢瑞世纪

(一)被审计单位情况

1. 欢瑞世纪基本情况

欢瑞世纪联合股份有限公司(以下简称"欢瑞世纪")作为在2016年重大资产重组管理办法修订后,第一家通过借壳上市,登陆A股进入资本市场的文化传媒公司,在行业内有着领先地位。其主营业务包括制作发行电视剧和电影等影视作品、游戏研发与运营、影视作品衍生品及艺人经纪等。

欢瑞世纪的壳公司为星美联合股份有限公司(以下简称"星美联合"),星美联合最早由原四川三爱工业股份有限公司和原四川海陵实业股份有限公司合并组建成立,1997年于重庆市登记注册,1998年10月在深圳证券交易所上市,股票代码为000892。

2007年5月，星美联合被实行退市风险警示处理，2009年破产重整之后多年来依靠大股东与其子公司之间的关联交易勉强支撑。

欢瑞世纪（东阳）影视传媒股份有限公司（以下简称"欢瑞影视"）前身为浙江三禾影视文化有限公司，2006年9月于浙江省东阳市注册成立，实际控制人为陈援、钟君艳夫妇。欢瑞影视是一家致力于影视剧投资、制作、发行、宣传、经纪等相关领域的影视公司，自2011年下半年开始便一直寻求进入资本市场的道路。2014年7月欢瑞影视曾尝试通过与上市公司亚太股份资产重组来达到借壳上市的目的，但最终由于外界质疑借壳失败。2015年4月和5月，上海鑫以实业有限公司将其所持有的星美联合全部股份分别转让给欢瑞世纪（天津）资产管理合伙企业（以下简称"天津欢瑞"）、北京青宥仟和投资顾问有限公司、深圳弘道天瑞投资有限责任公司三家公司，天津欢瑞由此持股14%，成为星美联合母公司，陈援和钟君艳夫妇为公司实际控制人。①

从2006年公司成立至今，欢瑞世纪经历了6次增资与15次股权转让，截至2015年8月，欢瑞世纪前5名股东持股数和持股比例如表2-3所示。

表2-3　　　　　欢瑞世纪2015年前5名股东出资情况

股东	持股数（万股）	持股比例（%）
钟君艳	1 561.68	14.46
浙江欢瑞	1 356.41	12.56
南京顺拓投资管理有限公司	985.48	9.12
深圳市中达珠宝合伙企业（有限合伙）	674.00	6.24
包头市龙邦贸易有限责任公司	592.00	5.48

资料来源：根据欢瑞世纪联合股份有限公司公告整理得到。

2015年9月，在取得了壳公司的控制权后，欢瑞世纪（即原星美联合）公告宣布拟收购欢瑞影视并募集配套资金。

2016年11月，通过证监会重大资产重组核准，欢瑞世纪全资收购欢瑞影视，标的资产作价30亿元，并作出业绩承诺及补偿安排，欢瑞影视自此成为欢瑞世纪的全资子公司，实现借壳上市。

2017年7月，证监会开始对欢瑞世纪进行立案调查，欢瑞世纪涉嫌财务造假。

2019年7月连续收到三份来自重庆市证监局的行政处罚事先告知书。最终，在2019年11月正式收到顶格处罚的行政处罚决定书，被处罚的原因是其全资子公司欢瑞影视在2013年至2016年6月30日期间存在财务造假行为，并导致欢瑞世纪虚报、漏报重大资产重组信息。

---

① 高嵩. 文化传媒上市公司审计风险及其防范研究：以欢瑞世纪为例 [D]. 北京：北京交通大学，2020.

2. 主要会计问题

根据中国证监会重庆监管局下发的行政处罚决定书，欢瑞世纪被处罚的具体违法事实包括四方面：第一，欢瑞影视在 2013 年和 2014 年通过提前确认收入，共虚增营业收入约 9 729.06 万元；第二，欢瑞影视通过虚构收回应收款项从而减少计提坏账准备，2015~2016 年共虚构收回应收款项 5 150 万元，2015 年少计提坏账准备 425 万元，2016 年半年报少计提 467.50 万元，造成欢瑞世纪 2016 年年报少计提坏账准备 2 835 万元，虚增利润 2 835 万元；第三，欢瑞影视推迟计提应收款项坏账准备，造成 2013~2015 年分别少计提坏账准备 5.20 万元、20.80 万元、234.00 万元；第四，欢瑞影视控股股东及关联方通过利用项目等方式占用公司资金累计达到 3 800 万元，造成欢瑞影视 2013~2015 年年报、2016 年半年报披露失实，造成上市公司 2016 年年报披露失实。

（1）提前确认营业收入结转成本。

欢瑞影视在 2013 年和 2014 年度主要运用提前确认收入的手段进行财务造假，2013 年提前确认收入约 6 940 万元，2014 年提前确认收入 2 789.4 万元，可见欢瑞影视两年内提前确认收入虚增营业收入累计高达近亿元。①

①2013 年提前确认收入情况。

首先，欢瑞影视提前确认电视剧《古剑奇谭》营业收入。根据欢瑞影视与湖南卫视签订的电视剧《古剑奇谭》的首轮播映权转让协议，其生效时间为 2014 年 2 月 17 日，且湖南卫视与欢瑞影视在同年 6 月 27 日才完成《古剑奇谭》母带交接工作。而欢瑞影视于 2013 年 12 月便确认了《古剑奇谭》发行收入和版权转让收入，合计 5 052.83 万元，并结转成本 2 571.96 万元。② 协议生效时间与母带交接时间均晚于欢瑞影视 2013 年 12 月确认《古剑奇谭》营业收入的时间，这明显不符合收入确认原则。

其次，欢瑞影视提前确认电视剧《微时代之恋》营业收入。根据欢瑞影视与腾讯视频签订的《微时代之恋》独占授权合同书及其补充协议，其生效时间为 2014 年 2 月 10 日，而欢瑞影视于 2013 年 12 月确认《微时代之恋》版权转让收入 1 886.79 万元，同期结转成本 846.10 万元。③ 很明显合同与补充协议生效时间晚于欢瑞影视 2013 年 12 月确认营业收入时间，并且由于各种原因，该合同还存在解除风险，在不能确定有关经济利益能够流入公司的情况下，欢瑞影视就确认了营业收入。不仅如此，对于《微时代之恋》母带的交接，欢瑞影视也无法提供相关资料以证明其在 2013 年 12 月已完成，因此不符合收入确认原则。

②2014 年提前确认收入情况。

欢瑞影视提前确认电视剧《少年四大名捕》营业收入。2014 年欢瑞影视也是在不符合收入确认原则的情况下提前确认了收入。根据欢瑞影视与湖南卫视签订的电视剧《少年四大名捕》的首轮播映权转让协议，其生效时间为 2015 年 2 月 26 日，且欢瑞影视与湖南卫视在同年 3 月 13 日才完成《少年四大名捕》母带交接工作，而欢瑞影视于 2014 年 12 月便确认了《少年四大名捕》发行收入 298.87 万元，版权转让收入

---

① 重庆监管局行政处罚决定书〔2019〕3 号，详见重庆证监局网站。
②③ 《欢瑞世纪联合股份有限公司关于前期会计差错更正的公告》（〔2020〕21 号）。

2 490.56 万元,并结转成本 1 537.57 万元。① 协议生效时间与母带交接时间均晚于欢瑞影视 2014 年 12 月确认营业收入的时间,这明显不符合收入确认原则。

表 2-4 为欢瑞影视 2013 年与 2014 年提前确认收入的情况,从表中可以看出年报中欢瑞影视 2013 年营业收入为 20 091.26 万元,其中因提前确认收入虚增的收入为 6 939.62 万元,所占比例高达 34.54%。2014 年欢瑞影视营业收入为 29 420.49 万元,其中因提前确认收入虚增的收入为 2 789.43 万元,所占比例接近 10%。② 可见,欢瑞影视因提前确认收入虚增的营业收入金额之大。

表 2-4　　　　　　欢瑞影视 2013~2014 年提前确认收入情况

项目	年度	提前确认金额（万元）	年度提前确认收入合计（万元）	当年确认营业收入（万元）	提前确认收入占当年收入比例（%）
古剑奇谭	2013	5 052.83	6 939.62	20 091.26	34.54
微时代之恋		1 886.79			
少年四大名捕	2014	2 789.43	2 789.43	29 420.49	9.48

资料来源：根据欢瑞世纪联合股份有限公司 2013~2014 年年报整理得到。

(2) 虚构收回应收账款以及其他应收款少计提坏账准备。

欢瑞影视 2015 年虚构收回应收款项 850 万元,造成 2015 年年报少计提坏账准备 425 万元,2016 年虚构收回应收款项 1 700 万元,造成 2016 年半年报少计提坏账准备 467.5 万元,欢瑞影视两年虚构收回应收账款合计 2 550 万元,少计提坏账准备合计 892.5 万元。③ 具体情况如下：

①2015 年虚构收入应收账款少计提坏账准备情况。2013 年,欢瑞影视与上海轩叙签订《演艺人员委托代理协议》,协议约定,上海轩叙应当每年向欢瑞影视支付演艺人员固定佣金,截至 2014 年末欢瑞影视尚未收到 2013 年的固定佣金 1 000 万元。而 2015 年 6 月,欢瑞影视确认收回上述佣金中的 850 万元。经过核实,这笔资金实际上最终来源于陈援、钟君艳,也就是说陈援、钟君艳利用自有资金来作为上海轩叙应收账款的收回。陈援先指定悦视影视的董事王贤民将这 850 万元以悦视影视的名义转入曾某的银行账户,最后曾某再利用上海轩叙的账户将资金转入欢瑞影视作为上海轩叙应付账款的支付。该笔资金操作造成欢瑞影视 2015 年少计提坏账准备 425 万元。④

②2016 年虚构收回应收款项少计提坏账准备情况。欢瑞影视 2016 年与 2015 年虚构收回应收款项的造假方式大致相同。2014 年,欢瑞影视与上海轩叙签订《演艺人员委托代理协议》的补充协议,补充协议约定,上海轩叙当年应支付欢瑞影视固定佣金 1 700 万元,截至 2015 年末欢瑞影视未收到该笔资金。而欢瑞影视于 2016 年 1 月确认全额收回上述应收账款,经过查实,该笔款项来源于欢瑞文化和欢瑞世纪投资（北京）有限公司,而这两个公司的实际控制人为陈援、钟君艳。受陈援安排,欢瑞文化和欢

---

①②④ 《欢瑞世纪联合股份有限公司关于前期会计差错更正的公告》（〔2020〕21 号）。
③ 重庆监管局行政处罚决定书〔2019〕4 号,详见重庆证监局网站。

瑞投资将这笔资金先转入王贤民控制的银行账户，再由王贤民安排人员以悦视影视的名义将这笔资金转入上海轩叙曾某名下银行账户，然后再由曾某利用上海轩叙的账户将资金转入欢瑞影视作为上海轩叙应付账款的支付。该笔资金操作造成欢瑞影视2016年半年报少计提坏账准备467.5万元。①

（3）推迟计提应收款项坏账准备。

2012年3月7日，欢瑞影视与浙江天光地影签署电视剧《掩不住的阳光》合作摄制合同，同年12月欢瑞影视支付浙江天光地影投资款520万元，并将其计入预付账款。②

根据合同约定及欢瑞影视支付投资款的时间，2013年12月，欢瑞影视就应当将预付账款520万元转入其他应收款，并根据相应比例计提坏账准备，但直到2014年12月在注册会计师提请调整的情况下，欢瑞影视才将这笔款项转入其他应收款，并计提坏账准备。③

由于欢瑞影视推迟确认其他应收款导致2013~2015年累计少计提坏账准备260万元，其中2013年5.2万元、2014年20.8万元、2015年234万元。欢瑞影视采用账龄分析法计提坏账准备的比例如表2-5所示。

表2-5　　　　　　　欢瑞影视2013年计提坏账准备比例　　　　　　单位：%

账龄	应收账款计提比例	其他应收款计提比例
1年以内（含1年）	1	1
1~2年	5	5
2~3年	50	50
3年以上	100	100

资料来源：根据欢瑞世纪联合股份有限公司2013年年报整理得到。

（4）未充分披露关联方资金占用的关联交易的情况。

陈援、钟君艳夫妇及欢瑞文化利用与欢瑞影视的关联方关系连续多年占用欢瑞影视资金，而欢瑞影视在此期间并未进行完整披露。经过核实，欢瑞文化与欢瑞影视合作拍摄电视剧《铁血黑金》，而欢瑞文化就利用该项目于2013~2017年累计占用欢瑞影视1 200万元资金。此外，公司艺人李某某向钟君艳私人借款，钟君艳及欢瑞文化便利用该事项于2015~2017年占用欢瑞影视1 800万元资金。④

表2-6为欢瑞影视2013~2015年年报以及2016年半年报披露的关联方占用欢瑞影视资金情况。从表中可以看出，欢瑞影视并未完整披露欢瑞文化以及钟君艳占用其资金的情况，2013年、2015年、2016年6月所披露的欢瑞文化资金占用为零，而2014年末显示仅为250万元；欢瑞影视2015年年报、2016年半年报披露的陈援、钟君艳夫妇资金占用均为零。

---

①②③《欢瑞世纪联合股份有限公司关于前期会计差错更正的公告》（〔2020〕21号）。
④　重庆监管局行政处罚决定书〔2019〕5号，详见重庆证监局网站。

表 2-6　欢瑞影视 2013 年~2016 年 6 月关联方占用公司资金情况　　单位：万元

资金占用方	2016 年 6 月 30 日		2015 年 12 月 31 日	
	资金占用余额	未偿还资金占用费余额	资金占用余额	未偿还资金占用费余额
陈援、钟君艳夫妇				
欢瑞文化				
星美联合	137.5		107.5	
合计	137.5		107.5	

资金占用方	2014 年 12 月 31 日		2013 年 12 月 31 日	
	资金占用余额	未偿还资金占用费余额	资金占用余额	未偿还资金占用费余额
陈援、钟君艳夫妇			1 187.53	1 444.13
欢瑞文化	250	12.22		
星美联合				
合计	250	12.22	1 187.53	1 444.13

资料来源：《欢瑞世纪联合股份有限公司关于前期会计差错更正的公告》。

由于欢瑞影视隐瞒关联方占用资金情况，造成欢瑞影视 2013 年年报、2014 年年报未对关联方占用资金 700 万元进行披露，2015 年年报及 2016 年半年报未对关联方占用资金 3 000 万元进行披露。综上所述，欢瑞影视财务造假手段较为常见，造假时间从 2013 年持续到 2016 年，持续时间长，且累计金额巨大，造成了恶劣的社会影响。此外，欢瑞影视财务造假的目的是借壳上市，并通过造假方式成功进入资本市场，这对资本市场也产生了不良影响，在一定程度上也显示出我国针对资产重组、财务造假等方面的制度以及监管上存在一定的缺陷。

（二）审计单位情况

1. 审计单位基本情况

（1）北京兴华会计师事务所。

北京兴华会计师事务所（特殊普通合伙）（以下简称"北京兴华"），截至 2018 年 12 月是中国前 20 强会计师事务所之一。自 1992 年成立以来，北京兴华在社会各界大力支持下，经过全体同仁的不懈努力，在股票发行与上市、企业重组、公司改制、国企审计及财务咨询等专业服务方面具有极强的实力和出色的业绩，目前已有上市公司客户 30 余家。

北京兴华一直保持高速增长，2018 年业务收入为 7.04 亿元，全国行业排名第 16 位。北京兴华总部设在北京，合伙人 102 位，在职员工 2 000 余名，注册会计师 650 余名。北京兴华相继在贵州、湖北、西安、广东等地设立了 30 家分所，已成为国内颇具影响力的知名会计师事务所之一。[①] 北京兴华近几年审计失败情况如表 2-7 所示。

---

① 根据北京兴华会计师事务所官网（http：//www.xhcpas.com）整理。

表 2-7 北京兴华审计失败情况汇总

被审计单位	被罚年份	业务类型	被罚的主要问题
丹东欣泰电气股份有限公司	2016	IPO 审计	未勤勉尽责；未对应付账款、预付账款明细账中存在的大量大额异常红字冲销情况予以关注；在应收账款、预付账款询证函未回函的情况下，未实施替代程序；未获取充分适当的审计证据；未对银行账户的异常情况予以关注
山东新绿食品股份有限公司	2019	财报审计	未勤勉尽责；银行存款审计程序不到位；风险评估程序不到位
林州重机集团股份有限公司	2020	年报审计	未勤勉尽责；审计程序执行不到位；未获取充分适当的审计证据

资料来源：根据中国证监会行政处罚决定书整理得到。

在 2016 年欢瑞世纪进行重大资产重组时，北京兴华曾所作为标的公司欢瑞影视的审计机构对欢瑞影视的财务报表及内部控制进行了相关审计。如表 2-8 所示，北京兴华对欢瑞影视 2013 年~2016 年 6 月 30 日期间的财报进行了财务报表审计，并且出具了标准的无保留意见审计报告。同时，北京兴华也对欢瑞影视 2016 年 6 月 30 日的内部控制有效性进行审计，并出具了标准无保留意见。

表 2-8 北京兴华 2013~2016 年对欢瑞影视出具审计意见情况

时间	审计项目类型	审计意见类型	审计师
2013 年至 2016 年 6 月 30 日	财务报表审计	标准无保留意见	邹志文，贾俊伟
2016 年 6 月 30 日	内部控制鉴证审计	标准无保留意见	邹志文，贾俊伟

资料来源：Wind 数据库。

然而，欢瑞影视为了能够顺利借壳上市，早在 2013 年便开始通过提前确认收入、虚构收回应收账款、减少计提坏账准备等方式进行财务舞弊，虚增利润粉饰其财务报表。由此可见，北京兴华的审计人员并未发表恰当的审计意见。对北京兴华来说，无论是由于审计人员对影视传媒行业缺少了解造成职业判断失误，还是与被审计单位串通舞弊等，都是未能防范规避审计风险的表现。

（2）天健会计师事务所。

天健会计师事务所（以下简称"天健"）成立于 1983 年 12 月，是由一批资深注册会计师创办的首批具有 A+H 股企业审计资格的全国性大型专业会计审计中介服务机构。截至 2020 年 12 月，根据中国注册会计师协会发布《2020 年度会计师事务所综合评价百家排名信息》，天健位列前五。

截至 2020 年 12 月，天健已拥有 37 年的丰富执业经验和雄厚的专业服务能力。拥有包括 A 股、B 股、H 股上市公司、大型央企、省属大型国企、外商投资企业等在内的固定客户 5 000 余家，其中上市公司客户 500 余家，新三板挂牌客户 400 余家。① 天健近几年审计失败情况如表 2-9 所示。

表 2-9　　　　　　　　　　　　天健审计失败情况汇总

被审计单位	被罚年份	业务类型	被罚的主要问题
浙江杭可科技股份有限公司	2020	IPO 审计	未披露暂停执行合同情况且披露的收款进度与实际不符；未充分披露应收票据到期无法承兑的风险，且未采取进一步的审计程序
宁波容百新能源科技股份有限公司	2020	IPO 审计	未能关注到容百科技招股说明书中相关内容不准确的情况

资料来源：根据中国证监会行政处罚决定书整理得到。

欢瑞世纪 2013~2018 年连续六年聘用天健作为其年报审计机构。由于欢瑞世纪在 2015 年 9 月公告拟收购欢瑞影视，因此从 2015 年开始筹划借壳上市以后的审计意见对本案例更具参考价值。本案例整理了 2015~2018 年年报出具审计意见情况，由表 2-10 可看出天健存在出具不恰当审计意见的情况。

表 2-10　　　　　　天健 2015~2018 年对欢瑞世纪年报出具审计意见情况

年份	审计意见类型	审计师	审计报告
2015	无保留意见加强调事项段	张凯，赵兴明	强调事项：星美联合公司重大资产充足和持续经营能力尚存在重大不确定性
2016	标准无保留意见	黄巧梅，赵兴明	—
2017	无保留意见加强调事项段	黄巧梅，李小燕	强调事项：欢瑞世纪公司于 2017 年 7 月 18 日收到中国证券监督委员会《调查通知书》因涉嫌信息披露违法违规
2018	保留意见	黄巧梅，李小燕	原因：电视剧《天下长安》2018 年未按计划档期播出，虽然在配合下实施了必要的核查程序，但仍无法获取充分、适当的审计证据，以判断上述情况对应收账款可收回性的影响，因此无法确定是否有必要对相应应收账款的还账准备作出调整

资料来源：CSMAR 数据库。

第一，2015 年的年报审计意见强调了星美联合重大资产重组存在不确定性，持续经营能力重大的不确定性，却出具了无保留审计意见。第二，欢瑞世纪 2016 年全资收购欢瑞影视，欢瑞影视从 2013 年便开始财务造假，但是天健没有保持应有的谨慎怀疑态度，出具了标准无保留意见。在欢瑞世纪完成重大资产重组之后，即便在 2017 年便被证监会立项调查，天健在 2017 年仍然出具了无保留意见，到 2018 年才出具保留意见。由此可见，天健在审计过程中也未能做到勤勉尽责。

---

① 根据天健会计师事务所官网（http://www.pccpa.cn）整理。

2. 主要的审计问题

由证监会调查结果可见，欢瑞影视为了能够顺利借壳达到上市的目的，早在 2013 年便开始了财务舞弊，并且长达三年半时间连续作案。这样的违法行为不仅对我国的证券交易市场和公司报表的使用者带来了负面影响，而且由于影视传媒行业特有的高关注度，这也损害了社会公众对影视传媒上市公司的印象和信心。

（1）审计程序执行不到位。

①未执行有效的销售收入审计程序。欢瑞影视 2013 年因提前确认收入虚增营业收入 69 396 226.42 元，2014 年因提前确认收入虚增营业收入 27 894 339.63 元。兴华所在将收入识别为重大错报风险和可能存在提前确认收入风险的情况下，未保持应有的职业怀疑，继而未设计和实施恰当的审计程序，以获取充分、适当的审计证据，导致未能发现欢瑞影视 2013 年、2014 年提前确认销售收入的事实。

②审计计划的制定未融入不可预见因素。根据对欢瑞世纪财务报表层次重大错报风险的分析，发现欢瑞世纪受到证监会关于并购重组政策以及影视行业监管政策的影响较大，并且在内部治理结构及控股股东股权质押比例方面都存在明显的不合理之处。然而，北京兴华对欢瑞影视 2016 年 6 月 30 日内部控制审计却出具了标准无保留意见。① 由此可见，北京兴华在对欢瑞影视的内部控制进行审计时，未能把行业监管环境和企业内部控制情况等方面的不可预见因素融入审计计划，例如，影视行业的监管政策导致欢瑞影视的存货减值等，没能对其带来的审计风险进行有效的分析、识别与评估，从而导致在实施计划时未能有效降低检查风险。

③分析程序执行不到位。根据对欢瑞世纪认定层次重大错报风险的分析，发现欢瑞影视在 2013～2016 年期间多项财务指标存在异常情况，尤其是其应付账款占营业收入比例在四年间均超过 100%，远远高于同行业可比公司的同项数据值。然而，北京兴华对欢瑞影视 2013 年至 2016 年 6 月 30 日财务报表审计却出具了标准无保留意见。② 由此可见，北京兴华的注册会计师在对欢瑞影视进行审计过程时，分析程序的执行并不到位，导致其未能有效地识别出存在问题的财务数据以及非财务数据，从而无法追加进一步的审计程序，更无法基于已收集的审计证据对欢瑞影视财务报表的整体合理性作出恰当判断。此外，分析程序执行不到位也使得欢瑞影视的财务报表存在重大错报风险但却未被识别发现的可能性增加，从而导致审计风险增加。

（2）未保持职业怀疑态度。

对于欢瑞世纪来说，其公司的内部治理结构存在一股独大的情况，独立董事并未勤勉尽职起到有效的监督作用。因此，欢瑞世纪的实际控制人极有可能凌驾于内部控制之上，进而侵占公司利益或进行财务舞弊等恶劣行为。

证监会的处罚公告显示，欢瑞世纪在 2013～2016 年确实一直存在大股东及关联方占用上市公司资金的情况。但是，欢瑞世纪的年报审计机构——天健在 2016 年对欢瑞世纪出具了标准无保留审计意见，可见天健会计师事务所并未对欢瑞世纪的治理人员

---

① 高嵩. 文化传媒上市公司审计风险及其防范研究：以欢瑞世纪为例［D］. 北京：北京交通大学，2020.
② 罗燕. 欢瑞影视借壳上市财务造假案例研究［D］. 长春：吉林大学，2020.

及内部控制有效性保持谨慎怀疑的职业态度。

此外,欢瑞世纪在2017年已经被证监会问询并立案调查,但天健仍然出具了无保留审计意见,并未对监管机构提示到可能存在的风险予以重视。可见其并未对审计过程中获取的信息及审计证据保持合理的质疑以及进行批判性评价,否则在对欢瑞世纪的股权结构、组织结构等相关信息进行批判性评价并追加审计程序的前提下,还是很有可能发现其舞弊行为发生的迹象的。虽然证监会尚未对天健进行追责处罚,但是其未能履行第三方审计应尽的责任和义务是不争事实。

第三节 延伸思考

一、销售与收款循环审计——九好集团

(1) 九好集团在伪造销售业绩的同时也伪造了相应的现金流、相关的会计记录、文件,从审计程序角度看,如何揭示此类销售业务的会计造假行为?

(2) 九好集团利用定期存单虚构银行存款,审计人员在审计定期存单时应关注什么?可采取哪些具体的审计程序?

(3) 由于九好集团的财务报告并未记载3亿元借款,在审计其货币资金余额的合理性与真实性时,仅通过实施实质性程序无法发现其虚构的银行存款的审计证据。如何应对此类舞弊风险?

(4) 销售与收款循环的关键控制点有哪些?销售与收款循环的重大错报风险可能包括哪些方面?销售与收款循环审计中需要审查的凭证和会计记录有哪些?

(5) 注册会计师如何考虑应收账款函证的范围或规模?如果未收到回函,注册会计师如何实施替代程序?

二、销售与收款循环审计——欢瑞世纪

(1) 运用舞弊三角理论分析欢瑞世纪进行财务舞弊的成因。

(2) 通过对欢瑞世纪舞弊手段的分析,试总结出注册会计师在审计文化传媒类上市公司应如何有效识别与评估重大错报风险?

(3) 注册会计师在对欢瑞世纪审计风险识别与评估后,应如何有针对性地对影视制造业进行风险应对?

第四节 相关规定

一、销售与收款循环审计——九好集团

《企业会计准则第 14 号——收入》

第四条 企业应当在履行了合同中的履约义务，即在客户取得相关商品控制权时确认收入。

取得相关商品控制权，是指能够主导该商品的使用并从中获得几乎全部的经济利益。

第五条 当企业与客户之间的合同同时满足下列条件时，企业应当在客户取得相关商品控制权时确认收入：

（一）合同各方已批准该合同并承诺将履行各自义务；

（二）该合同明确了合同各方与所转让商品或提供劳务（以下简称"转让商品"）相关的权利和义务；

（三）该合同有明确的与所转让商品相关的支付条款；

（四）该合同具有商业实质，即履行该合同将改变企业未来现金流量的风险、时间分布或金额；

（五）企业因向客户转让商品而有权取得的对价很可能收回。

《中国注册会计师审计准则问题解答第 4 号——收入确认》

注册会计师在识别和评估与收入确认相关的重大错报风险时，应当基于收入确认存在舞弊风险的假定，评价哪些类型的收入、收入交易或认定导致舞弊风险。

假定收入确认存在舞弊风险，并不意味着注册会计师应当将与收入确认相关的所有认定都假定为存在舞弊风险。

被审计单位不同，管理层实施舞弊的动机或压力不同，其舞弊风险所涉及的具体认定也不同，注册会计师需要作出具体分析。

如果注册会计师认为收入确认存在舞弊风险的假定不适用于业务的具体情况，从而未将收入确认作为由于舞弊导致的重大错报风险领域，注册会计师应当在审计工作底稿中记录得出该结论的理由。

《中国注册会计师审计准则第 1141 号——财务报表审计中与舞弊相关的责任》

第十二条 注册会计师的目标是：

（一）识别和评估由于舞弊导致的财务报表重大错报风险；

（二）通过设计和实施恰当的应对措施，针对评估的由于舞弊导致的重大错报风险，获取充分、适当的审计证据；

（三）恰当应对审计过程中识别出的舞弊或舞弊嫌疑。

《中国注册会计师审计准则第 1231 号——针对评估的重大错报风险采取的应对措施》

第十八条 无论评估的重大错报风险结果如何，注册会计师都应当针对所有重大类别的交易、账户余额和披露，设计和实施实质性程序。

《中国注册会计师审计准则第 1131 号——审计工作底稿》

第八条 注册会计师的目标是，编制审计工作底稿以便：
（一）提供充分、适当的记录，作为出具审计报告的基础；
（二）提供证据，证明注册会计师已按照审计准则和相关法律法规的规定计划和执行了审计工作。

第十条 注册会计师编制的审计工作底稿，应当使得未曾接触该项审计工作的有经验的专业人士清楚了解：
（一）按照审计准则和相关法律法规的规定实施的审计程序的性质、时间安排和范围；
（二）实施审计程序的结果和获取的审计证据；
（三）审计中遇到的重大事项和得出的结论，以及在得出结论时作出的重大职业判断。

第十一条 在记录已实施审计程序的性质、时间安排和范围时，注册会计师应当记录：
（一）测试的具体项目或事项的识别特征；
（二）审计工作的执行人员及完成审计工作的日期；
（三）审计工作的复核人员及复核的日期和范围。

第十五条 在某些例外情况下，如果在审计报告日后实施了新的或追加的审计程序，或者得出新的结论，注册会计师应当记录：
（一）遇到的例外情况；
（二）实施的新的或追加的审计程序，获取的审计证据，得出的结论，以及对审计报告的影响；
（三）对审计工作底稿作出相应变动的时间和人员，以及复核的时间和人员。

《中国注册会计师审计准则第 1313 号——分析程序》

第五条 在设计和实施实质性分析程序时，无论单独使用或与细节测试结合使用，注册会计师都应当：
（一）考虑针对所涉及认定评估的重大错报风险和实施的细节测试（如有），确定特定实质性分析程序对这些认定的适用性；
（二）考虑可获得信息的来源、可比性、性质和相关性以及与信息编制相关的控制，评价在对已记录的金额或比率作出预期时使用数据的可靠性；

（三）对已记录的金额或比率作出预期，并评价预期值是否足够精确以识别重大错报（包括单项重大的错报和单项虽不重大但连同其他错报可能导致财务报表产生重大错报的错报）；

（四）确定已记录金额与预期值之间可接受的，且无需按本准则第七条的要求作进一步调查的差异额。

第七条 如果按照本准则的规定实施分析程序，识别出与其他相关信息不一致的波动或关系，或与预期值差异重大的波动或关系，注册会计师应当采取下列措施调查这些差异：

（一）询问管理层，并针对管理层的答复获取适当的审计证据；

（二）根据具体情况在必要时实施其他审计程序。

《中国注册会计师审计准则第1631号——财务报表审计中对环境事项的考虑》

第八条 注册会计师在实施风险评估程序时，应当从下列方面考虑对被审计单位所处行业及其业务产生重大影响的环境保护要求和问题：

（一）所处行业存在的重大环境风险，包括已有的和潜在的风险；

（二）所处行业通常面临的环境保护问题；

（三）适用于被审计单位的环境法律法规；

（四）被审计单位的产品或生产过程中使用的原材料、技术、工艺及设备等是否于法律法规强制要求淘汰或行业自愿淘汰之列；

（五）监管机构采取的行动或发布的报告是否对被审计单位及其财务报表可能产生重大影响；

（六）被审计单位为预防、减轻或弥补对环境造成的破坏，或为保护可再生资源和不可再生资源拟采取的措施；

（七）被审计单位因环境事项遭受处罚和诉讼的记录及其原因；

（八）是否存在与遵守环境法律法规相关的未决诉讼；

（九）所投保险是否涵盖环境风险。

第九条 对具体审计业务而言，注册会计师拥有的环境事项知识程度通常不如管理层或环境专家。但注册会计师应当具备足够的环境事项知识，以识别和了解与环境事项相关的，可能对财务报表及其审计产生重大影响的交易、事项和惯例。

《中国注册会计师审计准则第1312号——函证》

第十一条 注册会计师应当确定是否有必要实施函证程序以获取认定层次的相关、可靠的审计证据。在作出决策时，注册会计师应当考虑评估的认定层次重大错报风险，以及通过实施其他审计程序获取的审计证据如何将检查风险降至可接受的水平。

第十二条 注册会计师应当对银行存款（包括零余额账户和在本期内注销的账户）、借款及与金融机构往来的其他重要信息实施函证程序，除非有充分证据表明某一银行存款、借款及与金融机构往来的其他重要信息对财务报表不重要且与之相关的重大错报风险很低。

如果不对这些项目实施函证程序，注册会计师应当在审计工作底稿中说明理由。

第十三条 注册会计师应当对应收账款实施函证程序，除非有充分证据表明应收账款对财务报表不重要，或函证很可能无效。

如果认为函证很可能无效，注册会计师应当实施替代审计程序，获取相关、可靠的审计证据。

如果不对应收账款函证，注册会计师应当在审计工作底稿中说明理由。

第十四条 当实施函证程序时，注册会计师应当对询证函保持控制，包括：

（一）确定需要确认或填列的信息；

（二）选择适当的被询证者；

（三）设计询证函，包括正确填列被询证者的姓名和地址，以及被询证者直接向注册会计师回函的地址等信息；

（四）发出询证函并予以跟进，必要时再次向被询证者寄发询证函。

第十七条 如果存在对询证函回函的可靠性产生疑虑的因素，注册会计师应当进一步获取审计证据以消除这些疑虑。

第十八条 如果认为询证函回函不可靠，注册会计师应当评价其对评估的相关重大错报风险（包括舞弊风险），以及其他审计程序的性质、时间安排和范围的影响。

第十九条 在未回函的情况下，注册会计师应当实施替代程序以获取相关、可靠的审计证据。

第二十条 如果注册会计师认为取得积极式函证回函是获取充分、适当的审计证据的必要程序，则替代程序不能提供注册会计师所需要的审计证据。在这种情况下，如果未获取回函，注册会计师应当按照《中国注册会计师审计准则第1502号——在审计报告中发表非无保留意见》的规定，确定其对审计工作和审计意见的影响。

第二十一条 注册会计师应当调查不符事项，以确定是否表明存在错报。

第二十三条 注册会计师应当评价实施函证程序的结果是否提供了相关、可靠的审计证据，或是否有必要进一步获取审计证据。

《中国注册会计师审计准则第1323号——关联方》

第三条 许多关联方交易是在正常经营过程中发生的，与类似的非关联方交易相比，这些关联方交易可能并不具有更高的财务报表重大错报风险。但是，在某些情况下，关联方关系及其交易的性质可能导致关联方交易比非关联方交易具有更高的财务报表重大错报风险。

第四条 由于关联方之间彼此并不独立，为使财务报表使用者了解关联方关系及其交易的性质，以及关联方关系及其交易对财务报表实际或潜在的影响，许多财务报告编制基础对关联方关系及其交易的会计处理和披露作出了规定。

在适用的财务报告编制基础作出规定的情况下，注册会计师有责任实施审计程序，以识别、评估和应对被审计单位未能按照适用的财务报告编制基础对关联方关系及其交易进行恰当会计处理或披露导致的重大错报风险。

第五条 即使适用的财务报告编制基础对关联方作出很少的规定或没有作出规定，

注册会计师仍然需要了解被审计单位的关联方关系及其交易,以足以确定财务报表(就其受到关联方关系及其交易的影响而言)是否实现公允反映。

第六条 由于关联方之间更容易发生舞弊,因此注册会计师了解被审计单位的关联方关系及其交易,与其按照《中国注册会计师审计准则第1141号——财务报表审计中与舞弊相关的责任》的规定评价是否存在一项或多项舞弊风险因素相关。

第七条 由于审计的固有限制,即使注册会计师按照审计准则的规定恰当计划和实施了审计工作,也不可避免地存在财务报表中的某些重大错报未被发现的风险。就关联方而言,由于下列原因,审计的固有限制对注册会计师发现重大错报能力的潜在影响会加大:

(一) 管理层可能未能识别出所有关联方关系及其交易,特别是在适用的财务报告编制基础没有对关联方作出规定时;

(二) 关联方关系可能为管理层的串通舞弊、隐瞒或操纵行为提供更多机会。

第八条 由于存在未披露关联方关系及其交易的可能性,注册会计师按照《中国注册会计师审计准则第1101号——注册会计师的总体目标和审计工作的基本要求》的规定,在计划和实施与关联方关系及其交易有关的审计工作时,保持职业怀疑尤为重要。

第二十一条 注册会计师应当按照《中国注册会计师审计准则第1231号——针对评估的重大错报风险采取的应对措施》的规定,针对评估的与关联方关系及其交易相关的重大错报风险,设计和实施进一步审计程序,以获取充分、适当的审计证据。这些程序应当包括本准则第二十二条至第二十五条规定的审计程序。

第二十二条 如果识别出可能表明存在管理层以前未识别出或未向注册会计师披露的关联方关系或交易的安排或信息,注册会计师应当确定相关情况是否能够证实关联方关系或关联方交易的存在。

第二十三条 如果识别出管理层以前未识别出或未向注册会计师披露的关联方关系或重大关联方交易,注册会计师应当:

(一) 立即将相关信息向项目组其他成员通报;

(二) 在适用的财务报告编制基础对关联方作出规定的情况下,要求管理层识别与新识别出的关联方之间发生的所有交易,以便注册会计师作出进一步评价,并询问与关联方关系及其交易相关的控制为何未能识别或披露该关联方关系或交易;

(三) 对新识别出的关联方或重大关联方交易实施恰当的实质性程序;

(四) 重新考虑可能存在管理层以前未识别出或未向注册会计师披露的其他关联方或重大关联方交易的风险,如有必要,实施追加的审计程序;

(五) 如果管理层不披露关联方关系或交易看似是有意的,因而显示可能存在由于舞弊导致的重大错报风险,评价这一情况对审计的影响。

第二十四条 对于识别出的超出正常经营过程的重大关联方交易,注册会计师应当:

(一) 检查相关合同或协议(如有);

(二) 获取交易已经恰当授权和批准的审计证据。

如果检查相关合同或协议,注册会计师应当评价:

（一）交易的商业理由（或缺乏商业理由）是否表明被审计单位从事交易的目的可能是为了对财务信息作出虚假报告或为了隐瞒侵占资产的行为；

（二）交易条款是否与管理层的解释一致；

（三）关联方交易是否已按照适用的财务报告编制基础得到恰当会计处理和披露。

第二十五条　如果管理层在财务报表中作出认定，声明关联方交易是按照等同于公平交易中通行的条款执行的，注册会计师应当就该项认定获取充分、适当的审计证据。

二、销售与收款循环审计——欢瑞世纪

《企业会计准则第 36 号——关联方披露》

第三条　一方控制、共同控制另一方或对另一方施加重大影响，以及两方或两方以上同受一方控制、共同控制或重大影响的，构成关联方。

控制，是指有权决定一个企业的财务和经营政策，并能据以从该企业的经营活动中获取利益。

共同控制，是指按照合同约定对某项经济活动所共有的控制，仅在与该项经济活动相关的重要财务和经营决策需要分享控制权的投资方一致同意时存在。

重大影响，是指对一个企业的财务和经营政策有参与决策的权力，但并不能够控制或者与其他方一起共同控制这些政策的制定。

第四条　下列各方构成企业的关联方：

（一）该企业的母公司。

（二）该企业的子公司。

（三）与该企业受同一母公司控制的其他企业。

（四）对该企业实施共同控制的投资方。

（五）对该企业施加重大影响的投资方。

（六）该企业的合营企业。

（七）该企业的联营企业。

（八）该企业的主要投资者个人及与其关系密切的家庭成员。主要投资者个人，是指能够控制、共同控制一个企业或者对一个企业施加重大影响的个人投资者。

（九）该企业或其母公司的关键管理人员及与其关系密切的家庭成员。关键管理人员，是指有权力并负责计划、指挥和控制企业活动的人员。与主要投资者个人或关键管理人员关系密切的家庭成员，是指在处理与企业的交易时可能影响该个人或受该个人影响的家庭成员。

（十）该企业主要投资者个人、关键管理人员或与其关系密切的家庭成员控制、共同控制或施加重大影响的其他企业。

第九条　企业无论是否发生关联方交易，均应当在附注中披露与母公司和子公司有关的下列信息：

（一）母公司和子公司的名称。

母公司不是该企业最终控制方的，还应当披露最终控制方名称。

母公司和最终控制方均不对外提供财务报表的，还应当披露母公司之上与其最相近的对外提供财务报表的母公司名称。

（二）母公司和子公司的业务性质、注册地、注册资本（或实收资本、股本）及其变化。

（三）母公司对该企业或者该企业对子公司的持股比例和表决权比例。

第十条　企业与关联方发生关联方交易的，应当在附注中披露该关联方关系的性质、交易类型及交易要素。交易要素至少应当包括：

（一）交易的金额。

（二）未结算项目的金额、条款和条件，以及有关提供或取得担保的信息。

（三）未结算应收项目的坏账准备金额。

（四）定价政策。

《中国注册会计师审计准则1141号——财务报表审计中与舞弊相关的责任》

第十三条　按照《中国注册会计师审计准则第1101号——注册会计师的总体目标和审计工作的基本要求》的规定，注册会计师应当在整个审计过程中保持职业怀疑，认识到存在由于舞弊导致的重大错报的可能性，而不应受到以前对管理层、治理层正直和诚信形成的判断的影响。

第十四条　除非存在相反的理由，注册会计师可以将文件和记录作为真品。但如果在审计过程中识别出的情况使注册会计师认为文件可能是伪造的或文件中的某些条款已发生变动但未告知注册会计师，注册会计师应当作出进一步调查。

第十五条　如果管理层或治理层对询问作出的答复相互之间不一致或与其他信息不一致，注册会计师应当对这种不一致加以调查。

第二十六条　按照《中国注册会计师审计准则第1211号——通过了解被审计单位及其环境识别和评估重大错报风险》的规定，注册会计师应当在财务报表层次和各类交易、账户余额、披露的认定层次识别和评估由于舞弊导致的重大错报风险。

第二十七条　在识别和评估由于舞弊导致的重大错报风险时，注册会计师应当基于收入确认存在舞弊风险的假定，评价哪些类型的收入、收入交易或认定导致舞弊风险。

如果认为收入确认存在舞弊风险的假定不适用于业务的具体情况，从而未将收入确认作为由于舞弊导致的重大错报风险领域，注册会计师应当按照本准则第五十一条的规定形成相应的审计工作底稿。

第二十八条　注册会计师应当将评估的由于舞弊导致的重大错报风险作为特别风险。如果此前未了解与此类风险相关的控制，注册会计师应当了解相关控制，包括了解控制活动。

第三十八条　如果识别出某项错报，注册会计师应当评价该项错报是否表明存在舞弊。

如果存在舞弊的迹象，鉴于舞弊不太可能是孤立发生的事项，注册会计师应当评价该项错报对审计工作其他方面的影响，特别是对管理层声明可靠性的影响。

第三十九条　如果识别出某项错报，并有理由认为该项错报是或可能是由于舞弊导致的，且涉及管理层，特别是涉及较高层级的管理层，无论该项错报是否重大，注册会计师都应当重新评价对由于舞弊导致的重大错报风险的评估结果，以及该结果对旨在应对评估的风险的审计程序的性质、时间安排和范围的影响。

在重新考虑此前获取的审计证据的可靠性时，注册会计师还应当考虑相关的情形是否表明可能存在涉及员工、管理层或第三方的串通舞弊。

第四十条　如果确认财务报表存在由于舞弊导致的重大错报，或无法确定财务报表是否存在由于舞弊导致的重大错报，注册会计师应当评价这两种情况对审计的影响。

《中国注册会计师审计准则第1312号——函证》

第十一条　注册会计师应当确定是否有必要实施函证以获取认定层次的相关、可靠的审计证据。在作出决策时，注册会计师应当考虑评估的认定层次重大错报风险，以及通过实施其他审计程序获取的审计证据如何将检查风险降至可接受的水平。

第十二条　注册会计师应当对银行存款（包括零余额账户和在本期内注销的账户）、借款及与金融机构往来的其他重要信息实施函证程序，除非有充分证据表明某一银行存款、借款及与金融机构往来的其他重要信息对财务报表不重要且与之相关的重大错报风险很低。

如果不对这些项目实施函证程序，注册会计师应当在审计工作底稿中说明理由。

第十三条　注册会计师应当对应收账款实施函证程序，除非有充分证据表明应收账款对财务报表不重要，或函证很可能无效。

如果认为函证很可能无效，注册会计师应当实施替代审计程序，获取相关、可靠的审计证据。

如果不对应收账款函证，注册会计师应当在审计工作底稿中说明理由。

第三章
购货与付款循环审计

第一节 相关概念

一、购货与付款循环概述

购货与付款循环概述主要介绍两个部分的内容：一是本循环所涉及的主要凭证和会计记录；二是循环中的主要业务活动。

(一) 主要凭证和会计记录

购货与付款业务通常要经过请购—订货—验收—付款这样的程序，与销售和收款业务一样，在内部控制比较健全的企业，处理购货与付款业务通常也需要使用很多凭证和会计记录。典型的购货与付款循环所涉及的主要凭证和会计记录有以下几种[①]：

(1) 请购单。请购单是指由商品制造、资产使用等部门的有关人员填写，送交采购部门，申请购买商品、劳务或其他资产的书面凭证。

(2) 订购单。订购单是指由采购部门填写，向另一企业购买订购单上所指定商品、劳务或其他资产的书面凭证。

(3) 验收单。验收单是指收到商品、资产时所编制的凭证，列示从供应商处收到的商品、资产的种类和数量等内容。

(4) 卖方发票。卖方发票是指供应商开具的，交给买方以载明发运的货物或提供的劳务、应付款金额和付款条件等事项的凭证。

(5) 付款凭单。付款凭单是指采购方企业的应付凭单部门编制的，载明已收到商品、资产或接受劳务的厂商、应付款金额和付款日期的凭证。付款凭单是企业内部记录和支付负债的授权证明文件。

(6) 转账凭证。转账凭证是指记录转账业务的记账凭证，它是根据有关转账业务（即不涉及现金、银行存款收付的各项业务）的原始凭证编制的。

(7) 付款凭证。付款凭证包括现金付款凭证和银行存款付款凭证，是指用来记录

---

① 秦荣生，卢春泉. 审计学 [M]. 北京：中国人民大学出版社，2017：210-215.

现金和银行存款支出业务的记账凭证。

（8）应付账款明细账。

（9）现金日记账和银行存款日记账。

（二）涉及的主要业务活动

企业应将各项职能活动指派给不同的部门或员工来完成。这样，每个部门或员工都可以独立检查其他部门和员工工作的合规性。下面以采购商品为例，详细阐述购货与付款循环中的主要环节。

（1）请购商品。仓库负责对需要购买的已列入存货清单的项目填写请购单，其他部门也可以对所需要购买的未列入存货的项目编制请购单。大多数企业对正常经营所需物资的购买均作一般授权；但对资本支出和租赁合同，企业政策则通常要求作特别授权，只允许指定人员提出请购。请购单可由手工或计算机编制，由于企业内不少部门都可以填列请购单，不便事先编号，为加强控制，每张请购单必须经过对这类支出负预算责任的主管人员签字批准。

（2）编制订购单。采购部门在收到请购单后，对经过批准的请购单发出订购单。对每张订购单，采购部门应确定最佳的供应来源。对一些大额、重要的采购项目，应采取竞价方式来确定供应商，以保证供货的质量、及时性和成本的低廉。企业应对订购单的编制和处理加以检查，以确定是否确实收到商品并正确入账。这项检查与购货交易的"完整性"认定有关。

（3）验收商品。验收部门首先应比较所收商品与订购单上的要求是否相符，然后再盘点商品并检查商品有无损坏。验收后，验收部门应对已收货的每张订购单编制一式多联、预先编号的验收单，作为验收和检验商品的依据。验收单是支持资产或费用以及与购货有关的负债的"存在或发生"认定的重要凭证。定期检查验收单则与购货交易的"完整性"认定有关。

（4）储存已验收的商品存货。将已验收商品的保管与采购的其他职责相分离，可减少未经授权的采购风险。存放商品的仓储区应相对独立，限制无关人员接近。这些控制与商品的"存在"认定有关。

（5）编制付款凭单。货物验收后，应核对购货单、验收单和供货发票的一致性，确认负债，编制付款凭单，并将经审核的付款凭单，连同每日的凭单汇总表一起送到会计部门，以编制有关记账凭证和登记有关明细账和总账账簿。经适当批准和预先编号的凭证为记录购货交易提供了依据。这些控制与"存在与发生""完整性""权利和义务""计价和分摊"等认定有关。

（6）付款。公司在准备付款前，应核对付款条件，并检查资金是否充足。在签发支票的同时登记支票簿和日记账，以便登记每一笔付款。已签发的支票连同有关发票、合同凭证应送交有关负责人审核签字，并将支票送交供应商。这一环节是付款活动的关键环节，应采用邮寄或其他方式以保证支票安全地送到供应商手中。

（7）会计记录。根据付款凭单、支票登记簿、付款日记账和有关记账凭证登记有关明细账和总账账簿。

二、购货与付款循环的内部控制

（一）职责分离控制

购货与付款循环中所需处理的主要业务有：确定生产和销售的需要，寻求能满足这些需要的供应商和最低的价格，向供应商发出购货订单，检验收到的货物，确定接受货物或向供应商退回货物，储存或使用货物，进行会计记录，核准付款等。在这些业务中，需要职务分离的有：生产和销售部门对原料、物品和商品的需要必须由生产或销售部门提出，采购部门采购；付款审批人和付款执行人不能同时办理寻求供应商和索价业务；货物的采购人不能同时担任货物的验收工作；货物的采购、储存和使用人不能担任账务的记录工作；接受各种劳务的部门或主管这些业务的人应适当地与账簿记录人分离；审核付款的人应与付款人职务分离；记录应付账款的人不能同时担任付款业务。

（二）请购控制

提出货物和劳务的需要是购货环节的第一步，一个企业可以有若干不同的请购制度，对不同的需要有不同的确定和提出请购的方法。

（1）原材料或零配件购进。一般首先由生产部门根据生产计划或即将签发的生产通知单提出请购单。材料保管人员接到请购单后，应将材料保管卡上记录的库存数与生产部门需要的数量进行比较。当生产所需材料和仓储所需后备数量合计超过库存数量时，则应同意请购。

（2）临时性物品的购进。通常由使用者而不须经过仓储部门直接提出，由于这种需要很难列入计划之中，因此，使用者在请购单上一般要对采购需要作出描述，解释其目的和用途。请购单须由使用者的部门主管审批同意，并须经资金预算的责任人同意签字后，采购部门才能办理采购手续。

（3）经常性服务项目的请购。由同一服务机构或公司所提供的某些经常性服务项目，如公用事业、报纸杂志、保安等服务项目，请购手续的处理通常是一次性。即当使用者最初需要这些服务时，应提出请购单，由负责资金预算的部门进行审批。

（4）特殊服务项目的请购。确定例如保险、广告、法律和管理咨询服务等特殊项目的需要，一般由企业最高负责人审计。可参照过去的服务质量和收费标准，分析由专人提出的需要内容，包括选定的保险公司、广告商、会计师事务所及费用水平等是否合理，经批准后，这些特殊服务项目才能进行。

（三）订货控制

无论何种需要的请购，购货部门在收到请购单后，在最终发出购货订单之前，都应明确订购多少、向谁订购、何时购货等问题。

（1）在订购多少的控制方面，购货部门首先对每一份请购单审查其请购数量是否在控制限额的范围内，其次是检查使用物品和获得劳务的部门主管是否在请购单上签字同意。对于需大量采购的原材料、零配件等,必须进行各种采购数量对成本影响的成本分析,其内容是将各种请购项目进行有效归类,然后利用经济批量法测算成本。

(2) 关于向谁订购的问题,购货部门在正式填制购货订单前,必须向不同的供应商(通常要求两家以上)索取供应物品的价格、质量指标、折扣和付款条件以及交货时间等资料,比较不同供应商所提供的资料,选择最有利于企业生产和成本最低的供应商,然后与供应商签订合同。

(3) 关于何时订货的问题,主要由存货管理部门运用经济批量法和分析最低存货点来进行,而不是在购货部门。当请购单已提出,购货部门应将这些请购单的处理结果及时告知仓储和生产部门。

在上述三个方面的决定作出之后,购货部门应及时填制购货订单,并对其进行控制,主要是预先对每份订单进行编号;在购货订单向供应商发出前,必须由专人检查该订单是否得到授权人的签字;由专人复查购货订单的编制过程和内容;购货订单的副本应递交给请购、保管与会计部门等。

(四) 验收控制

货物的验收应由独立于请购、采购和会计部门的人员来承担,其控制责任是检验收到货物的数量和质量。

(1) 对于数量,验收部门在货运单上签字之前,应通过计数、过磅或测量等方法来证明货运单上所列数量,并要求两个收货人在收货报告单上签字。

(2) 对于质量,验收部门应检验有无因运输损失而导致的缺陷,在货物质量检验需要有较高的专业知识或者必须经过仪器、实验才能进行的情况下,收货部门应将部分样品送交专家和实验室以对其质量进行检验。

(3) 每一项收到的货物必须在检验以后填制包括供应商名称、收货日期、货物名称、数量和质量以及运货人名称、原购货订单编号等内容的收货报告单,并及时报告请购、购货和会计部门。

(五) 应付账款控制

任何应付账款上的不正确记录和不按时偿还,都会导致交易双方不必要的债务纠纷。对应付账款的控制有:应付账款的记录必须由独立于请购、采购、验收、付款的人员来进行;应付账款的入账必须在取得和审核各种必要的凭证以后才能进行;对于有预付货款的交易,在收到供应商发票后,应将预付金额冲抵部分发票金额来记录应付账款;必须分别设置应付账款的统驭账户和明细账;对于享有折扣的交易,应根据供应商发票金额减去折扣金额的净额登记应付账款;每月应将应付账款明细账与客户的对账单进行核对。

(六) 付款控制

(1) 支票准备。支票准备应独立于采购、付款确认和函证程序,所有付款都应有事前编号的支票,对已签发的支票应将其原始凭证加盖"已付款"印章,以避免重复付款,尽可能使用有安全保障的支票书写器或电脑生成的支票,对于空白支票应安全存放,作废的支票应立即注销等。

(2) 支付。付款前,应复核客户发票上的数量、价格和合计数以及折扣条件等,核对支票的金额,采购和付款应有各自独立的签名,对支票应采取函寄或其他安全方式送交。

(3) 会计处理。会计部门应及时记录付款业务,定期核对总账的分类账以及日记账,注意未付账款,检查应付账款的明细账和有关文件,以防失去可能的现金折扣。

三、购货与付款循环的控制测试

购货与付款循环的内部控制测试是在了解与描述的基础上,对其在实际业务中的执行与实施情况和过程进行检查和观察,以确定制定的内部控制与实际执行的是否相符与一致。注册会计师进行控制测试,应结合业务控制环节进行。

(1) 关于请购商品或劳务内部控制的测试。请购制度有助于对订货单和购货发票的控制,从而使控制测试的结果为进一步信赖该制度提供有力的证据。注册会计师尤其关注对请购单的提出和核准的控制程序,对其进行控制测试时,应选择若干张请购单,检查摘要、数量及日期和相应文件的完整性,审核核准的证据手续是否完整、有无核准人签字等。

(2) 关于订购商品或劳务内部控制的测试。订货单是经核准的采购业务的执行凭证,注册会计师通常更注意对订货单的填制和处理的控制,关注订货单是否准确处理和全部有效。进行测试时,应注意审查订货单的完整性,如编号、日期、摘要、数量、价格、规格、质量及运输要求等是否齐全,审查订货单是否附有请购单或其他授权文件。

(3) 关于货物验收内部控制的测试。注册会计师应确定购货发票是否与验收单一致,验收部门是否独立行使职责,并编制正确的验收单,查询并观察验收部门在收货时对货物的检查情况,检查按编号顺序处理的验收单的完整性,即检查验收单的内容填写是否完整,查阅货物质量检验单的内容和处理程序。

(4) 关于应付账款内部控制的测试。注册会计师应检查购货业务的原始凭证,包括每一张记录负债增加的记账凭证是否均附有订货单、验收单、购货发票,审核这些原始凭证的数量、单价、金额是否一致,原始凭证上的各项手续是否齐全。应注意现金折扣的处理是否由经授权的经办人按规定处理,测试中可抽查部分购货发票,注意有关人员是否在现金折扣期限内按原发票价格支付货款,然后从供货方取得退款支票或现金,有无丧失本应获得的折扣的问题。注册会计师还应根据付款凭证记录的内容,分别追查应付账款和存货明细账与总账是否进行平行登记、金额是否一致。

(5) 关于付款业务内部控制的测试。注册会计师可通过查询、观察、检查以及重复执行内部控制等措施对资金支出进行测试,其步骤与方法是:检查支票样本,审核付款是否经过批准,支票是否与应付凭单一致,付款后是否注销凭单,支票是否由经过授权批准的人员签发;检查支票登记簿的编号次序,与相应的应付账款明细账以及银行存款日记账核对,审查其金额是否一致;观察编制凭证和签发支票、签发支票与保管支票的职责分配是否符合内部控制原则;检查付款支票样本,确定资金支付是否完整地记录在适当的会计期间。

对购货与付款内部控制进行评价,是为了对购货与付款业务进行实质性测试前对购货与付款内部控制确定可依赖程度。注册会计师在评价时,应注意分析购货与付款业务中认定可能发生哪些潜在的错报,哪些控制可以防止或者发现并更正这些错报。通过比较必要的控制和现有控制,评价计划依赖的购货与付款业务内部控制的有效性。

第二节 案例分析

一、采购与付款循环审计——东方金钰

(一)被审计单位情况

1. 东方金钰基本情况

东方金钰是国内第一家也是唯一一家翡翠珠宝类上市公司,曾有"翡翠第一股"之称,主要从事首饰产品的设计、采购和销售以及配套的产业链金融服务,主要经营产品是翡翠原石、翡翠成品、黄金金条等。截至 2018 年 12 月 31 日,东方金钰的第一大股东为瑞丽金泽投资管理公司,详见表 3-1。

表 3-1　　　　　　　　东方金钰 2018 年股权结构

十大股东	本期持有股(万股)	持有比例(%)
云南兴龙实业有限公司	42 413.29	31.42
瑞丽金泽投资管理有限公司	29 315.49	21.72
中央汇金资产管理有限责任公司	3 416.97	2.53
韩耀宇	2 048.38	1.52
华宝信托有限责任公司-"辉煌"178 号单一资金信托	1 743.15	1.29
中国证券金融股份有限公司	1 693.02	1.25
华宝信托有限责任公司-大地 14 号单一资金信托	1 322.32	0.98
华宝信托有限责任公司-大地 30 号单一资金信托	1 221.15	0.90
郭宏伟	1 220.00	0.90
华宝信托有限责任公司-大地 7 号单一资金信托	995.92	0.74

资料来源:新浪财经网。

2005 年,被称为"赌石大王"的赵兴龙创办的兴龙实业借壳多佳股份上市。

2016 年,赵兴龙之子——35 岁的赵宁接任赵兴龙,成为东方金钰董事长,同年,东方金钰开始财务造假。

2019 年证监会累计对 22 家上市公司财务造假行立案调查,其中就包括东方金钰。

东方金钰财务造假主观恶性明显,虚构翡翠原石购销业务,通过造假方式实现业绩目标。以东方金钰为代表的这些财务造假的上市公司不仅损害了投资者的利益,还毁坏了市场诚信基础,损害了证券市场的健康发展。

2. 主要会计问题

(1) 虚构销售和采购交易。

东方金钰通过伪造合同及现金流水虚构数亿元交易,控制三组 19 个银行账户形成资金闭环,以其全资孙公司为平台,虚构翡翠原石购销业务,通过造假方式实现业绩目标。东方金钰通过其控制的孙公司瑞丽市姐告宏宁珠宝有限公司(以下简称"宏宁珠宝")虚构销售和采购交易。该公司刚刚成立就成为这起造假案件的主体。宏宁珠宝控制 19 个银行账户,将账户分为三组,分别是名义客户、自然人中转方、名义供应商账户,伪造交易合同、虚增利润上亿元、虚构利润金额占当期利润比例高达 211%。

证监会查明,在 2016 年 12 月至 2018 年 5 月的涉案期间,东方金钰为完成营业收入、利润总额等业绩指标,虚构其所控制的宏宁珠宝与普某腊等 6 名自然人名义客户之间的翡翠原石销售交易。

天眼查显示,宏宁珠宝成立于 2016 年 11 月 10 日,为东方金钰的全资孙公司,后者的全资子公司深圳市东方金钰珠宝实业有限公司持有宏宁珠宝 100% 股权。① 这也意味着,宏宁珠宝前脚刚成立,后脚就成为这起财务造假案的核心主体。

证监会的调查结果显示,在前述两年多的涉案期内,宏宁珠宝控制 19 个银行账户,虚构销售和采购交易资金流。而这 19 个银行账户,被设计分为了三组。第一组为普某腊等 6 名名义客户的银行账户,第二组为董某成等 7 名自然人中转方的银行账户,第三组为李某退等 6 名名义供应商的银行账户。

证监会查明,在虚构销售交易中,宏宁珠宝通过控制上述 19 个银行账户,将来源于或流经东方金钰及其控制的公司或银行账户的资金 4.79 亿元,通过上述中转方和名义供应商账户,转入 6 名名义客户账户,再控制上述名义客户账户支付销售交易款项,资金最终回流至宏宁珠宝,实现资金闭环。

销售交易得有配套合同,证监会同时查明,涉案销售交易涉及宏宁珠宝与普某腊等 6 名名义客户之间的翡翠原石销售合同也是假的,其理由如下:

①该销售合同上普某腊等 6 人的笔迹与其真实笔迹明显不一致;

②普某腊等 6 人称从未与宏宁珠宝发生过任何翡翠原石交易,从未在与宏宁珠宝翡翠原石销售合同或出库单等文件上签字;

---

① 肖丽琼. 东方金钰"打补丁"[J]. 支点, 2019 (7): 64-66.

③从合同的履行情况看，宏宁珠宝并无上述交易中交付合同标的物的记录，如提货人名称记录、提货单据、物流单据等，相关工作人员亦不知悉标的物的去向，也未见过前来看货和提货的客户；

④普某腊等6名名义客户缺少翡翠原石交易的相关经历、经验、鉴定能力、资金实力及渠道，客观上缺少签订并履行翡翠原石交易合同的能力。

证监会认定，综合考虑合同签字情况、履行情况、交易主体适格情况等，宏宁珠宝与上述6名名义客户的翡翠原石交易合同系虚假合同。因此，东方金钰通过其控制的宏宁珠宝虚构上述销售交易的资金流及销售合同等，虚构上述销售交易。

有卖就得有买。公告显示，除了销售交易作假之外，东方金钰还虚构了上亿元的采购交易。证监会查明，为使涉案资金顺利从东方金钰及其控制的公司转入名义客户账户，宏宁珠宝在2016~2017年伪造与李某退等6名名义供应商之间的采购合同，虚构采购交易。宏宁珠宝向李某退等6名名义供应商支付了8.18亿元采购款，其中3.98亿元通过中转方账户转入名义客户账户。如此一来，东方金钰通过其控制的宏宁珠宝虚构上述采购交易的资金流及采购合同等，虚构了上述采购交易。

就这样，宏宁珠宝控制19个银行账户，伪造销售和采购交易现金流水，相关资金来源于东方金钰及其控制的公司或银行账户，最终作为普某腊等6人支付的销售款项流入宏宁珠宝，构成了一个完整的资金链条闭环。

（2）虚假记载营业收入、营业成本、利润总额等财务数据。

具体来看，东方金钰的孙公司宏宁珠宝通过前述虚构销售合同及现金流等手段虚构销售交易，通过上述伪造采购合同等方式虚构采购交易。数据显示，东方金钰2016~2018年连续三年的定期报告中的营业收入、营业成本和利润总额等数据存在虚假记载。经证监会调查，东方金钰2016年年报中虚增营业收入1.42亿元，虚增营业成本0.47亿元，虚增利润总额0.95亿元，占当年利润总额的29.6%。2017年年度报告中虚增营业收入2.95亿元，虚增营业成本1.10亿元，虚增利润总额1.84亿元，占当年利润总额的59.70%。2018年半年度报告虚增营业收入1.2亿元，虚增营业成本0.41亿元，虚增应收账款0.77亿元，虚增利润0.79亿元，占2018年半年度利润总额的比例为211.48%，也就是说，东方金钰直接让利润指标"咸鱼翻身"，利润由负转正。

（二）审计单位情况

1. 大信会计师事务所基本情况

大信会计师事务所（特殊普通合伙）（以下简称"大信"）始创于1945年，1985年重建，是我国注册会计师行业恢复重建后成立的第一家合伙会计师事务所。

经过30余年的发展，大信已经发展为立足北京、分所遍布全国，常年为上万家客户（包括中央企业，省属大型企业，A股、B股、H股上市公司及拟上市公司）提供审计、税务、咨询、造价等专业服务的大型会计师事务所。

大信会计师事务所（特殊普通合伙）注册资本4 920万元，2020年实现审计业务收入超过18亿元，居中国注册会计师协会2020年"百强所"综合排名第十一位（本土所第七位）；央企及省属大型特大型国企客户逾百家。上市公司客户量连续多年居中国证监会排名前十位；审计署备选中介机构综合排名第六位；入选 2020 年十佳并购服务机构。被媒体誉为"一家受上市公司欢迎的会计师事务所""注册会计师行业一个知名品牌"。①

2. 形成无法表示意见的基础

（1）东方金钰公司 2019 年发生净亏损 18.32 亿元，已到期无法按期偿付的有息债务本息合计为 89.03 亿元，集中兑付金额巨大且已经发生多起债务违约。截至财务报表批准报出日，东方金钰公司的司法重整申请虽已由深圳市政府上报中国证券监督管理委员会，但尚无审批结论，注册会计师仍无法取得与评估持续经营能力相关的充分、适当的审计证据，因此无法判断东方金钰公司在持续经营假设的基础上编制 2019 年度财务报表是否合理。②

（2）因债务危机导致东方金钰发生多项诉讼、仲裁，因涉诉案件中的金额、违约金、诉讼费、保全费、公告费等费用的金额还未最终判定，注册会计师亦未获得完整的诉讼资料，无法判断这些案件最终涉及的金额对财务报表的影响。

（3）2019 年度东方金钰公司 6 家子公司已停止生产经营，无经营管理人员，注册会计师无法获取该部分子公司相关的审计资料，无法执行函证等审计程序。因此，注册会计师无法就上述事项对财务报表相关影响作出合理保证。

（4）如财务报表附注六、注释 5 所述，2019 年末东方金钰公司存货余额 84.65 亿元，其中 15.63 亿元被法院司法查封、15.36 亿元委托代销，无法执行盘点程序，注册会计师仅获取了法院查封清单、受托方回函及以前年度的价值评估报告，且本年度部分抵质押存货被债权人拍卖，我们无法获取相关拍卖资料，同时注册会计师仅获取存货评估基准日为 2020 年 5 月 10 日的评估报告，未取得 2019 年 12 月 31 日可收回金额的证据，因此，注册会计师无法判断存货在 2019 年 12 月 31 日的减值情况，并且无法就上述事项对财务报表相关影响作出合理判断。

（5）如财务报表附注六、注释 16 所述，2019 年度东方金钰公司截至期末递延所得税资产余额 6.75 亿元，注册会计师未获取充分适当的审计证据证明东方金钰公司未来期间很可能取得用以抵扣可抵扣暂时性差异的应纳税所得额，因此，注册会计师无法判断递延所得税资产计提的合理性。

（6）如财务报表附注十三、（一）所述，2020 年 4 月 28 日，公司收到中国证券监督管理委员会下发的《行政处罚及市场禁入事先告知书》，针对该事项，公司已申请并进行听证，截至报告出具日，中国证券监督管理委员会尚未下达最终处罚结论，注册会计师尚无法评估该事项对前期数据及 2019 年度财务数据的影响。

---

① 根据大信会计师事务所官网（http://www.daxincpa.com.cn）整理。
② 东方金钰 2019 年审计报告。

二、采购与付款循环审计——莲花味精

(一) 被审计单位情况

1. 莲花味精基本情况

莲花味精股份有限公司(以下简称"莲花味精"),是由河南省莲花味精集团有限公司独家发起并向社会公开募集股份而设立的股份有限公司。1998年8月25日,公司发行的社会公众股在上海证券交易所挂牌上市。发起人的前身是1983年成立的河南省周口地区味精厂,该厂自成立以后,规模不断扩大,业务不断发展,是中国最大的味精生产基地。

2010年4月,河南证监局对莲花味精下发了调查函。

2014年6月,由于莲花味精虚增利润、公布信息违规,证监会给予警告,并处罚50万元;并对莲花味精20名相关责任人给予警告,处罚5万~30万元。根据有关法律规定,对符合要求的持股股民依法给予赔偿,因此莲花味精必须赔偿有关投资者的经济损失。①

2. 主要会计问题

(1) 重大事项违规披露。

①没有按照规定披露诉讼。

证监会调查发现,2006年2月,莲花味精在工行项城支行有2.958亿元的四笔逾期贷款,由于未及时还款,被提起诉讼。3月份收到了项城市人民法院的应诉通知书,8月份又收到法院要求还款的判决书。

2008年,莲花味精欠浦发银行郑州城东路支行、郑州分行以及广州粤财控股公司3.806亿元,被提起诉讼。2008年7月前项城市人民法院都下达了判决书。莲花味精没有及时披露,也未在当年公布,而是分别在第二年进行了披露。因此,莲花味精应该对投资人的经济损失给予赔偿。

②2009年度绩效披露不实。

由2009年年度报表公布的内容可知,本年度莲花味精盈利归因于领导转变经营思路、优化产品结构、提升管理技术以及扩大销售市场等因素。但是通过调阅有关资料得到,当年味精行业发展环境非常好,每吨价格从七八千元,增加到每吨1.2万元,价格大幅提升。同时,国家加大节能减排力度,关停了小型味精企业,供应量明显减少。加之,国外味精企业相继关停了部分味精企业,国际市场明显较好。②

但莲花味精没有在年度报表中披露有关环境信息,而是单纯地公布是公司管理层的因素,存在信息不实的问题,也体现了财务舞弊的嫌疑,从而误导了投资者。亚太所会计师事务所在开展审计过程中,没有对相关问题给予高度重视,没有对公司披露

---

① 中国证监会行政处罚决定书〔2014〕51号,详见证监会网站。
② 莲花味精连续四年信披违规虚增利润被处罚[EB/OL]. [2014-06-13]. http://finance.sina.com.cn/stock/s/20140613/220119409270.shtml.

的信息提出质疑。亚太会计师事务所对味精行业不熟悉，或者存在包庇行为。

(2) 虚增利润。

①政府补贴超前下账。

2007年、2008年连续两年莲花味精把政府未到位补贴超前下账，导致两年分别虚增利润1.945亿元和3.001亿元，从而致使利润变亏为盈。具体如表3-2所示。

表3-2　　　　　　莲花味精2007~2008年虚增利润金额　　　　　　单位：亿元

年份	实际公司净利润	政府未入账款金额	公开披露的净利润
2007	-1.674	1.944	0.27
2008	-2.88	3	0.12

资料来源：莲花味精2007年、2008年年度报告。

根据有关要求，企业对发生的有关交易或有关事项，都需要及时公布，既不能提前也不能延后。由于莲花味精违反了有关规定，受到了证监会的处罚。

②坏账准备计提不正常。

按照惯例，对于存在3年以上的应收款项坏账准备计提应该是100%，而莲花味精3年以上应收款项坏账准备计提是18%，与同行业相比，明显存在不合理报表。2009年度莲花味精财务报表指出，截至年底，公司3年以上的应收款项、其他应收款、预付款账面金额共4.942亿元，占公司净资产的30.33%。由此可知，莲花味精3年以上应收账款有可能存在坏账，按照相关要求对该部分应收账款应计提为坏账，但如果这样可能导致公司破产。所以，莲花味精采取了虚增利润的方式。然而，亚太会计师事务所没有对莲花味精进行严格审计，不是对行业知识不熟悉，就是审计本身存在不端行为。

(3) 关联方交易问题。①

在2008~2013年五年间，莲花味精向天安食品采购原料达到19.23亿元，占每年同类交易额的12.2%~18.2%；其也向天安食品销售味精，销售额达到3.753亿元。经过深入分析发现，天安科技是莲花味精的第二大股东，同时也是天安食品的控股方，而天安食品又是莲花味精的控股方，因此天安科技直接掌握两个公司的话语权，在这项交易中必然存在利益输送。在利益输送中，最终获益的大股东是天安科技，而受损失的则是广大的投资者。在审计过程中，亚太会计师事务所未发现莲花味精的关联方利益输送，审计报告不得不令人质疑。②

---

① 搜狐网. 莲花味精被疑利益输送，关联方变相占用资金？[EB/OL]. [2013-10-23]. http://roll.sohu.com/20131023/n388769981.shtml.

② 毛艳羚. 基于注册会计师的审计失败原因与对策分析：以莲花味精案为例[J]. 财会通讯, 2016 (16): 80-82.

(二) 审计单位情况

1. 亚太 (集团) 会计师事务所基本情况

亚太 (集团) 会计师事务所有限公司 (以下简称"亚太所") 是一家全国性、综合性大型会计中介集团。亚太所前身是1984年成立的河南省会计师事务所。2009年11月安必盛会计师事务所全部加入亚太所。主要提供上市公司审计、公司税务咨询、公司内控建设等相关业务。目前已经为几十家上市和拟上市公司提供的公司审计、财务评估、税务咨询等服务。[①]

莲花味精后,亚太所经历了数次被处罚的情况,具体情况见表3-3。

表3-3 亚太所审计失败情况汇总

被审计单位	被罚年份	业务类型	被罚的主要类型
成城股份	2016	年报审计	审计底稿编制不完整;确定实际执行重要性水平不谨慎;未执行充分的审计程序;未勤勉尽责
泰达恒生	2018	年报审计	未获取充分、适当的审计证据;未对错报作出正确调整;未勤勉尽责
海斯迪	2019	年报审计	未与前任注册会计师沟通;审计程序执行不到位;未充分考虑对外担保事项对预计负债的影响;签字注册会计师未实际参与审计工作;未勤勉尽责
美丽生态	2020	年报审计	未勤勉尽责;未准确编制工作底稿
舜喆股份	2020	年报审计	未执行充分的审计程序;未准确编制工作底稿;未勤勉尽责;未能识别和评估财务报表重大错报风险

资料来源:根据中国证监会行政处罚决定书整理得到。

由表3-3可知,亚太所于2014年因为莲花味精审计失败遭受处罚后,审计失败率并没有得到控制,数次审计失败中多为年报审计。处罚的主要原因是注册会计师"未勤勉尽责"。表现在具体的审计程序上,"未执行充分的审计程序"或"未准确编制工作底稿"是最常出现的问题。

2. 主要的审计问题

(1) 注册会计师独立性的缺失[②]。

独立性是审计工作的价值体现,也是注册会计师开具审计报告的质量保证。作为一个发挥鉴证职能的第三方,注册会计师在实施审计时的一项责任就是保持自身的独立性。但是综观近年来的审计失败案例可以发现,许多较为明显的企业财务报表造假手段都没有被注册会计师查出。既有注册会计师自身的专业胜任能力有待提高的原因,也有两者合谋的缘由,导致注册会计师在审计过程中未能保持独立性。具体分析莲花味精案例,亚太所注册会计师独立性的缺失可从以下几个方面看出端倪。

---

① 根据亚太 (集团) 会计师事务所官网 (http://www.apag-cn.com) 整理。
② 孙蔚冉. 上市公司审计失败对策研究:以亚太 (集团) 会计师事务所有限公司对莲花味精审计为例 [D]. 昆明:云南大学, 2015.

首先，从审计报告意见来看。莲花味精财务舞弊事件是在 2009 年曝光并接受调查，分析之前 2002～2008 年亚太所开具的审计报告意见来看，无一不是标准无保留意见审计报告。而这其中 2006～2008 年连续三年莲花味精财务报告具有重大财务信息错报、漏报，亚太所注册会计师在执行审计过程中却未能发现问题，很难相信他们在审计过程保持了应有的独立。另外，有报道显示，2004 年莲花味精母公司莲花集团占用莲花味精巨额资金被该公司独立董事予以强烈谴责，但亚太所该年度的莲花味精审计报告不受独立董事意见影响，仍然为标准无保留意见。尽管 2009 年亚太所出具了有保留的审计意见，但仅仅是对证监会介入调查莲花味精可能产生的后果提出保留意见。亚太所面对被审计单位已出现问题的事实，仍然提供了无实质内容的审计报告，这种不寻常的表现，其实已经揭示了亚太所独立性的缺失。

其次，从注册会计师实施审计程序来看。正如前文所述，亚太所注册会计师在执行审计程序，获取审计证据过程中并未保持应有的谨慎和合理怀疑，在未取得相关银行函证回函、未能确认其他应收款和其他应付款函证等情况下没有实施进一步的审计程序，轻易地确认未到账政府补助等，这些低级的错误不能仅仅用缺乏专业胜任能力来解释了，项目审计人员与企业管理层合谋舞弊已成为合理的怀疑。

最后，从审计委托关系来看。目前，企业的管理层往往掌握了会计师事务所的聘用权，雇佣会计师事务所为其审计机构，支付会计师事务所审计酬劳，在实质上成为会计师事务所的客户。另外，注册会计师的工作是需要对财务报表整体是否存在由于舞弊或错误导致的重大错报获取合理保证，并能够对财务报表是否在所有重大方面按照适用的财务报告编制基础编制发表审计意见。企业的管理层既是委托人又是被审计方。这种失衡的委托关系容易致使审计人员难以保持应有的独立性。事实上，莲花味精自上市（1998 年）以来，连续聘用 18 年的会计师事务所一直是亚太所，特别是 2009 年莲花味精接受调查后，仍然为亚太所支付了 71 万元的审计服务费用，并且继续聘用亚太所为其提供审计服务。综合估算莲花味精平均每年支付审计服务费用为 70 万～90 万元，合计约为 1 500 万元。亚太所在长期的审计业务中获得了丰厚的报酬，且莲花味精一直聘用亚太所并提供高额审计费用，不得不让人怀疑亚太所在与莲花味精的审计委托关系中的独立性。

（2）未实施有效的函证程序。

一般来说，注册会计师在审计过程中为获得有关财务信息的确实证据，往往会通过函证方式获取来自第三方对相关财务信息的确认声明，如对于企业应收账款情况向负债方实施函证，或通过与银行函证获取关于企业银行存款的证明。函证方式是通过第三方关于财务信息的确认，是获取审计证据的重要渠道之一。

然而，在本案例中，作为莲花味精的审计单位，亚太所却没有完整有效地实施函证程序，导致审计证据缺失而表达了错误的审计意见。在 2007 年和 2008 年，莲花味精分别获得了政府补助款项用于抵偿项城市天安科技有限公司债务，但以上款项并未到账，在此情况下莲花味精却将未到账款项作为收入入账处理。在对该事项的审计流程中，亚太所注册会计师分别就银行借款和银行存款事项向中国建设银行项城支行和中国工商银行项城支行进行了函证，但未获得函证回函，同时针对天安科技的有关其他应收款和其他应付款函证也未得到确认。按照正常审计程序，在此情况下，亚太所应该就以上函证进行二次函证，确保能够获取真实审计证据。但事实上，亚太所在未获得函证回函，未能获取足够审计证据的情况下，错误判断政府补助款项入账会计处理无误，并出具无保留意见的审计报告。

（3）未履行应有的审计程序。

注册会计师的审计程序实质上就是审计证据的收集、整理和处理的过程，注册会计师发表的审计意见是在审计证据支撑的基础上形成的，而要获得有价值的审计证据需要注册会计师按照《中国注册会计师审计准则》的相关要求履行应有的审计程序。①

但在本案例中，亚太所并未按照应有的审计程序获取审计证据。对于2007年和2008年莲花味精利用未到账政府补助款项抵偿债务入账事项，亚太所注册会计师在审计过程中对债权真实性、交接手续的存在性等没有实施必要的审计程序来获得审计证据，也没有获得中国建设银行项城支行和中国工商银行项城支行的贷款合同，以此来确认贷款的真实性证据。在如此审计程序不到位、审计证据不充分的情况下，亚太所注册会计师就表达了无保留审计意见，其审计报告的可靠性就必然会受到质疑。没有足够审计证据支持的审计报告如同无根之木，无法合理保证企业财务信息的真实、可靠，其不仅仅会为投资者带来投资风险，同样也会为注册会计师（事务所）带来审计风险，由此带来审计失败也是不可避免的。

第三节　延伸思考

一、购货与付款循环审计——东方金钰

（1）试进行东方金钰财务舞弊动因分析。
（2）如何防范东方金钰财务舞弊？
（3）从会计师事务所及注册会计师层面，如何避免审计失败可能引发的诉讼？

二、购货与付款循环审计——莲花味精

（1）阅读本案例可发现，莲花味精未在正确的时间对重大事项进行披露，这导致了严重的财务舞弊行为，上市公司重大事件披露包括哪些内容？
（2）通常情况下，企业利用关联方交易的舞弊手段有哪些？在关联交易的审计中，应关注关联交易的实质，即关联交易对财务状况和经营成果的影响，审计师应如何避免？
（3）亚太（集团）会计师事务所的过失有哪些？

---

① 孙蔚冉. 上市公司审计失败对策研究：以亚太（集团）会计师事务所有限公司对莲花味精审计为例 [D]. 昆明：云南大学，2015.

（4）本案例中，亚太（集团）会计师事务所在审计中存在诸多问题，结合案例和所学知识谈谈注册会计师审计失败对注册会计师和会计师事务所的影响、对投资者和资本市场的影响、对社会的影响。

第四节 相关规定

一、购货与付款循环审计——东方金钰

《企业内部控制审计指引》

第二十条 内部控制缺陷按其成因分为设计缺陷和运行缺陷，按其影响程度分为重大缺陷、重要缺陷和一般缺陷。

注册会计师应当评价其识别的各项内部控制缺陷的严重程度，以确定这些缺陷单独或组合起来，是否构成重大缺陷。

第二十一条 在确定一项内部控制缺陷或多项内部控制缺陷的组合是否构成重大缺陷时，注册会计师应当评价补偿性控制（替代性控制）的影响。企业执行的补偿性控制应当具有同样的效果。

第二十二条 表明内部控制可能存在重大缺陷的迹象，主要包括：

（一）注册会计师发现董事、监事和高级管理人员舞弊。

（二）企业更正已经公布的财务报表。

（三）注册会计师发现当期财务报表存在重大错报，而内部控制在运行过程中未能发现该错报。

（四）企业审计委员会和内部审计机构对内部控制的监督无效。

第二十九条 注册会计师认为财务报告内部控制虽不存在重大缺陷，但仍有一项或者多项重大事项需要提请内部控制审计报告使用者注意的，应当在内部控制审计报告中增加强调事项段予以说明。

注册会计师应当在强调事项段中指明，该段内容仅用于提醒内部控制审计报告使用者关注，并不影响对财务报告内部控制发表的审计意见。

第三十条 注册会计师认为财务报告内部控制存在一项或多项重大缺陷的，除非审计范围受到限制，应当对财务报告内部控制发表否定意见。

第三十一条 注册会计师审计范围受到限制的，应当解除业务约定或出具无法表示意见的内部控制审计报告，并就审计范围受到限制的情况，以书面形式与董事会进行沟通。

注册会计师在出具无法表示意见的内部控制审计报告时，应当在内部控制审计报告中指明审计范围受到限制，无法对内部控制的有效性发表意见。

注册会计师在已执行的有限程序中发现财务报告内部控制存在重大缺陷的，应当

在内部控制审计报告中对重大缺陷作出详细说明。

二、购货与付款循环审计——莲花味精

《中国注册会计师审计准则第 1101 号——注册会计师的总体目标和审计工作的基本要求》

第十条　错报，是指某一财务报表项目的金额、分类、列报或披露，与按照适用的财务报告编制基础应当列示的金额、分类、列报或披露之间存在的差异。错报可能是由于错误或舞弊导致的。

第二十一条　在计划和执行审计工作，以及评价已识别出的错报对审计的影响和未更正的错报（如有）对财务报表的影响时，注册会计师应当运用重要性概念。

如果合理预期某一错报（包括漏报）单独或连同其他错报可能影响财务报表使用者依据财务报表作出的经济决策，则该项错报通常被认为是重大的。

重要性取决于在具体环境下对错报金额或性质的判断，或同时受到两者的影响，并受到注册会计师对于财务报表使用者对财务信息需求的了解的影响。

注册会计师针对财务报表整体发表审计意见，因此没有责任发现对财务报表整体影响并不重大的错报。

《中国注册会计师审计准则第 1313 号——分析程序》

第六条　在临近审计结束时，注册会计师应当设计和实施分析程序，帮助其对财务报表形成总体结论，以确定财务报表是否与其对被审计单位的了解一致。

第七条　如果按照本准则的规定实施分析程序，识别出与其他相关信息不一致的波动或关系，或与预期值差异重大的波动或关系，注册会计师应当采取下列措施调查这些差异：

（一）询问管理层，并针对管理层的答复获取适当的审计证据；

（二）根据具体情况在必要时实施其他审计程序。

第四章
生产与存货循环审计

第一节 相关概念

一、生产与存货循环基本概念

生产与存货循环涉及的内容主要是生产成本的计算及存货的管理等。该循环所涉及的资产负债表项目主要是直接材料成本、直接人工成本、制造费用和存货等;所涉及的利润表项目主要是营业成本等。①

二、生产与存货循环涉及的业务流程

(一)计划和安排生产

生产计划部门的职责是根据顾客订单或者对销售预测和存货需求的分析来决定生产授权。如决定授权生产,即签发预先编号的生产通知单。该部门通常应将发出的所有生产通知单编号并加以记录控制。

(二)发出原材料

仓库部门的责任是根据从生产部门收到的领料单发出原材料。领料单上必须列示所需的材料数量和种类,以及领料部门的名称。领料单可以一料一单,也可以一单多料,通常需一式三联。仓库发料后,其中一联连同材料交还领料部门,其余两联经仓库登记材料明细账后,送会计部门进行材料收发核算和成本核算。

(三)生产产品

生产部门在收到生产通知单及领取原材料后,便将生产任务分解到每一个生产工人,并将所领取的原材料交给生产工人,生产工人据以执行生产任务。生产工人在完

---

① 秦荣生,卢春泉. 审计学 [M]. 北京:中国人民大学出版社,2017:231.

成生产任务后，将完成的产品交生产部门查点，然后转交检验员验收并办理入库手续；或是将所完成的产品移交下一个部门，以进一步加工。

（四）费用归集和成本核算

为了正确核算产品成本，对在产品进行有效控制，必须建立健全成本会计制度，将生产控制和成本核算有机结合在一起。一方面，生产过程中的各种记录、生产通知单、领料单、计工单、入库单等文件资料都要汇集到会计部门，由会计部门对其进行核算和控制；另一方面，会计部门要设置相应的会计账户，会同有关部门对生产过程中的成本进行核算和控制。

（五）产成品入库

产成品入库，须由仓库部门先行点验和检查，然后签收。签收后，将实际入库数量通知会计部门。据此，仓库部门确立了本身应承担的责任，并对验收部门的工作进行验证。

（六）发出产成品

产成品的发出须由独立的发运部门进行。装运产成品时必须持有经有关部门核准的发运通知单，并据此编制出库单。出库单至少一式四联，一联交仓库部门；一联发运部门留存；一联送交顾客；一联作为给顾客开发票的依据。①

三、生产与存货循环审计的基本程序和目标

（一）生产与存货循环的控制测试

（1）检查存货的领用是否有授权批准手续，是否严格按照授权批准手续发货；检查存货入库是否有严格的验收手续，是否就名称、规格、型号、数量和价格与合同、原始单证进行核对；检查存货的发出是否按规定办理，有无不按规定发出存货的情况。

（2）询问和观察存货的盘点过程。

（3）询问和观察存货的保管程序，观察是否只有经过授权批准人员才能接近原材料和产成品等存货。

（4）抽查记账凭证所附的原始凭证是否齐备，是否按顺序编号。

（5）检查已经发生的存货购进、领用、发出的业务是否全部入账，有无没有入账的原始凭证。

（6）选取样本测试各费用项目的归集和分配，以及成本核算是否按企业确定的成本核算流程和账务处理流程进行核算和账务处理。

（7）检查有关成本核算的记账凭证是否附有领发料凭证、产量工时记录、人工费

---

① 秦荣生，卢春泉．审计学［M］．北京：中国人民大学出版社，2017：232．

用分配表、材料费用分配表、制造费用分配表等原始凭证，有无未附原始单证的记账凭证。

（8）检查是否所有已发生的料、工、费的耗费均已及时准确地计入生产成本中，有无未入账的原始凭证。

（9）选取样本测试各种费用的归集和分配以及成本的计算是否按规定执行，料、工、费是否采用恰当方法进行记录，生产成本是否在完工产品和在产品之间恰当分配，核算方法是否前后一致，完工产品发出后是否及时结转成本，核算方法是否前后一致。

（二）生产与存货循环的实质性测试

1. 直接材料成本的审计

（1）抽查产品成本计算单，检查直接材料成本的计算是否正确，材料费用的分配标准与计算方法是否合理和适当，是否与材料费用分配汇总表中该产品分摊的直接材料费用相符。

（2）检查直接材料耗用数量的真实性，有无将非生产用材料计入直接材料费用。

（3）分析比较同一产品前后各年度的直接材料成本，如有重大波动应查明原因。

（4）抽查材料发出及领用的原始凭证，检查领料单的签发是否经过授权，材料发出汇总表是否经过适当的人员复核，材料单位成本计价方法是否适当，材料单位成本计算是否正确并及时入账。

（5）对采用定额成本或标准成本的企业，应检查直接材料成本差异的计算、分配与会计处理是否正确，并查明直接材料的定额成本、标准成本在本年度内有无重大变更。

2. 直接人工成本的审计

（1）抽查产品成本计算单，检查直接人工成本的计算是否正确，人工费用的分配标准与计算方法是否合理和适当，是否与人工费用分配汇总表中该产品分摊的直接人工费用相符。

（2）将本年度直接人工成本与前期进行比较，查明异常波动的原因。

（3）分析比较本年度各个月份的人工费用发生额，如有异常波动，应查明原因。

（4）结合应付工资的检查，抽查人工费用会计记录及会计处理是否正确。

（5）对采用标准成本法的企业，应抽查直接人工成本差异的计算、分配与会计处理是否正确，并查明直接人工的标准成本在本年度内有无重大变更。

3. 制造费用的审计

（1）获取或编制制造费用汇总表，并与明细账、总账核对相符，抽查制造费用中的重大数额项目及例外项目是否合理。

（2）审阅制造费用明细账，检查其核算内容及范围是否正确，并应注意是否存在异常会计事项，如有，则应追查至记账凭证及原始凭证，重点查明被审计单位有无将不应列入成本费用的支出（如投资支出、被没收的财物、支付的罚款、违约金、技术改造支出等）计入制造费用。

（3）必要时，对制造费用实施截止测试，即检查资产负债表日前后若干天的制造费用明细账及其凭证，确定有无跨期入账的情况。

（4）检查制造费用的分配是否合理。重点查明制造费用的分配方法是否符合被审计单位自身的生产技术条件，是否体现受益原则，分配方法一经确定，是否在相当期间内保持稳定，有无随意变更的情况；分配率和分配额的计算是否正确，有无以人为估计数代替分配数的情况。对按预定分配率分配费用的被审计单位，还应查明计划与实际差异是否及时调整。

（5）对于采用标准成本法的被审计单位，应抽查标准制造费用的确定是否合理，计入成本计算单的数额是否正确，制造费用的计算、分配与会计处理是否正确，并查明标准制造费用在本年度内有无重大变动。

4. 营业成本的审计

（1）获取或编制营业成本明细表，与明细账和总账核对相符。

（2）编制生产成本及销售成本倒轧表，与总账核对相符。

（3）分析比较本年度与上年度营业成本总额，以及本年度各月的营业成本金额，如有重大波动和异常情况，应查明原因。

（4）结合生产成本的审计，抽查销售成本结转数额的正确性，并检查销售成本结转数额是否与销售收入配比。

（5）检查营业成本账户中的重大调整事项（如销售退回等）是否有充分理由。

（6）确定营业成本在利润表中是否已恰当披露。①

（三）存货成本的审计目标

存货成本的审计目标一般包括：确定存货成本是否真实发生；确定存货成本的归集和计算是否符合企业会计准则规定；确定存货成本的计算对象、计算方法的正确性；确定存货在财务报表中的披露是否恰当。②

四、生产与存货循环审计常见的审计风险

在实施控制测试和实质性测试前，注册会计师应了解被审计单位生产与存货循环和相关账户余额的内部控制的设计、执行情况，评估生产与存货循环中的重大错报风险，以便实施更有效的审计程序。影响生产与存货循环和相关账户余额存在的重大错报风险可能包括：

（1）董事会、经理层错报生产成本的偏好。被审计单位董事会、经理层可能为了完成经营目标，满足业绩考核的要求，往往会在财务报表中错报生产成本，以达到调节当期利润的目的。被审计单位董事会、经理层常用的手段有混淆生产成本与资本化支出、混淆不同产品之间的生产成本、混淆不同会计期间的生产成本等。

（2）成本计算的复杂性。不同性质的企业成本计算有所不同，而且十分复杂。虽

---

① 秦荣生，卢春泉. 审计学 [M]. 北京：中国人民大学出版社，2017：234-238.
② 秦荣生，卢春泉. 审计学 [M]. 北京：中国人民大学出版社，2017：235.

然原材料和直接人工等直接费用的分配比较简单,但间接费用的分配却很复杂,并且同一行业中的不同企业可能采用不同的认定和计算方法。

(3) 存货项目的可变现净值难以确定。如价格受全球供求影响的存货,由于其可变现净值难以确定,会影响存货采购成本的确定,并将影响注册会计师对与存货认定有关的风险进行评估。

(4) 存货存放地点很多。被审计单位可能将存货存放在很多地点,并且可以在不同的地点之间配送存货,这将增加存货途中毁损或遗失的风险。

(5) 产品的多元化风险。在企业同一会计期间,可能生产的多种产品都会使用相同的原材料和生产员工,使原材料和人工等费用在不同产品之间进行分配就变得十分烦琐,这会增加产品生产成本不真实的风险。

在评估生产与存货循环的重大错报风险时,注册会计师应当充分了解生产与存货循环中的控制活动,目的在于实施更有效的审计程序。也就是说,注册会计师必须对被审计单位生产与存货循环中的重大错报风险有一定的认识,在此基础上设计并实施进一步审计程序,才能应对生产与存货循环中的重大错报风险。①

第二节 案 例 分 析

一、生产与存货循环审计——豫金刚石

(一) 被审计单位情况

1. 豫金刚石基本情况

公开资料显示,豫金刚石主营超硬材料产业链的研究、产品开发,是目前国内最大的人造钻石生产企业,有着"人造钻石大王"的美誉。公司主要产品为人造金刚石单晶、培育钻石饰品、微米钻石等。截至 2019 年 12 月 31 日,豫金刚石控股股东为河南华晶超硬材料股份有限公司,持有公司股份 12.20%,公司实际控制人为郭留希,详见表 4-1。

表 4-1　　　豫金刚石 2019 年前 10 名普通股股东持股情况

十大股东	本期持股(万股)	持有比例(%)
北京天证远洋基金管理中心(有限合伙)	22 988.51	19.07
郭留希	18 526.41	15.37
河南华晶超硬材料股份有限公司	14 701.75	12.20

① 秦荣生,卢春泉. 审计学 [M]. 北京:中国人民大学出版社,2017:234-238.

续表

十大股东	本期持有股（万股）	持有比例（%）
北京天空鸿鼎投资中心（有限合伙）	9 195.40	7.63
河南农投金控股份有限公司	8 949.45	7.42
朱登营	5 747.13	4.77
郑州冬青企业管理中心（普通合伙）	3 340.36	2.77
徐凤霞	2 171.99	1.80
陈福云	417.66	0.35
程燕	400.22	0.33

资料来源：新浪财经网。

2020年1月豫金刚石披露《2019年度业绩报告》，公司预盈利6 743.8万元至9 634万元。3天后收到深圳证券交易所关注函，询问公司涉及的诉讼问题和预计负债问题。

2020年4月3日，豫金刚石披露《2019年度业绩预告及业绩快报修正公告》，将此前预盈的8 040.34万元修正为亏损51.51亿元。

深交所次日下发关注函，要求公司解释说明"业绩预告、业绩快报披露时未计提预计负债的具体原因"，还要求公司"核实说明控股股东、实际控制人郭留希及其关联方是否占用上市公司资金，上市公司是否违规为其提供担保"。

深圳证券交易所先后于9月1日、14日向公司发出函件。

11月27日，豫金刚石戴帽，其名称变更为ST金刚。

12月31日，证监会通报豫金刚石信息披露违法案件调查情况。

经查，豫金刚石涉嫌重大财务造假，2016~2019年财务信息披露严重不实。一是连续三年累计虚增利润数亿元，二是未依法披露对外担保、关联交易合计40亿余元。调查还发现，在上述期间，实际控制人累计占用上市公司资金23亿余元。

2. 主要会计问题

（1）连续三年虚增利润。

对于豫金刚石而言，利润造假可能是最原始的冲动。动机主要有两种，其一是虚增利润，粉饰业绩，以此达到抬高股价、完成业绩承诺、融资、避免被ST等目的；其二是虚减利润，借此逃税、平滑各期利润。①

豫金刚石于2010年3月在创业板上市，上市后连续10年盈利。但经证监会调查，豫金刚石2016年至2019年财务信息披露严重不实，连续三年虚增利润。从2020年三季报和半年报来看，公司营收同比已经大幅下滑，但营业成本的降幅却不成比例，营业成本占营业收入的比例由2019年的2/3增长到2020年的近100%。公司财务数据在存货、经营性现金流、毛利率等多方面都存在疑点。这个过程中，豫金刚石有以下造假手段：

---

① 豫金刚石：解决董事"双重角色"考核难题[J]. 董事会，2019（Z1）：74.

①伪造合同，虚增销售收入。豫金刚石通过虚拟销售对象及交易，对并不存在的业务，按正常经营程序进行模拟运转，包括伪造订单合同、账户收入、发运凭证、开具相关的业务发票等一系列操作伪造业务，增加主营业务收入。

②虚增存货。根据调查，豫金刚石的生产一切正常，但这些都是假象，只是为了虚增利润，为便于上市公司再融资，或者上市公司有好的业绩能够得到银行的抵押、担保。甚至有可能销售生产本身是不赚钱的、亏损的，但是为了维持上市公司比较好的表现，继续生产，生产越多亏损越多。

③联合企业关联方转嫁利润。从它的销售的增长和利润增长的对比来看，它的销售增长远远超过利润增长2 000多倍。换句话讲，它的销售业绩有可能是通过关联交易的方式虚增的。豫金刚石将产品销售给予其没有关联关系的第三方，然后再由其子公司将产品从第三方购回，这样既可以增加销售收入，又可以避免公司内部销售收入的抵销。该第三方与公司虽没有法律上的关联关系，但往往与公司存在一定的默契。同时，豫金刚石通过出售亏损子公司的方式虚增利润。

④虚增毛利。深入的分析表明，ST金刚的销售毛利润率，是行业平均值的5.8倍将近6倍，远远超过行业平均。换句话说，这个公司比别的公司特别能赚钱，这是不正常的，所以豫金刚石通过虚增毛利的方法虚增了利润。对于虚增毛利所带来的现金流入，豫金刚石也将其挂账为应收账款。

⑤调整应收账款。豫金刚石与关联企业进行了赊账交易。既然是赊账交易，就绝不会产生现金流，受影响的只是资产负债表和利润表中的科目。具体来说，就是资产负债表上的"应收账款"增多，相对应的，利润表中的"营业收入"随之增加，但经营活动现金流入量并没有随之增加。但是赊的账迟早都要还的，豫金刚石赊账交易的周期一般都不是很长，一般都在一年以下，因为时间太长还没收回来的账款会被列为坏账，影响豫金刚石的利润。因此豫金刚石会在一个会计年度内把赊账解决掉。解决的方法就是让关联企业把产品退回来，填写一个退货单据，这笔交易相当于没有发生。这时上一年度的资产负债表和利润表都要修正，但是对投资者来说已经太晚了。豫金刚石的股价早就因为业绩增长的消息涨了很多，公司也获得了更多的收益。对于没有调整的应收账款，后续也会计提坏账准备，调整财务报表，所以豫金刚石在2020年计提应收账款坏账准备约10亿元。

⑥利用真实的客户和供应商造假。一方面，客户与供应商是真实的，与豫金刚石之间不存在关联关系，但豫金刚石与客户和供应商之间存在真实的经济业务往来。另一方面，豫金刚石在真实交易基础上，伪造少部分虚假交易，有的在交易数量上做文章，有的在交易价格上做文章，虚虚实实，让人真假难辨。造假过程中，部分客户、供应商与豫金刚石之间存在串通，在资金划转、函证等方面为豫金刚石提供便利。如果客户、供应商不配合的话，豫金刚石就通过自己的关联公司进行资金划转，并伪造合同、出入库单据及收付款记录掩盖真实的资金来源和去向。

⑦合并范围，虚增企业规模。豫金刚石采用对外投资的方式，取得对其他企业的控制权，扩大合并报表编制范围，实现企业各项指标快速增长、企业规模快速扩展。但一部分企业属于空壳公司，企业的实际规模并没有扩大，并且最后因子公司亏损，

使用资产重组的方法变卖空壳公司,将空壳资产高价转让给关联公司,将亏损转嫁于关联方,最后虚增利润。

(2) 控制人占用公司资金。

豫金刚石公司 2020 年出具的内部控制报告认为,报告期内,公司不存在内部控制重大缺陷。根据公司 2019 年度非经营性资金占用及其他关联资金往来情况汇总表,可以看出实控人采用广告宣传的手段占用公司资金。同时,董事王大平、刘淼无法对公司是否存在非经营性占用资金情况发表意见,故无法对季报的真实准确完整予以确认。并且在 2019 年的审计报告出具了保留意见的审计报告,审计师已经无法从该公司获得充分适当的审计证据。公司实控人利用内部控制的漏洞,在三年中占用资金 23 亿元,相当于其 2018 年净利润的两倍还要多,使得公司已没有资金可调用。截至 2020 年 10 月末,公司账面上可动用货币资金余额仅为 134 万元;短期借款达 13 亿元、存货 11.87 亿元。其中存货周转天数为 1 070 天,持续盈利能力堪忧。这些足以证明公司的内部控制无效且混乱。①

公告显示,截至 2020 年 11 月 18 日,豫金刚石及控股子公司作为被告涉及的诉讼案件 64 项,案件金额约 48.12 亿元;公司及控股子公司作为原告涉及的诉讼案件 4 项,案件金额约 2.30 亿元。豫金刚石涉及的全部案件中,多以金融借款合同纠纷和民间借贷纠纷为主。案件中,控股股东、实控人、上市公司、子公司等相关方频繁作为担保方、被担保方现身,资金最终流向的部分企业与实控人郭留希存在交集。这个过程中,豫金刚石有以下造假手段:

①担保。2017 年 11 月 15 日和 16 日,郑州元化与农投金控分别向郑州木之秀借出 1 亿元,合计 2 亿元,豫金刚石和郭留希,则分别为上述债务承担连带保证责任。然而,查阅回复函发现,这笔钱其实流向世纪天缘和河南华晶。而且,借款到期后,木之秀并未足额还款付息。作为担保方,豫金刚石为此计提 2.42 亿元。郭留希曾是世纪天缘的股东,不过,2019 年 10 月 14 日,郭留希退出世纪天缘。

另一事项同样与郑州木之秀有关。回复函显示,2018 年 1 月 8 日,联创小贷签订《最高额流动资金借款合同》,联创小贷向郑州木之秀出借 13 750 万元,但资金最终流向康兆豫、冯磊、郭留希、朱建杰等人。由于上市公司为此借款担保,而计提 1.66 亿元预计负债。大股东通过担保转移大量资金。

②关联方"预付 + 其他应收款"。洛阳启明从上市起就是公司的供应商,在 2010 ~ 2014 年均有往来,2014 年及以前,公司均有对洛阳启明的应付款挂账,未偿还的原因就是未到合同期。自 2016 年起,公司向洛阳启明开始大额预付设备款,原因是 2015 年 5 月,公司与对方签订了一项 10 亿元的设备采购合同,直至 2019 年上半年,公司对洛阳启明预付的 6.67 亿元采购款中,当期仅结转了 2 582.71 万元。深交所曾对此事进行关注问询,公司的解释是,因洛阳启明超硬材料的设备工艺较为复杂,生产周期较长导致尚未全部交货。

而 2018 年年报显示,这项从 2015 年年中签订的合同,到 2018 年就已经履行完毕,

---

① 根据 2020 年豫金刚石内部控制报告整理得到。

但至 2019 年上半年还存在大额预付款挂账，而且公司以往都是拖欠洛阳启明的货款，这次反倒是提前好几年开始预付，然后等待交货。非常不符合常理。

通过天眼查可知，洛阳启明有个大股东叫孙诚，2012 年，豫金刚石曾公告与洛阳华科超硬材料公司合资成立子公司，其中洛阳华科超硬材料公司的法人代表就是孙诚。根据调查启明超硬材料跟豫金刚石之间不仅仅是供应商关系，而且还存在共同持股关系。所以，上述资金也许不是真的向对方采购设备，而是被关联方洛阳启明给占用了。而且，启明材料曾与豫金刚石、实控人郭留希共同陷入一项金融借款合同纠纷，并存在被银行申请执行的情况。也能证实上述猜想。

（3）财务"大洗澡"。

上市公司通过"大洗澡"将财务风险一次性出清，将各类坏账一并计提，来达成洗净财报的目的，以掩盖之前的财务造假等问题，这样操作可减少因连续三年亏损面临退市的风险。这个过程中，豫金刚石有以下造假手段①：

①诉讼确认的预计负债。公告显示：截至 2020 年 12 月 31 日，公司共涉及 45 项诉讼/仲裁案件，案件金额合计约 44.3 亿元，部分诉讼尚未开庭，部分诉讼进入诉讼程序。其中公司及控股子公司作为被告涉及的诉讼案件 43 项，案件金额约 42 亿元；公司及控股子公司作为原告涉及的诉讼案件 2 项，案件金额约 2.2 亿元。公司此前披露的 2019 年度业绩预告、业绩快报中，未对公司 2019 年度与经营无关的诉讼案件计提预计负债。后续随着诉讼案件的进展情况，及对相关事项的全面梳理，并经与律师团队充分沟通后，公司认为部分诉讼最终的法律判决很可能对公司不利，基于谨慎性原则，根据相关诉讼事项的证据及估算赔偿金额确认预计负债约 21.7 亿元。企业如此粗糙地确认了大金额的预计负债，可能的原因有两个：第一，能力不行导致对于会计的确认出现问题；第二，故意为之以粉饰报表。不管哪个原因，企业方面难辞其咎。

②存货跌价准备。公告显示：对存货的可变现净值再次进行了分析和评估，基于谨慎性原则，公司测算本期对存货计提跌价准备约 10 亿元。公司宣称是受到了疫情的影响。但是存货在第三季度报告的时候，并未减值，到了 2019 年 2 月 28 日公布业绩预告的时候，也未减值，偏偏一个月后计提减值，时间线略显诡异。

根据豫金刚石过往公告，在 2019 年度，公司的存货上涨速度确实较快。截至 2019 年第一季度末，公司的存货金额为 6.97 亿元，较 2018 年末的 4.21 亿元增长 66%。截至 2019 年 6 月 30 日，公司的存货金额为 7.51 亿元。而在 2019 年 9 月 30 日公司的存货金额为 8.48 亿元。也就是说，企业在 2019 年第三季度末至 2019 年底，不停地囤积存货，一直囤积到超过 10 亿元，然后一次性计提减值，这不符合企业的战略方针。

③应收账款坏账准备。公告显示：拟对单项金额重大的应收款项单独进行减值测试，按其未来现金流量现值低于其账面价值的差额确定减值损失，预计计提坏账准备并确认减值损失 10.3 亿元。应收账款的坏账准备政策规定，一般情况下，按照账龄来进行坏账准备的计提。计提比例属于会计估计，不能随意改动。如果需要改动，是需要经过董事会股东大会审批的。

---

① 根据豫金刚石 2017～2019 年财务报告整理得到。

2019年第三季度末的应收账款8.35亿元,计提了10亿元的坏账准备,也就是说,企业在不停地增加销售,持续地增加应收账款,但是回款能力持续减弱。待应收账款超过10亿元,一次性计提了坏账准备,这显然是不合理的。

④固定资产减值。公告显示：公司会同专业的外部评估专家对截至2019年末的固定资产及在建工程进行了更全面的检查和评估,对可能存在减值损失的固定资产及在建工程补充计提资产减值准备约8亿元。

2017年,豫金刚石以加大力度解决人造大单晶金刚石的产能瓶颈为目标,通过公开市场募集45.67亿元,其中拟投入42.88亿元用于"年产700万克拉宝石级钻石项目",以及2.79亿元补充流动资金。当时募资预案中显示：项目建设期为4年,项目达产后,正常年份年均可实现销售收入17.30亿元,年均税后净利润将达7.97亿元。到了2019年10月25日,豫金刚石公告拟终止45.67亿元募集资金投资的"年产700万克拉宝石级钻石项目",并将剩余募集资金9.99亿元永久补充流动资金。公司给出的终止理由为,产业链各环节及配套服务支撑不足,成本管理面临较大挑战以及外部环境及控股股东流动性风险（部分合作银行存在抽贷）等因素。

2019年固定资产、在建工程这块出现了大幅增长。截至2019年第三季度末,公司固定资产、在建工程合计37.31亿元,本次仅计提减值约8亿元,那还有剩下的29亿元资产质量无法确定。进行两年多的项目现在才终止,但这募集的45.67亿元到底有没有与募资相对应的在建工程未得到确定答案。而计提固定资产和在建工程的减值,可以减少以后年度的折旧,增加以后年度的利润。

（二）审计单位情况

1. 亚太（集团）会计师事务所基本情况

亚太（集团）会计师事务所有限公司基本情况前文已述及,此处略。

2. 形成保留意见的基础

（1）担保及诉讼事项。

截至2019年12月31日,豫金刚石由于借款、担保及其他重大承诺涉及诉讼42项,涉诉金额385 952.14万元,相关法院裁定冻结、查封豫金刚石银行存款、土地、股权及其他资产121 809.50万元。因诉讼事项公司确认扣划损失26 702.55万元,确认应付款项35 255.34万元,计提预计负债279 071.16万元。注册会计师对上述事项及公司计提的预计损失实施了管理层访谈、检查诉讼材料、律师函证等审计程序。但由于豫金刚石涉及多项对外担保,诉讼结果的不确定性以及连带责任涉及担保多方,实际损失的不确定性可能会对财务报表产生重大影响,因此,注册会计师无法判断豫金刚石预计负债计提的恰当性,是否存在其他未经披露的对外承诺、担保、诉讼事项以及对财务报表产生的影响。①

（2）抵账及资产减值。

①存货。豫金刚石期末抵账资产82 515.15万元。其中应收账款抵账38 798.63万

---

① 根据豫金刚石2019年审计报告整理得到。

元,经评估 2019 年 12 月 31 日可变现价值 5 909.25 万元;预付账款抵账 43 716.53 万元,其中字画 3 173 件 41 856.62 万元,河南省书画鉴定委员会对其中 12 件美术作品进行了鉴定,豫金刚石未对书画作品进行价值评估。抵账物品共计提减值 34 602.86 万元。注册会计师通过实施检查、盘点、函证、访谈等审计程序,仍无法取得满意的审计证据来判断这些交易的商业合理性、上述资产价值认定的适当性以及对财务报表产生的影响。

②其他应收款。豫金刚石 2018 年 11 月 27 日审批签订合同购买郑州高新科技企业加速器产业园 B 栋研发生产大楼,全额预付购房款。因 B 栋研发生产大楼不能按期开工,2019 年 6 月 17 日变更购买产业园 D1 组团、D5 组团。D1 组团、D5 组团目前停建,所属土地 2019 年 3 月 26 日被法院查封。豫金刚石将预付款 22 260.48 万元转入其他应收款并全额计提坏账准备。豫金刚石 2018 年 10 月 5 日分别与宁波梅山保税港区金傲逸晨投资管理合伙企业(有限合伙)(以下简称"金傲逸晨")、冯磊签订的股权转让协议,转让子公司华晶精密制造股份有限公司(以下简称"华晶精密"),股权转让款 50 000.00 万元。豫金刚石根据华晶精密的净资产评估报告计提坏账准备 39 516.90 万元。注册会计师已实施检查凭证、合同、查看资金流水、复核、函证,访谈等审计程序,但由于查封土地涉及诉讼的不确定性,因此并不能取得充分适当的审计证据以判断上述交易的商业合理性及上述其他应收款的可收回性、减值准备计提的适当性。

③固定资产。如财务报表附注五、(十二)固定资产所述,豫金刚石本期对主要机器设备评估计提减值准备 56 949.91 万元,在注册会计师实施了检查、盘点、复核、访谈等审计程序的基础上,由于本期豫金刚石对主要机器设备进行了大量的技术升级改造,无法获得充分适当的审计证据,以判断上述机器设备价值的合理性和减值准备计提的适当性。

(3)关联方及关联方交易。

豫金刚石与管理层未识别与关联方的部分单位之间存在大额交易、资金往来及担保承诺等特殊事项。注册会计师已实施检查凭证、函证、访谈等程序,但仍无法获取充分适当的审计证据以消除对管理层关联方关系识别的疑虑。无法判断豫金刚石关联方关系和关联交易披露的完整性和准确性,以及这些交易、资金往来可能对豫金刚石 2019 年度财务报表产生的影响。

(4)持续经营能力存在重大不确定性。

截至审计报告日,豫金刚石大部分银行账户、土地、对外投资股权等因诉讼事项被冻结、查封,银行借款、应付票据、信用证、融资租赁长期应付款存在逾期未付。豫金刚石就资产负债表日后 12 个月改善持续经营能力拟定了相关措施,但注册会计师仍无法取得与评估持续经营能力相关的、充分适当的审计证据,来消除对公司持续经营能力存在重大不确定性的疑虑。

(5)证监会立案调查影响。

豫金刚石因涉嫌信息披露违法违规被中国证监会立案调查。截至审计报告出具日,会计师事务所尚未收到中国证监会就上述立案调查事项的结论性意见或决定,因此无法判断立案调查的结果及其可能对公司财务报表产生的影响。

二、生产与存货循环审计——獐子岛

(一) 被审计单位情况

1. 獐子岛基本情况

1958年,獐子岛集团股份有限公司(以下简称"獐子岛")正式成立,该公司主要业务是水产养殖,具体涉及养殖、育苗、加工、运输以及贸易等多个方面,具有较强的综合性。凭借地理上的天然优势,其产业链以虾夷扇贝和海参海胆为主,占据主营业务收入的比重达到30%以上。为了促进国际化进程的不断深入,公司在2008年在美国、中国香港都成立了子公司。截至2019年,獐子岛第一大股东为长海县獐岛县投资发展中心,详见表4-2。

表4-2   截至2019年前10名普通股股东持股情况

股东名称	持有的股份数量(股)	所占比例(%)
长海县獐子岛投资发展中心	218 768 800	30.76
北京吉融元通资产管理有限公司	57 162 685	8.04
长海县獐子岛褡裢经济发展中心	51 286 800	7.21
长海县獐子岛大耗经济发展中心	48 705 645	6.85
吴厚刚	29 292 000	4.12
獐子岛集团股份有限公司	6 766 033	0.95
广东恒健资本管理有限公司	4 500 000	0.63
刘彩丽	2 483 600	0.35
长岛县獐子岛小耗经济发展中心	2 343 645	0.33
江苏汇鸿国际集团中鼎控股股份有限公司	2 160 000	0.30
合计	423 469 208	59.54

资料来源:根据獐子岛年报整理得到。

2014年10月30日,獐子岛发布了2014年第三季度财务报告及系列公告,公告称海洋牧场受到北黄海冷水团的影响,几年前在海底播种下的价值7亿元的虾夷扇贝死亡"绝收"。反观2014年度半年报,獐子岛实现营业收入124 665.19万元,同比增长10.33%;实现归属于上市公司股东的净利润4 845.53万元,同比下降8.07%。也就是说,獐子岛在2014前半年的业绩保持相对稳定的状态,如果按照这个趋势经营下去,那么2014年一整年无疑是盈利的。而由于自然环境的不利影响,獐子岛在第三季度财务报告中对虾夷扇贝存货计提7.63亿元减值准备,前三季度亏损了8.12亿元。由盈利突然转变为大亏损，让广大投资者和社会公众感到措手不及。①

2018年2月27日，獐子岛发布公告称2017年亏损6.76亿元，同比减少949.44%。造成这次亏损的原因是2017年度存货盘点的过程中发现部分虾夷扇贝死亡严重，而死亡的原因是海水温度发生异常，导致扇贝越来越瘦，最后饥饿致死，因此拟计提存货减值准备6.3亿元，并计入四季度损益，2017年亏损7.23亿元。② 换句话说就是獐子岛除了产品销路不畅以外，又有大量的虾夷扇贝"跑路"了，戏剧性的一幕再次上演。

2019年4月27日，獐子岛公布了2019年第一季度报告称，第一季度亏损4 314.14万元，同比下降379.40%，对于这次亏损的原因，獐子岛归结为受到2018年海洋牧场灾害的影响，水产品产量下降，致使产品单位成本上升。③

2019年7月10日晚，在经过很长时间的调查之后，证监会指称獐子岛涉嫌财务造假、涉嫌虚假记载和未及时披露信息，对獐子岛处以60万元罚款，董事长吴厚刚终身市场禁入。④

2. 主要会计问题

2018年2月9日，獐子岛发布公告称收到中国证监会立案调查通知。2019年7月9日，中国证监会对獐子岛下发《中国证券监督管理委员会行政处罚及市场禁入事先告知书》。经中国证监会调查显示，之前獐子岛公告声称的扇贝绝收只是其财务舞弊行为的掩饰，其财务舞弊手法主要包括：

（1）虚增、虚减营业成本。调查发现，2016年獐子岛的真实采捕区域较账面多13.93万亩，致使账面虚增营业成本6 002.99万元，进而虚增当年相应金额的资产和利润。2017年獐子岛账面记载采捕面积较真实情况多5.79万亩，且存在将部分2016年实际采捕海域调至2017年度结转成本的情况，致使2017年度虚增营业成本6 159.03万元，进而虚减当年相应金额的资产和利润。

（2）虚减营业外支出。獐子岛2016年初和2017年初库存显示，部分2016年有记载的库存区域虽然在2016年未显示采捕轨迹，但公司在2016年底重新进行了底播，部分2016年有记载的库存区域虽然在2016年、2017年均未显示采捕轨迹，但公司在2017年底重新进行了底播，上述两部分区域应重新核算成本，并对既往库存成本作核销处理，分别致使2016年、2017年账面虚减营业外支出7 111.78万元、4 187.27万元，进而虚增相应金额的资产和利润。

（3）虚增资产减值损失。獐子岛未如实反映扇贝核销及计提存货跌价准备的客观情况。2018年公司对107.16万亩虾夷扇贝库存进行核销，对24.30万亩虾夷扇贝库存进行减值。然而调查显示，核销海域中，2014年、2015年、2016年底播虾夷扇贝分别有20.85万亩、19.76万亩和3.61万亩已在以往年度采捕，致使虚增营业外支出24 782.81万元，占核销金额的42.91%；减值海域中，2015年、2016年底播虾夷扇贝分别有6.38万亩、0.13万亩已在以往年度采捕，致使虚增资产减值损失1 110.52万

---

① 獐子岛集团股份有限公司2014年年度报告。
② 獐子岛集团股份有限公司2018年年度报告。
③ 獐子岛集团股份有限公司2019年第一季度报告。
④ 中国证监会行政处罚及市场禁入事先告知书〔2019〕95号，详见证监会网站。

元,占减值金额的 18.29%。

(4) 虚增、虚减利润总额。综合考虑对营业成本、营业外支出、资产减值损失科目的人为调整,獐子岛 2016 年度虚增利润 13 114.77 万元,占当期披露利润总额的 158.15%,追溯调整后利润总额为 -4 822.23 万元,业绩由盈转亏。2017 年度虚减利润 27 865.09 万元,占当期披露利润总额的 38.57%,追溯调整后,业绩仍为亏损。

(5) 掩饰交易、事实。掩饰交易或事实通过对年报、相关财务明细、采捕面积测算数据等资料的调查,证监会确认獐子岛没有对其 2017 年全年业绩与预期存在较大差距的情况进行及时披露。2017 年 10 月,獐子岛单月亏损 1 000 余万元,2017 年 12 月公司收到预测数据显示,全年预计亏损 528 万元。2018 年 1 月初,獐子岛财务总监勾荣已知悉公司 2017 年净利润不超过 3 000 万元,与第三季度报告中全年盈利预测 9 000 万元至 1.1 亿元相差远超 20%,这些本应在情况察觉 2 日内披露的信息,獐子岛迟至 2018 年 1 月 30 日才予以披露,涉嫌未及时披露信息。①

(二) 审计单位情况

1. 大华会计师事务所基本情况

大华会计师事务所(特殊普通合伙)(原名"立信大华会计师事务所有限公司"),是国内最具规模的十家会计师事务所之一,同时大华也是国内首批获准从事 H 股上市审计资质的事务所,是财政部在大型会计师事务所集团化发展中的试点事务所。大华会计师事务所的业务领域广泛,其中包括鉴证业务、咨询业务等各项业务,并且为很多的外资公司、大型国企、上市公司等提供服务。大华所的经常性审计客户数量非常多,其中上市公司近 200 家、大型央企近 20 家、省级集团公司 300 多家、外资公司 500 多家,公司领域涉及航空行业、金融行业、电子行业、制造业、餐饮业、医药行业等。② 表 4-3 为大华会计师事务所审计失败情况汇总。

表 4-3　大华会计师事务所审计失败情况汇总

被审计单位	被罚年份	业务类型	被罚的主要问题
新大地	2013	IPO 审计	未保持适当的职业审慎;未按照行业标准履行勤勉尽责
大商股份	2014	第一季度会计报表审计	未勤勉尽责;未保持审计师独立性
佳电股份	2018	年报审计	未能识别和评估财务报表重大错报风险;未充分了解企业内部控制设计;未审慎核查;未执行相关函证程序
墨烯控股	2019	年报审计	未勤勉尽责;未能识别和评估财务报表重大错报风险;未按行业准则实施函证程序
奥瑞德光电	2021	年报审计	未勤勉尽责;未执行相关函证程序;未能识别和评估财务报表重大错报风险

资料来源:根据中国证监会行政处罚决定书整理得到。

---

① 李子璠,宋夏云. 獐子岛财务舞弊案例分析 [J]. 审计与理财,2020 (7):37-40.
② 根据大华会计师事务所官网(http://www.dahua-cpa.com)整理。

2. 主要的审计问题

（1）审计人员专业素质欠缺。

在对獐子岛进行存货审计时，对于注册会计师而言，良好的专业能力是使其胜任工作的基本保障之一，除此之外，还应该对水产知识有足够认识。相比制造业的存货来说，水产类企业的存货存在很大不同，所以监盘工作的难度相当大。从事这类审计工作的注册会计师需要有足够的知识背景，并且通过实践工作来不断积累经验。在此次獐子岛存货审计工作的监盘过程中，注册会计师担任的更多是监督角色，根据抽测人员统计的数量和测量重量来进行记录，缺乏主动性。由于生物资产存货的性质比较特殊，用会计专业知识盘点比较困难，加上渔业类知识的匮乏，审计人员只能被动地更多听信抽测人员的抽测结果，进而给审计这类存货存在性和完整性、准确定等带来了很大的风险。

（2）审计风险识别不足。

自从 2014 年出现扇贝绝收事件之后，公司开始继续投入大量资金建设海洋牧场，和海洋专家与气象局共同建设研究体系，希望能够在黄海水域研究方面取得更大成果；同时设计了海洋检测中心，定期进行监测和数据分析，由此可见獐子岛公司对监测系统的建设已经比较完备，风险监控技术远远领先于同行业其他上市公司，但仍然出现了风险监控漏洞。獐子岛公司在前后两次扇贝绝收中，对于异常信息的披露未做到事前披露。根据前面分析得知，獐子岛已识别出温度、降水量等信息的异常，但并未及时将异常信息进行披露。2018 年，针对风险监测的内控制度存在缺陷，信息披露不够及时。另外，该公司信息披露的完整性较差。况且獐子岛存货基本上都是生物类的物质，种类多数量大，占据了 2/3 的比重。但是在公司的年报中，对于生物资产的具体构成从未披露，注册会计师无法从报告中获得各类生物资产的数量和详细情况。很明显，獐子岛的信息披露存在很多缺项，但是注册会计师并没有在这一点上提出质疑，存在对相关审计风险评估不足的情况。①

（3）未执行有效的存货内控测试。

根据前面分析得知，獐子岛存货的内部控制存在缺陷，如果注册会计师得出的审计结果是依赖于有缺陷的内部控制制度，那么必然会带来审计风险。一般情况下，注册会计师对同一家被审计单位，除在防范特别风险的内部控制外，应每三年进行一次控制测试，特别风险应每年一次。在此案例中，獐子岛在 2016 年 4 月披露了《内部控制见证报告》，大华会计师事务所认为在 2015 年度公司所有重大方面保持了与财务报表相关的有效的内部控制。从大华会计师事务所 2018 发布的《关于〈深圳证券交易所关于獐子岛集团股份有限公司的关注函〉有关财务事项的核查说明》能够发现，在对獐子岛进行内部控制及执行时仅使用查阅、询问的方式，在审查公司提供的虾夷扇贝监盘记录、日常抽测、调查报告后就相信对獐子岛提供的信息是准确无误的，所有程序都按照规定执行。关于询问的范围也只限于公司内部员工，没有采取函证等其他方

---

① 高翔宇. 獐子岛公司存货审计案例研究［D］. 长春：吉林财经大学，2019.

式,由此获得的结果可信度并不高。此外,注册会计师在检查过程中,发现了存货采购过程中流转的个别单据存在制单人和审批人为同一人的现象,个别存货采购验收单签字人缺失。① 面对如上问题,注册会计师只是与被审计单位负责人进行沟通,示意其以后避免。注册会计师并未考虑公司内部控制是否存在缺陷以及公司提供信息的真实性。同样的,对于獐子岛 2018 年度的内部控制审查,会计师事务所也只是完成对公司内部控制制度的收集,并未开展相关测试和评价工作。由此可见大华会计师事务所对獐子岛的内控情况一直给予肯定,但事实上却缺乏对被审计单位进行有效的内控测试,未遵循相关规定,这便加大了獐子岛存货审计风险。

(4) 存货监盘未能获取充分审计证据。

参考我国目前审计的准则与实务能够发现,其存货与监盘工作相当重要,这也是取得审计证据的关键程序。在獐子岛"扇贝逃跑"事件中,由于存货监盘没有体现出应有的作用,所以导致了这样的结果。具体分析之后能够发现,出现上述结果的原因有以下两点:

①存货监盘流于形式。渔业类企业存货多以生物资产为主,在对渔业类企业进行存货监盘时本来就具有较强的局限性。相比于制造业的存货,獐子岛集团的存货基本位于广阔的海域,这些生物资产具有可移动性的特点。这一点和制造业上市公司的存货监盘有显著差异,正因如此,面对茫茫大海开展监盘工作实属不易。与此同时,因为我国目前的会计师事务所分类不够细致,没有专门针对农业审计的相关认证,同时缺乏相关的专家来共同开展审计工作,所以仅依靠注册会计师基本不可能完成监盘工作,存货损失的评估工作更是难以开展。鉴于此,考虑到专业性的不足,注册会计师往往会因为难度较大而放弃,直接跟随企业进行抽检,最终使得监盘工作被完全形式化了。

②抽盘与时间比例不合理。此次负责审计工作的是大华事务所,注册会计师其在工作过程中简单敷衍,没有严格按照审计准则开展存货监盘工作。审计人员在进行存货监盘工作时,对于 2016 年度底播的虾夷扇贝的抽点面积为 60.8 万亩,抽盘比例大约是 0.26%,仅仅调查了 1 044 亩;② 对于 2015 年度底播的虾夷扇贝的抽点面积为 49 万亩,调查面积只是底播面积的 0.21%;③ 对于 2014 年度底播的虾夷扇贝的抽点面积为 21.14 万亩,占比为 0.38%。总抽盘比例之和不超过 0.9%。④ 从时间的角度来分析,由于存货数量大,该公司以往盘点的时间超出了 1 个月,但是大华仅仅使用了 11 天的时间就结束了抽测工作,且盘点日期不连续,最长一次间隔了一周,这样的工作态度并不负责。

综上所述,无论是抽盘的比例还是抽盘时间都存在一定问题,不够谨慎、合理,这无疑也会增加存货审计风险。

---

① 大华事务所《关于〈深圳证券交易所关于獐子岛集团股份有限公司的关注函〉有关财务事项的核查说明》。
② 《獐子岛集团股份有限公司关于底播虾夷扇贝 2016 年终盘点情况的公告》。
③ 《獐子岛集团股份有限公司关于底播虾夷扇贝 2015 年终盘点情况的公告》。
④ 《獐子岛集团股份有限公司关于底播虾夷扇贝 2014 年终盘点情况的公告》。

第三节 延伸思考

一、生产与存货循环审计——豫金刚石

(1) 如何区分财务报告内部控制与非财务报告内部控制？
(2) 如何建立内部控制缺陷认定的定性标准和定量标准？
(3) 内部控制的有效性如何影响审计风险？
(4) 如何加强上市公司内部控制？

二、生产与存货循环审计——獐子岛

(1) 獐子岛系列事件反映出企业财务舞弊存在哪些动因？
(2) 在獐子岛案例中，你认为大华会计师事务所对獐子岛公司的消耗性生物资产的审计合理吗？说说你的理由。
(3) 如果你是獐子岛公司的审计师，你将如何审计该公司的存货？
(4) 到底是哪些因素导致农业企业丑闻频发？为避免类似事件再次发生，应该采取哪些措施？

第四节 相关规定

《企业内部控制应用指引第 9 号——销售业务》

第十二条 企业应当加强对销售、发货、收款业务的会计系统控制，详细记录销售客户、销售合同、销售通知、发运凭证、商业票据、款项收回等情况，确保会计记录、销售记录与仓储记录核对一致。

企业应当指定专人通过函证等方式，定期与客户核对应收账款、应收票据、预收账款等往来款项。

企业应当加强应收款项坏账的管理。应收款项全部或部分无法收回的，应当查明原因，明确责任，并严格履行审批程序，按照国家统一的会计准则制度进行处理。

《企业内部控制应用指引第 8 号——资产管理》

第十一条 企业应当根据各种存货采购间隔期和当前库存，综合考虑企业生产经营计划、市场供求等因素，充分利用信息系统，合理确定存货采购日期和数量，确保存货处于最佳库存状态。

《中国注册会计师审计准则第 1152 号——向治理层和管理层通报的内部控制》

第一条　为了规范注册会计师向治理层和管理层恰当通报在财务报表中识别出的内部控制缺陷，制定本准则。

第三条　在识别和评估重大错报风险时，审计准则要求注册会计师了解与审计相关的内部控制。在进行风险评估时，注册会计师了解内部控制的目的是涉及适合具体情况的审计程序，而不是对内部控制的有效性发表意见。

第七条　注册会计师的目标是，向治理层和管理层恰当通报注册会计师在审计过程中识别出的，根据职业判断认为足够重要从而值得治理层和管理层各自关注的内部控制缺陷。

第十二条　值得关注的内部控制缺陷的书面沟通文件应当包括以下内容：

（一）对缺陷的描述以及对其潜在影响的解释；

（二）使治理层和管理层能够了解沟通背景的充分的信息。

在向治理层和管理层提供信息时，注册会计师应当特别说明下列事项：注册会计师应当特别说明下列事项：

（一）注册会计师执行审计工作的目的是对财务报表发表审计意见；

（二）审计工作包括考虑与财务报表编制相关的内部控制，其目的是设计适合具体情况的审计程序，并非对内部控制的有效性发表意见（如果结合财务报表审计对内部控制的有效性发表意见，应当删除"并非对内部控制的有效性发表意见"的措辞）；

（三）报告的事项仅限于注册会计师在审计过程中识别出的、认为足够重要从而值得向治理层报告的缺陷。

第五章 筹资与投资循环审计

第一节 相关概念

一、筹资与投资循环基本概念

筹资与投资循环由筹资活动和投资活动的交易事项构成。筹资活动是指企业为满足生存和发展的需要,通过改变企业资本及债务规模和构成而筹集资金的活动。筹资活动主要由借款和股东投资组成。投资活动是指企业为享有被投资单位分配的利润或为谋求其他利益,将资产让渡给其他单位而获得另一项资产的活动。投资活动主要由权益性投资和债权性投资组成。筹资与投资循环具有如下特征:

(1) 年度内筹资与投资循环的交易数量较少,而每笔交易的金额通常较大。

(2) 漏记或不恰当地对一笔业务进行会计处理,将会导致重大错报,从而对企业财务报表的公允反映产生较大的影响。

(3) 筹资与投资循环交易必须遵守国家法律、法规和相关合同的规定。[①]

二、筹资与投资循环涉及的凭证和会计记录

(一) 筹资活动的凭证和会计记录

(1) 债券或股票。债券或股票是企业在融资过程中给予投资者或债权人的权利凭证。

(2) 债券合同。债券合同是一张明确债券持有人与发行企业双方所拥有的权利与义务的法律性文件。其内容主要包括:债券发行的标准;债券的性质;利息或利息率;受托管理认证书;登记和背书;抵押债券所担保的财产;债券发生拖欠情况的处理办法对偿债基金、利息支付、本金偿还等的处理。

(3) 股东名册。对于记名股票和无记名股票,股东名册记载的内容是不同的。发

---

① 秦荣生,卢春泉. 审计学 [M]. 北京:中国人民大学出版社,2017:249.

行记名股票应记载的内容一般包括：股东姓名或名称及住所；各股东所持股份数；各股东所持股票的编号；各股东取得其股份的日期。发行无记名股票，公司应记载其股票数量、编号及发行日期。

（4）公司债券存根簿。发行记名债券的公司应记载的内容一般包括：债券持有人的姓名或名称及住所；债券持有人取得债券的日期及债券的编号；债券总额、债券的票面金额、债券的利率、债券还本付息的期限和方式；债券的发行日期。发行无记名债券，公司应记载债券总额、利率、偿还期限和方式、发行日期和债券编号。

（5）承销或包销协议。公司向社会公开发行股票或债券时，应由依法设立的证券公司承销或包销，公司应与证券公司签订承销或包销协议。

（6）借款合同或协议。公司在向银行或其他非银行金融机构借入款项时，与其签订的合同或协议。

（7）有关记账凭证、会计明细账和总账。

（二）投资活动的凭证和会计记录

（1）股票或债券。股票是公司签发的证明股东所持股份的凭证；债券是公司依据法定程序发行约定在一定期间内还本付息的有价证券。企业所持有的股票或债券一般可证明企业投资的真实性，但应注意其伪造的可能性。

（2）股票或债券登记簿。股票或债券登记簿是接受投资单位所记载的有关投资者或债权人的各项情况。通过查阅股票或债券登记簿或向接受投资者函证，可证明企业投资的真实性。

（3）经纪人通知单。当投资是通过经纪人代理进行时，对经纪人通知单的审查可证实企业投资业务的合理性、投资账务处理的正确性。

（4）债券合同。债券合同是一张明确债券持有人与发行企业双方所拥有的权利与义务的法律性文件。

（5）被投资企业的章程及有关的投资协议。

（6）与投资有关的记账凭证、会计明细账和总账。①

三、筹资与投资循环所涉及的主要业务活动

（一）筹资所涉及的主要业务活动

（1）审批授权。企业通过借款筹集资金须经管理层的审批，其中债券的发行每次均要由董事会授权；企业发行股票必须依据国家有关法规或企业章程的规定，报经企业最高权力机构（如股东大会）及国家有关管理部门批准。

（2）签订合同或协议。向银行或其他金融机构融资须签订借款合同，发行债券须签订债券合同和债券承销或包销合同。

---

① 秦荣生，卢春泉．审计学［M］．北京：中国人民大学出版社，2017：249-250.

(3) 取得资金。企业实际取得银行或金融机构划入的款项或债券、股票的融入资金。

(4) 计算利息或股利。企业应按有关合同或协议的规定，及时计算利息或股利。

(5) 偿还本息或发放股利。银行借款或发行债券应按有关合同或协议的规定偿还本息，融入的股本根据股东大会的决定发放股利。

(二) 投资所涉及的主要业务活动

(1) 审批授权。投资业务一般应由企业董事会进行审批，重大的投资业务须经股东会或股东大会批准。

(2) 取得证券或其他投资。企业可以通过购买股票或债券进行投资，也可以通过与其他单位联合形成投资。

(3) 取得投资收益。企业可以取得股权投资的股利收入、债券投资的利息收入和其他投资收益。

(4) 转让证券或收回其他投资。企业可以通过转让证券实现投资的收回，其他投资一经投出，除联营合同期满或由于其他特殊原因联营企业解散外，一般不得抽回投资。[①]

四、筹资与投资循环审计的内部控制及测试

(一) 筹资活动的内部控制

筹资活动由借款交易和股东投资组成。企业的借款交易涉及短期借款、长期借款和应付债券，这些内部控制基本类似，股东投资增减变动的业务较少而金额较大，注册会计师在审计中一般直接进行实质性测试。筹资活动的内部控制系统一般包括下列内容：

(1) 筹资的授权审批控制。适当授权及审批可明显提高筹资活动效率，降低筹资风险，防止由于缺乏授权、审批而出现舞弊现象。

(2) 筹资循环的职务分离控制。职责分工、明确责任是筹资循环内部控制的重要手段，筹资业务中的职务分离包括：①筹资计划编制人与审批人适当分离，以利于审批人独立地评价筹资计划的优劣。②经办人员不能接触会计记录。③会计记录人员与负责收付款的人员分离，有条件的应聘请独立的机构负责支付业务。④证券保管人员与会计记录人员分离。

(3) 筹资收入款项的控制。为了能使企业的内部控制系统有效执行，客观、公正地证实企业会计记录的可信性，防止以筹资业务为名进行不正当活动或者伪造会计记录掩盖不正当活动的事项发生，企业最好委托独立的代理机构筹资。

(4) 还本付息、支付股利等付出款项的控制。无论何种筹资形式都面临利息的支付或股利的发放等支付款项的问题。由于企业债券受息人社会化的特征，企业可开出单张支票，委托有关代理机构代发，从而减少支票签发次数，降低舞弊可能。另外，

---

① 秦荣生，卢春泉. 审计学 [M]. 北京：中国人民大学出版社，2017：250-251.

还应定期核对利息支付清单和开出支票总额。股利发放要以股东会或股东大会有关发放股利的决议文件为依据。

(5) 实物保管的控制。债券和股票都应设立相应的登记簿，详细登记已核准发行的债券和股票有关事项，如签发日期、到期日期、支付方式、支付利率、当时市场利率、金额等。

(6) 会计记录的控制。筹资业务的会计处理较为复杂，因此会计记录的控制尤为重要。企业应及时按正确的金额，采用合理的方法，在适当的账户和合理的会计期间对筹资业务予以正确记录，注册会计师应通过询问、观测、查阅有关资料等方法了解筹资循环内部控制的完善程度。

(二) 评估筹资活动的重大错报风险

注册会计师应当在了解被审计单位筹资活动的内部控制基础上考虑重大错报风险，并对被审计单位业务活动中可能出现的特别风险保持警惕。考虑到严格的监管环境和董事会对筹资活动的严格控制，除非注册会计师对被审计单位董事会、经理层的诚信产生疑虑，否则对筹资活动的重大错报一般应当评估为低水平。

尽管筹资活动的账户余额发生错报的可能性不大，但仍然可能存在借款和权益的权利和义务被忽视或发生错报的可能性。对此，注册会计师应当关注被审计单位的筹资活动是否按照企业会计准则和监管法规的披露要求，正确披露借款和权益的完整性、计价和分摊、列报等认定。

在实施实质性测试前，注册会计师应当评估权益、借款、利息股利交易和余额在报表层次和认定层次的重大错报风险。注册会计师应当通过询问、检查文件记录、观察控制程序等方法获取确切的信息以支持对重大错报风险的评估，识别特定账户余额的影响，并设计适当的审计程序以发现和纠正剩余重大错报风险。

(三) 筹资活动的控制测试

对筹资活动的内部控制进行控制测试是在了解筹资活动的内部控制要点后，对于控制较强的部分，测试其有效性，从而最终对筹资活动的内部控制作出评价。这种控制测试主要包括以下工作：

(1) 筹资活动是否经过授权批准，测试授权审批控制，可以直接向被审计单位管理层询问，并查看有关记录。例如，对于长期借款，审查被审计单位管理层是否制定举债政策及审批程序，是否审慎作出举债决策，是否制定合理的借还款计划，并按规定程序报经审批。

(2) 筹资活动的授权、执行、记录和实物保管等是否严格分离。对职务分离控制的控制测试可以采取跟踪业务的方法，调查各有关方面的情况；对收入资金和偿还款项控制的控制测试可以结合货币资金业务的内部控制测试进行；对实物保管控制的控制测试可以采取实地调查的方法。

(3) 筹资活动是否建立了严密的账簿体系和记录制度，并定期检查。此项测试应采取账务追索收集证据的方法。例如，对于长期借款取得、使用和偿还情况，会计记录是否能够及时、完整地反映，会计人员是否对明细账和总账进行了全面登记，并定期检查和核对其是否相符。

注册会计师在对筹资活动的内部控制实施控制测试的基础上对其进行分析、评价以确定控制的强弱点及其可依赖程度，据以确定实质性测试的性质、时间和范围，并针对控制的薄弱环节提出改进建议。

（四）投资活动的内部控制

投资活动的内部控制应该包括以下几个方面：

（1）投资计划的审批授权控制。投资必须编制投资计划，详细说明投资的对象投资目的、影响投资收益的风险。投资计划在执行前必须严格审核，审查的内容主要有：对证券市场的估计是否合理；投资收益的估算是否正确；投资的理由是否恰当；计划购入的证券能否达到投资目的等。所有投资计划及其审批应当用书面文件予以记录。

（2）投资业务的职责分工控制。合法的投资业务应在业务的授权、执行、会计记录以及资产的保管方面等有明确的分工，任何一项投资业务的全过程或过程中的某一重要环节不得由一人或一个机构独立负责。这种合理的职责分工所形成的相互牵制机制，有利于避免或减少投资业务中发生错误或舞弊的可能性，并且一旦发生，也能及时发现，从而将企业的损失控制到最低限度。

（3）投资资产的安全保护控制。企业对投资资产（股票和债券）一般有两种保管方式：一种方式是由独立的专门机构保管。例如，企业在拥有数额较大的投资资产的情况下，委托银行、证券公司、信托投资公司等进行保管。这些机构有专门的保存和防护措施，可以防止各种证券及单据的失窃或毁损，并且由于它们与投资业务的会计记录工作是完全分离的，可以大大降低舞弊的可能性。另一种方式是由企业自行保管，在这种方式下，必须建立严格的相互牵制制度，即至少要由两名以上人员共同控制不得一人单独接触证券。对于任何证券的存入和取出，要将证券名称、数量、价值及存取的日期、数量等详细记录于证券登记簿内，并由在场的经手人员签名。

（4）投资业务会计记录控制。对于股票或债券类投资，无论是企业拥有的还是由他人保管的，都要进行完整的会计记录，并对其增减变动及投资收益的实现情况进行相关会计核算。具体而言，应对每一种股票或债券分别设立明细分类账，并详细记录其名称、面值、证书编号、数量、取得日期、经纪人（或证券商）名称、购入成本收取的股息或利息等。对于联营投资类的其他投资也应设置明细账，核算其他投资的投出及其投资收益和投资收回等业务，并对投资的形式、投向、投资的计价以及投资收益等作出详细的记录。

（5）投资收益控制。不同投资形成的投资收益内容是不同的。短期投资因为主要是购买有价证券，所以对投资收益的监控就是及时掌握证券市场的行情变动，由投资管理部门或者财务部门进行该项控制；而对于长期投资，若以非证券购买方式进行投资，应对接受投资方行使所有权进行监督，若以证券购买方式进行投资，则应对证券市场行情和投资的使用情况进行控制。

(五) 评估投资活动的重大错报风险

在实施控制测试和实质性测试前，注册会计师应考虑重大错报风险对投资活动的影响，并对被审计单位可能发生的与投资活动相关的特定风险保持警惕。影响投资活动和相关账户余额存在的重大错报风险可能包括：

(1) 董事会、经理层错报投资业务及其收益的偏好。被审计单位董事会、经理层可能为了完成经营目标，满足业绩考核的要求，保证从外部获得资金，或影响公司股价，往往会在财务报表中错报投资业务及其收益，以达到调节当期利润的目的。

(2) 投资计量的复杂性。尽管多数被审计单位可能只拥有少量的投资业务，并且买入和卖出的业务不频繁，投资交易的非经常性可能导致作出会计处理时出现错误。如果会计人员没有意识到不同类型投资计量或计价的复杂性，被审计单位管理层通常不能轻易发现这些错报。

(3) 投资的公允价值难以确定。如金融资产的价格受全球供求的影响，由于其公允价值难以确定，会影响投资成本和投资收益的确定，并将影响注册会计师对与投资业务有关的风险进行评估。

(4) 投资业务凭证控制风险。被审计单位自己保管投资业务凭证，如果对有价证券的控制不充分，权益性有价证券的舞弊和盗窃风险可能很高，从而影响投资的存在性。

(5) 投资多元化的风险。在企业同一会计期间，可能投资多个领域或多种产品。使相关投资费用和投资收益在不同投资业务之间进行分配就变得十分烦琐，而且投资的多元化会增加投资失误的风险。

(6) 发生各种错误的可能性。如果每年发生的投资交易数量有限，会计人员可能不能确定投资业务与相关的购置或处置业务以及投资损益的关系，与投资业务相关的会计记录可能会发生错误。

(7) 衍生金融工具交易的复杂性。注册会计师不应低估衍生金融工具交易的复杂性，以及潜在的重大错报风险。

注册会计师应当通过询问、检查文件记录、观察控制程序等方法获取确切的信息以支持对投资活动重大错报风险的评估，识别特定账户余额的影响，并设计适当的审计程序以发现和纠正剩余重大错报风险。

(六) 投资活动的控制测试

对投资活动的内部控制进行控制测试的目的在于检查投资活动内部控制系统的设计和执行情况，以判明其对被审计单位错误和舞弊发生的有效抑制程度，进而据以确定实质性测试的重点、范围和数量，以达到确保审计质量和提高审计效率的目的。注册会计师对投资活动内部控制的控制测试内容包括：

(1) 投资项目是否经授权批准。对于投资计划的审批授权控制，主要通过查阅有关计划资料、文件或直接向管理层询问进行审查。例如，通过查阅企业董事会的会议纪要，证券投资的各类权益证明文书，联营投资中的投资协议、合同和章程等来了解投资循环授权批准制度的执行情况。

（2）投资项目的授权、执行、保管和记录是否有严格分工。对于职务分离控制的测试，注册会计师可以采取实地调查、跟踪业务的方法进行。

（3）有无健全的有价证券保管制度。注册会计师应审阅内部相关人员对有价证券进行定期盘点的报告，重点审阅盘点方法是否适当，盘点结果与会计记录进行核对的情况，以及出现差异的处理是否合规等。如果各期盘点报告的结果未发现账实之间存在差异（或差异不大），说明投资活动的内部控制比较健全有效。

（4）投资活动的核算方式是否符合有关财务制度的规定，相关投资收益的会计处理是否正确。注册会计师可从各类投资业务的明细账中抽取部分会计分录，按"原始凭证—明细账—总账"顺序核对有关数据和情况，判断其会计处理过程是否合规完整，并据以核实上述了解的有关内部控制是否得到有效的执行。

（5）对投资收益的监控是否适当。对此可以采取查阅分析报告或资料的方法进行测试。

注册会计师在完成上述工作后，取得了有关内部控制是否有效的证据，并在工作底稿中标明投资活动的内部控制的强弱点，对投资业务内部控制进行总体评价，确认内部控制的可依赖程度，进而确定实质性测试的程序和重点。①

第二节　案　例　分　析

一、筹资与投资循环审计——瑞幸咖啡

（一）被审计单位情况

1. 瑞幸咖啡基本情况

瑞幸咖啡（以下简称"瑞幸"）本质上是快消费零售的一种新型O2O，由神州优车前COO钱治亚于2017年6月在厦门注册成立。在当年10月，瑞幸第一家门店实现了试营业，经营范围主要包括咖啡服务和糕点、面包类预包装食品零售等。2017年末，其总部正式落户厦门，成立之后于2018年初陆续在北京、上海、天津等13个城市试运营，截至2018年末，净营业收入已达8.407亿元。

2018年5月8日，在完成525家门店的布局后，瑞幸宣布正式开业。创始人兼CEO钱治亚为瑞幸确立了"做每个人都喝得起、喝得到的好咖啡"并对标星巴克，提出"你喝的是咖啡还是咖啡馆？"的质问，把星巴克作为直接竞争对手和超越的对象。从成立时起，瑞幸咖啡就通过广告宣传、低价促销等手段走上了快速扩张的道路。随后仅用9个月时间，门店数量达到约2 000家，一举超越星巴克在中国经营17年所开

---

① 秦荣生，卢春泉．审计学［M］．北京：中国人民大学出版社，2017：251-255．

设的门店数量。

2019年5月，瑞幸在美国纳斯达克上市，当日总市值约为42亿美元。从成立到上市仅相隔18个月，成为全球最快实现IPO的公司，共融得资金6.95亿美元。同时，瑞幸管理层在上市后通过股票质押的方式从资本市场融资25亿美元，其中质押股数占据其流通股总数的24%。上市后的瑞幸在资本市场上股价不断走高，涨幅一度高达233.87%；2019年末全国已累计开设4 507家门店，成为我国门店数量最多的咖啡连锁品牌。① 公开上市时，瑞幸咖啡的主要股东持股情况如表5-1所示。

表5-1　　　　　　　　　瑞幸2019年主要股东持股情况

股东名称	持股股份（股）	持股比例（%）
陆正耀家族信托	969 703	30.53
钱治亚家族信托	625 000	19.68
Mayer Investments Funds	393 750	12.34
大钲资本	377 877	11.9
愉悦资本	214 471	6.75

资料来源：2019年瑞幸咖啡首次公开发行股票招股说明书。

在一路走高的情况下，瑞幸又于2020年1月进行增发融资，规模超11亿美元，按当日收盘价50美元计算，总市值高达约126亿美元。当月，瑞幸咖啡对外发布了审计后的2017~2018年报表和未经审计的2019年前三季度报表，完成增发并发行可转债。但在2020年2月，美国做空机构浑水调研公司发布了瑞幸咖啡做空报告：2019年第三、四季度门店销量虚增69%、88%；实际销售价格为上市价格的46%，而非声称的55%；为填补虚高的门店收入，夸大广告支出逾150%；夸大其他产品收入近400%等，从而认为2019年度瑞幸咖啡财务报告通过虚增收入及支出等进行财务欺诈。

2020年4月2日，瑞幸咖啡宣布2019年第二季度至第四季度期间虚增了22亿元人民币的交易额，相关的成本和费用也相应虚增，股价随即崩盘，当日股价跌幅为75.57%，随后几日瑞幸股价连续大跌，在美股开盘后触发6次熔断。截至4月7日停牌，最高跌幅超过80%。瑞幸股价仅为4.39美元，总市值仅存约11.05亿美元。②

2020年10月12日，市场监管总局对瑞幸咖啡（中国）和瑞幸咖啡（北京）罚款200万元人民币。③

2020年12月17日，瑞幸咖啡与美国证券交易委员会就财务欺诈指控案和解，同意支付1.8亿美元（约合11.75亿元人民币）。

2. 主要会计问题

（1）夸大单价、销量虚增收入。对投资者而言，上市公司销售收入与利润是最为

---

① 李唯滨, 张一凡. 瑞幸咖啡做空事件分析 [J]. 财务管理研究, 2020 (5): 1-10.
② 周尚熠. 基于瑞幸咖啡造假案例分析 [J]. 现代营销（下旬刊）, 2021 (1): 18-19.
③ 央视网. 累计制作虚假咖啡卡券订单1.23亿单, 瑞幸咖啡被罚千万 [EB/OL]. [2020-10-30]. https://jingji.cctv.com/.

关心的财务指标。在瑞幸事件中，出现了虚增 22 亿元收入的巨额造假。根据浑水报告的证据显示：瑞幸单个门店的每日销售商品数量在 2019 年第三季度和第四季度分别至少被夸大了 69% 和 88%。单笔订单商品数已从 2019 年第二季度的 1.38 降至第四季度的 1.14。夸大了其每件商品的净售价至少 1.23 元人民币，门店亏损高达 24.7% ~ 28%。排除免费产品，实际净售价与咖啡上市价的比重比管理层声称的 55% 低了 9 个百分点。在 2019 年第三季度来自"其他产品"（即非新鲜冲泡的饮料，如便餐、果汁、坚果、杯子等）的收入贡献从去年同期的 6% 上升至 22%，但在报告最终期内实际仅有 2%。这说明瑞幸咖啡以实时订单跳号、虚构商品订单量来达到虚增收入的目的。①

（2）利用关联方交易虚构收入。首先，浑水公司在做空报告中提到神州租车的分支机构氢动益维与瑞幸存在虚假的销售业务往来。瑞幸与关联方氢动益维虚构业务，将自有资金转到氢动益维，之后虚构销售业务，将原来从瑞幸流出的资金以销售收入的方式再流入瑞幸，在报表上体现为收入增加。其次，瑞幸董事长陆正耀曾在 2019 年 3 月通过收购宝沃汽车将旗下上市公司神州优车 1.37 亿元的资产输送给其同学王百因，并且瑞幸通过发行可转债筹资 8.65 亿元，用来发展"无人零售的模式"，这种模式需要购买的咖啡机来自王百因公司。据此可以推测，瑞幸在这一过程中将转移给王百因的 1.37 亿元再转回瑞幸，也可推测瑞幸通过在关联方公司购买咖啡机的方式套取现金。此外，王百因还于 2019 年 12 月 3 日短暂地担任中成世纪供应链管理有限公司的法定代表人，该公司主营业务也是食物原材料供应，而注册地址恰好位于瑞幸厦门总部同栋同单元，而瑞幸的财报中并未详细披露和解释与这些关联方的关系和可能存在的利益输送问题。

（3）成本与费用造假。在上市公司成本与费用造假问题上，存在着通过虚增生产成本、原材料成本、管理费用等来虚增成本与费用从而达到虚减利润目的的情况，也存在着通过少计生产成本、原材料成本、管理费用、延迟确认费用、费用资本化来虚减费用达到虚增利润的情况，瑞幸咖啡显然是前者。根据浑水报告的证据：瑞幸夸大了其在 2019 年第三季度的广告费的 150% 以上，特别是在分众传媒上的支出，有可能通过费用回收虚增利润。

（4）内部控制重大缺陷。根据瑞幸公告信息："公司首席运营官兼董事刘剑先生以及向他汇报工作的几名员工从事了不当行为，包括捏造某些交易"。显然，通过 COO 和手下员工不可能造就高达 22 亿元的销售收入。据浑水报告指出危险信号：瑞幸管理层通过股票质押大幅套现，令投资者面临追缴保证金导致股价暴跌的风险。而且，瑞幸最近通过增发和发行可转换债券筹集了 8.65 亿美元用来发展其"无人零售"战略，这更可能是管理层从公司吸走大量现金的便捷方式。从事件披露和种种危险信号来看，此次财务造假肯定是内部控制出现了重大缺陷。②

---

①② 林勇峰，陈世文，白智奇. 瑞幸事件的理论分析与监管思考 [J]. 金融会计, 2020 (5): 67 - 74.

(二) 审计单位情况

1. 安永华明会计师事务所基本情况

安永会计师事务所（Ernst & Young），是一家总部位于英国伦敦的跨国性全球领先的专业服务公司，为四大会计师事务所之一，提供审计、税务及财务交易咨询等服务，至今已有一百多年的历史。

安永会计师事务所的大中华地区客户包括：采掘与冶炼行业——中国铝业、宝山钢铁、武汉钢铁、马鞍山钢铁、西部矿业；金融服务业——中国银行、北京银行、宁波银行、中国人寿、太平洋保险、中信证券、深圳发展银行；医疗健康行业——三九医药、复星医药；制造业——中国铁建、潍柴动力、上海电力；消费品行业——张裕、美特斯邦威；高科技行业——华硕、百度、联华电子、中兴通讯、用友软件；旅游及物流行业——中国东方航空、大连港等。

1992 年，在北京成立安永华明会计师事务所；并在 2001 年，安永与上海大华会计师事务所合并，成为安永大华会计师事务所。这两大事务所成为安永在中国的两个子公司，而对瑞幸进行审计的正是安永华明会计师事务所。①

近几年安永华明会计师事务所前后共经历了 1 次被警告及处罚的情况，具体情况如表 5-2 所示。

表 5-2　　　　　　　安永华明会计师事务所近几年审计失败情况

被审计单位	被罚年份	业务类型	被罚的主要问题
句容宁武新材料股份有限公司	2020	年报审计	部分银行账户未函证；存在审计程序不到位的情形

资料来源：江苏监管局出具警示函监管措施的决定〔2020〕21 号。

2020 年春节前安永华明会计师事务所（以下简称"安永"）开始对瑞幸 2019 年度财务报表进行现场审计，并注意到瑞幸从 2019 年第二季度起增加了大量的 B 端大客户。瑞幸业务模式的突然改变，由 2C 变成 2B 不合乎逻辑，引起了安永审计团队的充分关注和高度怀疑。安永指派一个由十几人组成的反舞弊法务会计团队介入，让瑞幸通过 B 端大客户购买巨额咖啡代金券的造假行为无所遁形。在掌握了新增 B 端大客户与瑞幸咖啡存在关联关系等关键证据后，安永立即向瑞幸的审计委员会进行了汇报。根据审计准则的相关规定，如果董事会被安永告知瑞幸存在重大财务舞弊行为却不立即启动舞弊调查程序并向美国证监会（SEC）报告，安永将依照相关规定将发现的财务舞弊直接向 SEC 报告，相信安永的这一举动将瑞幸逼到了墙角，其董事会和管理层只好在 2020 年 2 月 2 日自曝家丑。

2. 主要的审计表现

（1）及时发现瑞幸的财务舞弊。

在对瑞幸 2019 年度的审计中，安永守住了职业道德底线，体现了高超的专业水

---

① 根据安永会计师事务所官网（http：//www.ey.com.cn）整理。

平,迫使瑞幸自曝舞弊丑闻,应予肯定。特别是瑞幸 2019 年发生的财务舞弊,到了 2020 年初就被安永发现,实属难能可贵。另外,可以确定的是,安永无须对瑞幸 2019 年度财务报表的审计承担任何责任,因为安永在审计过程中及时发现了瑞幸的财务舞弊行为,且至今尚未出具审计报告,故其无须对瑞幸 2019 年披露的财务信息负任何法律责任。

(2)是否需要承担其他责任还不明确。

但安永在瑞幸财务舞弊案中能否全身而退,根据目前公开披露的资料还难以评估,存在较大不确定性的是瑞幸用于 IPO 申请的自 2017 年 6 月瑞幸咖啡成立至 2018 年 12 月 31 日期间的财务报表是否存在由于财务舞弊而导致的重大错报。如果瑞幸在此期间存在财务舞弊行为且导致其财务报表存在重大错报,而安永却没有发现从而出具了无保留意见的审计报告,则安永就应当承担相应的审计责任。这里所说的合理保证虽然不是绝对保证,但却是一种高水平保证,即注册会计师必须获取充分适当的证据证明上市公司不存在因舞弊或错误导致其财务报表存在重大错报,才能发表标准无保留审计意见,否则就应承担审计责任。但必须说明的是,这种审计责任本质上是一种过失责任,除非有证据证明注册会计师蓄意迁就上市公司的重大错报。但目前没有任何证据表明安永对瑞幸的审计存在这种情况。

而且根据媒体通过公开渠道或瑞幸内部消息的报道,迄今尚无明确的证据表明瑞幸在 IPO 申报会计期间存在财务舞弊行为,瑞幸的公告仅承认 2019 年发生了财务舞弊行为,并没有说明 IPO 申报会计期间是否存在财务舞弊行为。

二、筹资与投资循环审计——银基烯碳

(一)被审计单位情况

1. 银基烯碳基本情况

银基烯碳新材料集团股份有限公司(以下简称"银基烯碳"),成立于 1989 年 12 月,前身为沈阳物资开发股份有限公司,公司股票于 1993 年 5 月 18 日在深交所挂牌上市(股票简称:辽物质),注册资金 660 万元,是辽宁省第一家上市公司,也是东北地区第一家深交所上市公司。

2000 年,公司战略转型房地产,成为东北当地最大的房地产开发商之一。2013 年公司开始进军石墨烯暨先进碳产业,打造石墨烯产业化的枢纽型服务平台。2016 年战略性进军新能源汽车行业,推动新能源汽车对传统燃油汽车的全面替代,实施以动力电池为核心,以电机电控为补充,布局新能源汽车全产业链的发展方针。

在 26 年的发展过程中,公司证券名称从辽物质到银基发展再到烯碳新材,公司也先后实现三次重大战略转型,在更名银基发展时期的 2007 年,营业收入达到历史最高的 9.74 亿元,净利润较 2006 年大幅增长了 77.5%。2013 年,国家调控房地产背景下,

进军石墨烯碳产业，2014 年实现主营业务收入 165 027.18 万元，比上年同期增长 165.25%。[①]

几年来，公司控股股东的股权结构发生多次变更，如今银基烯碳的股东持股情况如表 5-3 所示。

表 5-3　　　　　　　　　　银基烯碳十大股东持股情况

股东名称	持股数（万股）	持股比例（%）
沈阳银基集团有限责任公司	9 845.41	8.53
周仁瑀	2 240.40	1.94
吴太钿	1 049.23	0.87
庆云泽浩物资有限公司	874.60	0.76
肖立海	865.89	0.75
李文熙	628.88	0.55
苗国东	629.02	0.55
王珍	531.79	0.44
张丽芳	506.53	0.43
王明旦	500.00	0.42

资料来源：新浪财经网。

2016 年 4 月 12 日，因为频繁更换会计师事务所，且财务总监郑指挥离职，公司收到深交所公司管理部《关注函》。

2016 年 5 月 4 日，因为公司 2015 年度财务会计报告被事务所出具无法表示意见的审计报告，公司股票交易被深交所实施退市风险警示。

2017 年 4 月，公司又改聘中兴华会计师事务所进行年度审计，结果一直拖到 2017 年 6 月 24 日，公司才披露 2016 年年报。但因 2014~2016 年连续三年年度经审计的净利润均为负值，深圳证券交易所决定公司股票自 2017 年 7 月 6 日起暂停上市。

2018 年 7 月 18 日，因银基烯碳 2017 年度会计报表又被中兴华会计师事务所发表了无法表示意见，被终止上市。

2. 主要会计问题

（1）内控审计接连发表否定意见。

2010 年财政部等六部委出台内部控制配套指引，要求自 2012 年 1 月 1 日起在上交所、深交所主板上市公司披露公司内部控制自我评价报告及内部控制审计报告。银基烯碳在五年里，除 2013 年瑞华会计师事务所出具了无保留意见的内部控制审计报告之外，其余 4 年，三家不同的会计师事务所均出具了否定意见内部控制审计报告。

[①] 刘静，刘为，杨玉. 以"审计之剑"，捍卫市场秩序：以银基烯碳公司审计案为例 [J]. 商业会计，2019 (13)：61-64.

2014年披露的内控审计报告指出,公司在确认房地产收入时,未能按照公司确定的方法及时准确地确认收入和结转成本;但到2015年内部控制审计报告发现公司三项重大缺陷中有一项仍是未按确定的方法及时确认房地产收入与结转相应成本,不难看出银基烯碳在2014年对内部控制的整改方案没有落实到位。

2016年度,公司被发现在关联交易管理中对主动识别、获取及确认关联方信息的控制制度未得到有效执行;而到2017年度的内部控制审计报告中,又一次指出公司在有关借款协议中,形成了关联方对银基烯碳非经营性资金占用,公司在关联方交易管理中对主动识别、及时获取及确认关联方信息的控制制度还是未得到有效执行。可见,几年来银基烯碳对审计机构指出的问题只是敷衍了事,屡审屡犯,屡教不改,有解决措施并未落实。2014年度至2017年度,多家会计师事务所都认定银基烯碳公司缺乏有效的内部控制,连续给出否定意见的内部控制审计报告。

(2) 未按规定披露重大对外投资、借款事项。

2017年1月26日,公司发布业绩预告披露2016年度归属于上市公司股东的净利润为盈利4.5亿元至5.2亿元。到2017年6月24日,公司披露2016年年报归属于上市公司股东的净利润却为 -4.74亿元。上述事实表明,银基烯碳的业绩预告中披露的公司业绩与其定期报告中披露的公司业绩确实存在重大差异,且公司未能披露修正公告。

银基烯碳与香港恒荣有限公司及天津银瑞万通资产管理有限公司曾在2015年11月10日,共同协议,三方签订合同,一起设立西华碳汇融资租赁(天津)有限公司,约定银基烯碳认缴出资1.8亿元人民币,占银基烯碳2014年经审计净资产的12.9%;2016年4月26日,银基烯碳控股子公司北京银新投资有限公司与盘锦中跃光电科技有限公司签订《借款协议》,约定将3.85亿元款项(占公司2015年调整前经审计净资产的26.8%)借给中跃光电,借款期限不超过30天,借款利息400万元,盘锦中跃投资有限公司对上述借款承担连带责任保证。而公司并未按规定披露这些重大对外投资事项及控股子公司重大对外借款事项,因此受到中国证监会的行政处罚,责令改正,给予警告,并处罚款。①

(3) 丽港稀土股权转让未完成工商变更登记。

银基烯碳于2012年签署了向连云港市丽港稀土实业有限公司(以下简称"丽港稀土")增资的《增资合同》,双方约定:本公司向目标公司增资20 000万元,持有丽港稀土40%的股权,并且约定,本次增资资金主要用于目标公司投资的稀土固体废渣回收再利用生产线技术改造项目及增加公司的流动资金。2015年4月16日,银基烯碳以丽港稀土增资项目至今没有实施、构成《增资合同》的根本违约为由,决定单方解除《增资合同》,并将所有因订立、履行和解除《增资合同》产生的权利义务,作为统一的资产一并转让给辽宁融川融资租赁有限公司,转让价格为20 618.45万元。2015年5月,丽港稀土向江苏高院提起诉讼,江苏高院对银基烯碳持有的丽港稀土的40%股权实施了诉讼保全。由于丽港稀土的股权已被江苏高院冻结,截至2017年7月,"丽港

---

① 中国证监会行政处罚决定书〔2017〕105号,详见证监会网站。

稀土"股权转让仍未完成工商登记变更。2015 年，中证天通会计师事务所以无法获取充分的审计证据、无法确认资产转让事项的真实性为由出具了无法表示意见的审计报告；2016 年中兴华会计师事务所收集了相关的审计证据后，以无法判断股权未过户对银基烯碳财务报表产生的影响为由出具了保留意见的审计报告；2017 年中兴华会计师事务所还是把该问题作为原因之一出具无法表示意见的审计报告。①

（4）融资费用挂账，不确认部分员工工资及绩效等费用。

2015 年，银基烯碳通过其子公司沈阳银基置业有限公司（以下简称"银基置业"）代付融资费用，涉及多笔业务，其中主要四家债权人 6.9 亿元的融资费用 1 728.56 万元未正确计入当期损益（如表 5-4 所示），而是挂账"其他应收款""其他应付款"账户，隐藏融资费用，虚增资产，少记负债，虚增利润。

表 5-4　　　　　未计入当期损益的融资费用明细表　　　　单位：万元

债权人	贷款金额	融资费用
本溪市溪湖区百信贸易商行公司	16 000	60.00
华融渝富股权投资基金管理有限公司	35 000	1 446.06
沈阳市和平区融信小额贷款有限责任公司	800	50.00
成都市明迪飞商贸有限公司	1 000	172.50
合计	69 000	1 728.56

资料来源：根据中国证监会行政处罚决定书〔2017〕105 号整理得到。

银基烯碳及其子公司银基置业将 15 名员工的工资及绩效，合计金额 239.1781 万元以借款方式记入"其他应收款"科目，未计入管理费用。银基烯碳的多项会计处理错误导致银基烯碳 2015 年度合并财务报表虚增资产 1 795.24 万元，少计负债 172.5 万元；合并利润表少计期间费用 1 967.74 万元，虚增净利润 1 967.74 万元，占银基烯碳 2016 年披露的 2015 年净利润的 868%。②

（二）审计单位情况

1. 中兴华会计师事务所基本情况

中兴华会计师事务所成立于 1993 年，2009 年吸收合并江苏富华，2013 年公司进行合伙制转制，事务所更名为"中兴华会计师事务所（特殊普通合伙）"。其总部位于北京，在江苏、广东、山东、河北等地设有 27 家分所。③

近几年中兴华会计师事务所前后共经历了 2 次被警告及处罚的情况，具体情况如表 5-5 所示。

---

①② 中国证监会行政处罚决定书〔2017〕105 号，详见证监会网站。
③ 根据中华兴会计师事务所官网（http://www.zxhcpa.com.cn）整理。

表 5-5　　　　　　　　　中兴华会计师事务所审计失败情况汇总

被审计单位	被罚年份	业务类型	被罚的主要问题
珠海市博元投资股份有限公司	2017	年报审计	未执行了解内部控制的审计程序；未按审计计划的要求执行进一步审计程序；未对异常的银行账户实施有效的进一步审计程序；未对函证保持控制
内蒙古嘉宝仕生物科技股份有限公司	2018	年报审计	执业不审慎；函证程序不到位；存货监盘程序不到位

资料来源：根据中国证监会行政处罚决定书整理得到。

中兴华会计师事务所连续两年被银基烯碳公司聘为年度审计机构，审计费用分别为 100 万元、150 万元，2018 年对银基烯碳公司内部控制审计出具否定意见，对财务会计报表出具无法表示审计意见。

2. 主要的审计表现

（1）坚持原则出具非标准意见的审计报告。

2016 年度，银基烯碳公司改聘中兴华事务所作为年度审计机构，中兴华事务所在年度审计报告中指出公司存在涉嫌信息披露违法违规等问题；2017 年度，中兴华事务所又以充分适当的审计证据向公司出具了无法表示意见的年度审计报告。作为审计机构的事务所能顶住巨大压力，在明知出具非标准意见的审计报告会导致公司被强制退市的前提下，仍坚持审计准则，坚守注册会计师的职业道德和操守，出色地完成审计工作，捍卫了资本市场秩序，维护了投资者的利益，履行好上市公司财务审计的"看门人"职责。

（2）根据财报审计结果发表配套审计意见。

中兴华所审计人员在对公司财报进行审计后发现了大量问题，并以此作为依据发表了配套审计意见。依此可知，财报审计的顺利完成与严格审查是整个审计活动中的重中之重，需要每一个接受委托的审计人耐心对待，虽然数字枯燥乏味，但是每个数字背后所隐藏的信息连成线，就是审计人努力所寻的审计证据，依靠确凿的审计证据，才能为审计报告的出具提供恰当合理的支撑。公司以下问题也彰显了审计工作的成果：

①以错计融资费用、部分应付职工薪酬方式实现利润虚增。

2015 年，银基烯碳公司为营造盈利假象，对财务报表中财务信息做手脚。审计人员在确定其子公司银基置业多笔业务交易时发现，母公司利用子公司代付融资费用，近 7 亿元交易金额中有 1 700 余万元错误计入其他应收款、其他应付款账户，而未计入当期损益。通过此项操作，公司在财务报表中隐瞒投资费用，实现虚增利润、少计负债的目的。此外，公司在确定 15 名员工应付薪酬时，将应计入应付职工薪酬的 239 万元当成借款记入其他应收款账户，导致 2015 年合并利润表时虚增利润近 2 000 余万元。[①]

②企业利润减少千万余元，违规披露借款及重大投资事项。

2017 年度，据银基烯碳公司发布公告称：公司在 2015 年度财务报表中存在重大会

---

① 中国证监会行政处罚决定书〔2017〕105 号，详见证监会网站。

计差错,因此对其进行差错更正。因此导致银基烯碳公司 2015 年度未分配利润减少 8 600 余万元,错差率达到 -165%;造成母公司净利润减少 2 400 余万元,错差率达到 -138%。此外,公司在 2017 年度存在未修改披露公告。按规定公司披露 2016 年度财务报告之前,公司发布公告预计 2016 年度利润达到 4 亿元至 5.2 亿元,可根据 2016 年公司实际披露年报归属于上市公司的净利润却是 -4.7 亿元。因此,银基烯碳公司预计利润与实际利润之间存在很大差异,公司却未发布相关公告修改信息。①

2016 年 4 月,银基烯碳控股子公司涉嫌隐瞒对外借款,将近 4 亿元资金借给中跃光电有限公司,未如实如期对外披露此项借款事项;2015 年 11 月,银基烯碳公司伙同香港恒荣、天津银瑞万通公司共同成立西华租赁公司,并认缴新公司股份价值 1.8 亿元,同样未按规定披露此笔运作资金。中国证监会对此作出行政处罚的决定,并令银基烯碳公司限期改正。

第三节 延伸思考

一、筹资与投资循环审计——瑞幸咖啡

(1) 瑞幸咖啡在创立之初就曾表明其商业模式和传统的咖啡品牌不同,主打互联网运营进行产品的销售推广,结合案例分析注册会计师在对互联网公司进行审计时,应当采取哪些措施来提高重大错报风险识别的精确性?

(2) 请结合本案例中瑞幸咖啡的财务舞弊行为进行分析,如何对审计瑞幸咖啡过程中存在的审计风险进行识别?

(3) 近年来上市公司财务造假事件频频"暴雷",请结合本案例谈谈上市公司造假的危害。

(4) 瑞幸咖啡造假事件让业界越来越认识到审计机构的工作模式存在改善空间,那么对于审计机构来说,可以从哪些方面进一步提高审计质量呢?

二、筹资与投资循环审计——银基烯碳

(1) 隐瞒费用、虚增利润是常见的财务造假手段。银基烯碳通过子公司支付融资费用,挂账"其他应收款",隐瞒期间费用,从资金流来看具有一定的隐蔽性。试论述如何设计相关审计程序发现此类错报?

(2) 银基烯碳频频查出内控重大缺陷,内控审计接连发表否定意见,请结合本案例简述内部控制审计的有效性。

(3) 根据案例试分析银基烯碳财务舞弊的动因有哪些?

---

① 中国证监会行政处罚决定书〔2017〕105 号,详见证监会网站。

（4）谈谈银基烯碳公司退市审计案例对于审计双方、执业环境、监管体制等方面都有哪些启示？

第四节 相 关 规 定

一、筹资与投资循环审计——瑞幸咖啡

《企业会计准则第 14 号——收入》

第四条 企业应当在履行了合同中的履约义务，即在客户取得相关商品控制权时确认收入。

取得相关商品控制权，是指能够主导该商品的使用并从中获得几乎全部的经济利益。

第五条 当企业与客户之间的合同同时满足下列条件时，企业应当在客户取得相关商品控制权时确认收入：

（一）合同各方已批准该合同并承诺将履行各自义务；

（二）该合同明确了合同各方与所转让商品或提供劳务（以下简称"转让商品"）相关的权利和义务；

（三）该合同有明确的与所转让商品相关的支付条款；

（四）该合同具有商业实质，即履行该合同将改变企业未来现金流量的风险、时间分布或金额；

（五）企业因向客户转让商品而有权取得的对价很可能收回。

《中国注册会计师审计准则问题解答第 4 号——收入确认》

注册会计师在识别和评估与收入确认相关的重大错报风险时，应当基于收入确认存在舞弊风险的假定，评价哪些类型的收入、收入交易或认定导致舞弊风险。

假定收入确认存在舞弊风险，并不意味着注册会计师应当将与收入确认相关的所有认定都假定为存在舞弊风险。

被审计单位不同，管理层实施舞弊的动机或压力不同，其舞弊风险所涉及的具体认定也不同，注册会计师需要作出具体分析。

如果注册会计师认为收入确认存在舞弊风险的假定不适用于业务的具体情况，从而未将收入确认作为由于舞弊导致的重大错报风险领域，注册会计师应当在审计工作底稿中记录得出该结论的理由。

《中国注册会计师审计准则第 1141 号——财务报表审计中与舞弊相关的责任》

第十二条 注册会计师的目标是：

（一）识别和评估由于舞弊导致的财务报表重大错报风险；

（二）通过设计和实施恰当的应对措施，针对评估的由于舞弊导致的重大错报风险，获取充分、适当的审计证据；

（三）恰当应对审计过程中识别出的舞弊或舞弊嫌疑。

《中国注册会计师审计准则第 1231 号——针对评估的重大错报风险采取的应对措施》

第十八条　无论评估的重大错报风险结果如何，注册会计师都应当针对所有重大类别的交易、账户余额和披露，设计和实施实质性程序。

《中国注册会计师审计准则第 1131 号——审计工作底稿》

第八条　注册会计师的目标是，编制审计工作底稿以便：

（一）提供充分、适当的记录，作为出具审计报告的基础；

（二）提供证据，证明注册会计师已按照审计准则和相关法律法规的规定计划和执行了审计工作。

第十条　注册会计师编制的审计工作底稿，应当使得未曾接触该项审计工作的有经验的专业人士清楚了解：

（一）按照审计准则和相关法律法规的规定实施的审计程序的性质、时间安排和范围；

（二）实施审计程序的结果和获取的审计证据；

（三）审计中遇到的重大事项和得出的结论，以及在得出结论时作出的重大职业判断。

第十一条　在记录已实施审计程序的性质、时间安排和范围时，注册会计师应当记录：

（一）测试的具体项目或事项的识别特征；

（二）审计工作的执行人员及完成审计工作的日期；

（三）审计工作的复核人员及复核的日期和范围。

第十五条　在某些例外情况下，如果在审计报告日后实施了新的或追加的审计程序，或者得出新的结论，注册会计师应当记录：

（一）遇到的例外情况；

（二）实施的新的或追加的审计程序，获取的审计证据，得出的结论，以及对审计报告的影响；

（三）对审计工作底稿作出相应变动的时间和人员，以及复核的时间和人员。

《中国注册会计师审计准则第 1313 号——分析程序》

第五条　在设计和实施实质性分析程序时，无论单独使用或与细节测试结合使用，注册会计师都应当：

（一）考虑针对所涉及认定评估的重大错报风险和实施的细节测试（如有），确定特定实质性分析程序对这些认定的适用性；

（二）考虑可获得信息的来源、可比性、性质和相关性以及与信息编制相关的控制，评价在对已记录的金额或比率作出预期时使用数据的可靠性；

（三）对已记录的金额或比率作出预期，并评价预期值是否足够精确以识别重大错报（包括单项重大的错报和单项虽不重大但连同其他错报可能导致财务报表产生重大错报的错报）；

（四）确定已记录金额与预期值之间可接受的，且无需按本准则第七条的要求作进一步调查的差异额。

第七条　如果按照本准则的规定实施分析程序，识别出与其他相关信息不一致的波动或关系，或与预期值差异重大的波动或关系，注册会计师应当采取下列措施调查这些差异：

（一）询问管理层，并针对管理层的答复获取适当的审计证据；

（二）根据具体情况在必要时实施其他审计程序。

《中国注册会计师审计准则第1631号——财务报表审计中对环境事项的考虑》

第八条　注册会计师在实施风险评估程序时，应当从下列方面考虑对被审计单位所处行业及其业务产生重大影响的环境保护要求和问题：

（一）所处行业存在的重大环境风险，包括已有的和潜在的风险；

（二）所处行业通常面临的环境保护问题；

（三）适用于被审计单位的环境法律法规；

（四）被审计单位的产品或生产过程中使用的原材料、技术、工艺及设备等是否属于法律法规强制要求淘汰或行业自愿淘汰之列；

（五）监管机构采取的行动或发布的报告是否对被审计单位及其财务报表可能产生重大影响；

（六）被审计单位为预防、减轻或弥补对环境造成的破坏，或为保护可再生资源和不可再生资源拟采取的措施；

（七）被审计单位因环境事项遭受处罚和诉讼的记录及其原因；

（八）是否存在与遵守环境法律法规相关的未决诉讼；

（九）所投保险是否涵盖环境风险。

第九条　对具体审计业务而言，注册会计师拥有的环境事项知识程度通常不如管理层或环境专家。但注册会计师应当具备足够的环境事项知识，以识别和了解与环境事项相关的，可能对财务报表及其审计产生重大影响的交易、事项和惯例。

《中国注册会计师审计准则第1312号——函证》

第十一条　注册会计师应当确定是否有必要实施函证程序以获取认定层次的相关、可靠的审计证据。在作出决策时，注册会计师应当考虑评估的认定层次重大错报风险，以及通过实施其他审计程序获取的审计证据如何将检查风险降至可接受的水平。

第十二条　注册会计师应当对银行存款（包括零余额账户和在本期内注销的账户）、借款及与金融机构往来的其他重要信息实施函证程序，除非有充分证据表明某一银行存款、借款及与金融机构往来的其他重要信息对财务报表不重要且与之相关的重大错报风险很低。

如果不对这些项目实施函证程序，注册会计师应当在审计工作底稿中说明理由。

第十三条　注册会计师应当对应收账款实施函证程序，除非有充分证据表明应收账款对财务报表不重要，或函证很可能无效。

如果认为函证很可能无效，注册会计师应当实施替代审计程序，获取相关、可靠的审计证据。

如果不对应收账款函证，注册会计师应当在审计工作底稿中说明理由。

第十四条　当实施函证程序时，注册会计师应当对询证函保持控制，包括：

（一）确定需要确认或填列的信息；

（二）选择适当的被询证者；

（三）设计询证函，包括正确填列被询证者的姓名和地址，以及被询证者直接向注册会计师回函的地址等信息；

（四）发出询证函并予以跟进，必要时再次向被询证者寄发询证函。

第十七条　如果存在对询证函回函的可靠性产生疑虑的因素，注册会计师应当进一步获取审计证据以消除这些疑虑。

第十八条　如果认为询证函回函不可靠，注册会计师应当评价其对评估的相关重大错报风险（包括舞弊风险），以及其他审计程序的性质、时间安排和范围的影响。

第十九条　在未回函的情况下，注册会计师应当实施替代程序以获取相关、可靠的审计证据。

第二十条　如果注册会计师认为取得积极式函证回函是获取充分、适当的审计证据的必要程序，则替代程序不能提供注册会计师所需要的审计证据。在这种情况下，如果未获取回函，注册会计师应当按照《中国注册会计师审计准则第1502号——在审计报告中发表非无保留意见》的规定，确定其对审计工作和审计意见的影响。

第二十一条　注册会计师应当调查不符事项，以确定是否表明存在错报。

第二十三条　注册会计师应当评价实施函证程序的结果是否提供了相关、可靠的审计证据，或是否有必要进一步获取审计证据。

《中国注册会计师审计准则第1323号——关联方》

第三条　许多关联方交易是在正常经营过程中发生的，与类似的非关联方交易相比，这些关联方交易可能并不具有更高的财务报表重大错报风险。但是，在某些情况下，关联方关系及其交易的性质可能导致关联方交易比非关联方交易具有更高的财务报表重大错报风险。

第四条　由于关联方之间彼此并不独立，为使财务报表使用者了解关联方关系及其交易的性质，以及关联方关系及其交易对财务报表实际或潜在的影响，许多财务报告编制基础对关联方关系及其交易的会计处理和披露作出了规定。

在适用的财务报告编制基础作出规定的情况下，注册会计师有责任实施审计程序，以识别、评估和应对被审计单位未能按照适用的财务报告编制基础对关联方关系及其交易进行恰当会计处理或披露导致的重大错报风险。

第五条 即使适用的财务报告编制基础对关联方作出很少的规定或没有作出规定，注册会计师仍然需要了解被审计单位的关联方关系及其交易，以足以确定财务报表（就其受到关联方关系及其交易的影响而言）是否实现公允反映。

第六条 由于关联方之间更容易发生舞弊，因此注册会计师了解被审计单位的关联方关系及其交易，与其按照《中国注册会计师审计准则第 1141 号——财务报表审计中与舞弊相关的责任》的规定评价是否存在一项或多项舞弊风险因素相关。

第七条 由于审计的固有限制，即使注册会计师按照审计准则的规定恰当计划和实施了审计工作，也不可避免地存在财务报表中的某些重大错报未被发现的风险。就关联方而言，由于下列原因，审计的固有限制对注册会计师发现重大错报能力的潜在影响会加大：

（一）管理层可能未能识别出所有关联方关系及其交易，特别是在适用的财务报告编制基础没有对关联方作出规定时；

（二）关联方关系可能为管理层的串通舞弊、隐瞒或操纵行为提供更多机会。

第八条 由于存在未披露关联方关系及其交易的可能性，注册会计师按照《中国注册会计师审计准则第 1101 号——注册会计师的总体目标和审计工作的基本要求》的规定，在计划和实施与关联方关系及其交易有关的审计工作时，保持职业怀疑尤为重要。

第二十一条 注册会计师应当按照《中国注册会计师审计准则第 1231 号——针对评估的重大错报风险采取的应对措施》的规定，针对评估的与关联方关系及其交易相关的重大错报风险，设计和实施进一步审计程序，以获取充分、适当的审计证据。这些程序应当包括本准则第二十二条至第二十五条规定的审计程序。

第二十二条 如果识别出可能表明存在管理层以前未识别出或未向注册会计师披露的关联方关系或交易的安排或信息，注册会计师应当确定相关情况是否能够证实关联方关系或关联方交易的存在。

第二十三条 如果识别出管理层以前未识别出或未向注册会计师披露的关联方关系或重大关联方交易，注册会计师应当：

（一）立即将相关信息向项目组其他成员通报；

（二）在适用的财务报告编制基础对关联方作出规定的情况下，要求管理层识别与新识别出的关联方之间发生的所有交易，以便注册会计师作出进一步评价，并询问与关联方关系及其交易相关的控制为何未能识别或披露该关联方关系或交易；

（三）对新识别出的关联方或重大关联方交易实施恰当的实质性程序；

（四）重新考虑可能存在管理层以前未识别出或未向注册会计师披露的其他关联方或重大关联方交易的风险，如有必要，实施追加的审计程序；

（五）如果管理层不披露关联方关系或交易看似是有意的，因而显示可能存在由于舞弊导致的重大错报风险，评价这一情况对审计的影响。

第二十四条 对于识别出的超出正常经营过程的重大关联方交易，注册会计师应当：

（一）检查相关合同或协议（如有）；

（二）获取交易已经恰当授权和批准的审计证据。

如果检查相关合同或协议，注册会计师应当评价：

（一）交易的商业理由（或缺乏商业理由）是否表明被审计单位从事交易的目的可能是为了对财务信息作出虚假报告或为了隐瞒侵占资产的行为；

（二）交易条款是否与管理层的解释一致；

（三）关联方交易是否已按照适用的财务报告编制基础得到恰当会计处理和披露。

第二十五条 如果管理层在财务报表中作出认定，声明关联方交易是按照等同于公平交易中通行的条款执行的，注册会计师应当就该项认定获取充分、适当的审计证据。

二、筹资与投资循环审计——银基烯碳

《企业会计准则第 14 号——收入》

第四条 企业应当在履行了合同中的履约义务，即在客户取得相关商品控制权时确认收入。

取得相关商品控制权，是指能够主导该商品的使用并从中获得几乎全部的经济利益。

第五条 当企业与客户之间的合同同时满足下列条件时，企业应当在客户取得相关商品控制权时确认收入：

（一）合同各方已批准该合同并承诺将履行各自义务；

（二）该合同明确了合同各方与所转让商品或提供劳务（以下简称"转让商品"）相关的权利和义务；

（三）该合同有明确的与所转让商品相关的支付条款；

（四）该合同具有商业实质，即履行该合同将改变企业未来现金流量的风险、时间分布或金额；

（五）企业因向客户转让商品而有权取得的对价很可能收回。

《中国注册会计师审计准则问题解答第 4 号——收入确认》

注册会计师在识别和评估与收入确认相关的重大错报风险时，应当基于收入确认存在舞弊风险的假定，评价哪些类型的收入、收入交易或认定导致舞弊风险。

假定收入确认存在舞弊风险，并不意味着注册会计师应当将与收入确认相关的所有认定都假定为存在舞弊风险。

被审计单位不同，管理层实施舞弊的动机或压力不同，其舞弊风险所涉及的具体认定也不同，注册会计师需要作出具体分析。

如果注册会计师认为收入确认存在舞弊风险的假定不适用于业务的具体情况，从而未将收入确认作为由于舞弊导致的重大错报风险领域，注册会计师应当在审计工作底稿中记录得出该结论的理由。

《中国注册会计师审计准则第1323号——关联方》

第三条　许多关联方交易是在正常经营过程中发生的,与类似的非关联方交易相比,这些关联方交易可能并不具有更高的财务报表重大错报风险。但是,在某些情况下,关联方关系及其交易的性质可能导致关联方交易比非关联方交易具有更高的财务报表重大错报风险。

第四条　由于关联方之间彼此并不独立,为使财务报表使用者了解关联方关系及其交易的性质,以及关联方关系及其交易对财务报表实际或潜在的影响,许多财务报告编制基础对关联方关系及其交易的会计处理和披露作出了规定。

在适用的财务报告编制基础作出规定的情况下,注册会计师有责任实施审计程序,以识别、评估和应对被审计单位未能按照适用的财务报告编制基础对关联方关系及其交易进行恰当会计处理或披露导致的重大错报风险。

第五条　即使适用的财务报告编制基础对关联方作出很少的规定或没有作出规定,注册会计师仍然需要了解被审计单位的关联方关系及其交易,以足以确定财务报表(就其受到关联方关系及其交易的影响而言)是否实现公允反映。

第六条　由于关联方之间更容易发生舞弊,因此注册会计师了解被审计单位的关联方关系及其交易,与其按照《中国注册会计师审计准则第1141号——财务报表审计中与舞弊相关的责任》的规定评价是否存在一项或多项舞弊风险因素相关。

第七条　由于审计的固有限制,即使注册会计师按照审计准则的规定恰当计划和实施了审计工作,也不可避免地存在财务报表中的某些重大错报未被发现的风险。就关联方而言,由于下列原因,审计的固有限制对注册会计师发现重大错报能力的潜在影响会加大:

(一)管理层可能未能识别出所有关联方关系及其交易,特别是在适用的财务报告编制基础没有对关联方作出规定时;

(二)关联方关系可能为管理层的串通舞弊、隐瞒或操纵行为提供更多机会。

第八条　由于存在未披露关联方关系及其交易的可能性,注册会计师按照《中国注册会计师审计准则第1101号——注册会计师的总体目标和审计工作的基本要求》的规定,在计划和实施与关联方关系及其交易有关的审计工作时,保持职业怀疑尤为重要。

第二十一条　注册会计师应当按照《中国注册会计师审计准则第1231号——针对评估的重大错报风险采取的应对措施》的规定,针对评估的与关联方关系及其交易相关的重大错报风险,设计和实施进一步审计程序,以获取充分、适当的审计证据。这些程序应当包括本准则第二十二条至第二十五条规定的审计程序。

第二十二条　如果识别出可能表明存在管理层以前未识别出或未向注册会计师披露的关联方关系或交易的安排或信息,注册会计师应当确定相关情况是否能够证实关联方关系或关联方交易的存在。

第二十三条　如果识别出管理层以前未识别出或未向注册会计师披露的关联方关系或重大关联方交易,注册会计师应当:

（一）立即将相关信息向项目组其他成员通报；

（二）在适用的财务报告编制基础对关联方作出规定的情况下，要求管理层识别与新识别出的关联方之间发生的所有交易，以便注册会计师作出进一步评价，并询问与关联方关系及其交易相关的控制为何未能识别或披露该关联方关系或交易；

（三）对新识别出的关联方或重大关联方交易实施恰当的实质性程序；

（四）重新考虑可能存在管理层以前未识别出或未向注册会计师披露的其他关联方或重大关联方交易的风险，如有必要，实施追加的审计程序；

（五）如果管理层不披露关联方关系或交易看似是有意的，因而显示可能存在由于舞弊导致的重大错报风险，评价这一情况对审计的影响。

第二十四条　对于识别出的超出正常经营过程的重大关联方交易，注册会计师应当：

（一）检查相关合同或协议（如有）；

（二）获取交易已经恰当授权和批准的审计证据。

如果检查相关合同或协议，注册会计师应当评价：

（一）交易的商业理由（或缺乏商业理由）是否表明被审计单位从事交易的目的可能是为了对财务信息作出虚假报告或为了隐瞒侵占资产的行为；

（二）交易条款是否与管理层的解释一致；

（三）关联方交易是否已按照适用的财务报告编制基础得到恰当会计处理和披露。

第二十五条　如果管理层在财务报表中作出认定，声明关联方交易是按照等同于公平交易中通行的条款执行的，注册会计师应当就该项认定获取充分、适当的审计证据。

《中华人民共和国证券法》（2019年）

第六十三条　通过证券交易所的证券交易，投资者持有或者通过协议、其他安排与他人共同持有一个上市公司已发行的有表决权股份达到百分之五时，应当在该事实发生之日起三日内，向国务院证券监督管理机构、证券交易所作出书面报告，通知该上市公司，并予公告，在上述期限内不得再行买卖该上市公司的股票，但国务院证券监督管理机构规定的情形除外。

投资者持有或者通过协议、其他安排与他人共同持有一个上市公司已发行的有表决权股份达到百分之五后，其所持该上市公司已发行的有表决权股份比例每增加或者减少百分之五，应当依照前款规定进行报告和公告，在该事实发生之日起至公告后三日内，不得再行买卖该上市公司的股票，但国务院证券监督管理机构规定的情形除外。

投资者持有或者通过协议、其他安排与他人共同持有一个上市公司已发行的有表决权股份达到百分之五后，其所持该上市公司已发行的有表决权股份比例每增加或者减少百分之一，应当在该事实发生的次日通知该上市公司，并予公告。

违反第一款、第二款规定买入上市公司有表决权的股份的，在买入后的三十六个月内，对该超过规定比例部分的股份不得行使表决权。

第六十六条　依照前条规定发出收购要约，收购人必须公告上市公司收购报告书，并载明下列事项：

（一）收购人的名称、住所；
（二）收购人关于收购的决定；
（三）被收购的上市公司名称；
（四）收购目的；
（五）收购股份的详细名称和预定收购的股份数额；
（六）收购期限、收购价格；
（七）收购所需资金额及资金保证；
（八）公告上市公司收购报告书时持有被收购公司股份数占该公司已发行的股份总数的比例。

第六十七条　收购要约约定的收购期限不得少于三十日，并不得超过六十日。

第一百九十三条　违反本法第五十六条第一款、第三款的规定，编造、传播虚假信息或者误导性信息，扰乱证券市场的，没收违法所得，并处以违法所得一倍以上十倍以下的罚款；没有违法所得或者违法所得不足二十万元的，处以二十万元以上二百万元以下的罚款。

违反本法第五十六条第二款的规定，在证券交易活动中作出虚假陈述或者信息误导的，责令改正，处以二十万元以上二百万元以下的罚款；属于国家工作人员的，还应当依法给予处分。

传播媒介及其从事证券市场信息报道的工作人员违反本法第五十六条第三款的规定，从事与其工作职责发生利益冲突的证券买卖的，没收违法所得，并处以买卖证券等值以下的罚款。

《深圳证券交易所股票上市规则》

9.1　本章所称"交易"包括下列事项：
（一）购买或出售资产；
（二）对外投资（含委托理财、委托贷款等）；
（三）提供财务资助；
（四）提供担保；
（五）租入或租出资产；
（六）签订管理方面的合同（含委托经营、受托经营等）；
（七）赠与或受赠资产；
（八）债权或债务重组；
（九）研究与开发项目的转移；
（十）签订许可协议；
（十一）本所认定的其他交易。

上述购买、出售的资产不含购买原材料、燃料和动力，以及出售产品、商品等与日常经营相关的资产，但资产置换中涉及购买、出售此类资产的，仍包含在内。

9.2　上市公司发生的交易达到下列标准之一的，应当及时披露：
（一）交易涉及的资产总额占上市公司最近一期经审计总资产的10%以上，该交易涉及的资产总额同时存在账面值和评估值的，以较高者作为计算数据；

（二）交易标的（如股权）在最近一个会计年度相关的主营业务收入占上市公司最近一个会计年度经审计主营业务收入的10%以上，且绝对金额超过1 000万元；

（三）交易标的（如股权）在最近一个会计年度相关的净利润占上市公司最近一个会计年度经审计净利润的10%以上，且绝对金额超过100万元；

（四）交易的成交金额（含承担债务和费用）占上市公司最近一期经审计净资产的10%以上，且绝对金额超过1 000万元；

（五）交易产生的利润占上市公司最近一个会计年度经审计净利润的10%以上，且绝对金额超过100万元。

上述指标计算中涉及的数据如为负值，取其绝对值计算。

《上市公司信息披露管理办法》

第三十条　上市公司应当制定信息披露事务管理制度。信息披露事务管理制度应当包括：

（一）明确上市公司应当披露的信息，确定披露标准；
（二）未公开信息的传递、审核、披露流程；
（三）信息披露事务管理部门及其负责人在信息披露中的职责；
（四）董事和董事会、监事和监事会、高级管理人员等的报告、审议和披露的职责；
（五）董事、监事、高级管理人员履行职责的记录和保管制度；
（六）未公开信息的保密措施，内幕信息知情人登记管理制度，内幕信息知情人的范围和保密责任；
（七）财务管理和会计核算的内部控制及监督机制；
（八）对外发布信息的申请、审核、发布流程；与投资者、证券服务机构、媒体等的信息沟通制度；
（九）信息披露相关文件、资料的档案管理制度；
（十）涉及子公司的信息披露事务管理和报告制度；
（十一）未按规定披露信息的责任追究机制，对违反规定人员的处理措施。

上市公司信息披露事务管理制度应当经公司董事会审议通过，报注册地证监局和证券交易所备案。

第三十一条　上市公司董事、监事、高级管理人员应当勤勉尽责，关注信息披露文件的编制情况，保证定期报告、临时报告在规定期限内披露。

第三十三条　上市公司应当制定重大事件的报告、传递、审核、披露程序。董事、监事、高级管理人员知悉重大事件发生时，应当按照公司规定立即履行报告义务；董事长在接到报告后，应当立即向董事会报告，并敦促董事会秘书组织临时报告的披露工作。

上市公司应当制定董事、监事、高级管理人员对外发布信息的行为规范，明确非经董事会书面授权不得对外发布上市公司未披露信息的情形。

《证券市场禁入规定》

第三条 下列人员违反法律、行政法规或者中国证监会有关规定，情节严重的，执法单位可以根据情节严重的程度，采取证券市场禁入措施：

（一）证券发行人的董事、监事、高级管理人员，其他信息披露义务人或者其他信息披露义务人的董事、监事、高级管理人员，证券发行人、其他信息披露义务人持股百分之五以上的股东、实际控制人，证券发行人、其他信息披露义务人持股百分之五以上的股东、实际控制人的董事、监事、高级管理人员，或者执法单位认定的其他对欺诈发行或信息披露违法行为直接负责的主管人员或其他直接责任人员；

（二）证券公司及其依法设立的子公司的董事、监事、高级管理人员及工作人员，证券公司的股东、实际控制人或者股东、实际控制人的董事、监事、高级管理人员；

（三）证券服务机构、债券受托管理人的董事、监事、高级管理人员、合伙人、负责人及工作人员，证券服务机构、债券受托管理人的股东、实际控制人或者股东、实际控制人的董事、监事、高级管理人员；

（四）公开募集证券投资基金（以下简称基金）管理公司及其依法设立的子公司、其他公募基金管理人、基金托管人及其设立的基金托管部门、基金服务机构的董事、监事、高级管理人员及工作人员，基金管理公司、其他公募基金管理人和基金服务机构的股东、实际控制人或者股东、实际控制人的董事、监事、高级管理人员；

（五）私募投资基金管理人、私募投资基金托管人、私募投资基金销售机构及其他私募服务机构的董事、监事、高级管理人员、工作人员，私募投资基金管理人的股东、实际控制人、合伙人、负责人；

（六）直接或者间接在证券交易所、国务院批准的其他全国性证券交易场所（以下统称证券交易场所）进行投资的自然人或者机构投资者的交易决策人；

（七）编造、传播虚假信息或者误导性信息的有关责任人员；

（八）执法单位及相关自律组织的工作人员；

（九）执法单位认定的其他违反法律、行政法规或者中国证监会有关规定的有关责任人员。

第五条 被采取本规定第四条第一款第一项证券市场禁入措施的人员，在禁入期间内，除不得继续在原机构从事证券业务、证券服务业务或者担任原证券发行人的董事、监事、高级管理人员职务外，也不得在其他任何机构中从事证券业务、证券服务业务或者担任其他证券发行人的董事、监事、高级管理人员职务。被采取本规定第四条第一款第一项证券市场禁入措施的人员，应当在收到证券市场禁入决定后立即停止从事证券业务、证券服务业务或者停止履行证券发行人董事、监事、高级管理人员职务，并由其所在机构按规定的程序解除其被禁止担任的职务。

第六章
货币资金审计

第一节 相关概念

一、货币资金审计的基本概念

货币资金是流动性最强的资产,是企业进行生产经营必不可少的物质条件。企业的生产经营过程,实质上就是货币资金的垫支、支付过程和货币资金的回收、分配过程的结合。因此,企业的全部经营活动都可以通过货币资金表现出来,同时,货币资金也是不法分子盗窃、贪污、挪用的重要对象。

货币资金项目审计是企业资产负债表审计的一个重要组成部分,主要包括库存现金银行存款和其他货币资金的审计。由于货币资金较容易发生舞弊,因此,货币资金审计的风险较高,需要花费的时间相对较长,审计的范围相对较广。①

二、货币资金审计涉及的凭证和会计记录

货币资金涉及的凭证和会计记录主要有:
（1）现金盘点表。
（2）银行对账单。
（3）银行存款余额调节表。
（4）有关科目的记账凭证（如现金收付款凭证、银行收付款凭证）。
（5）有关会计账簿（如现金日记账、银行存款日记账）。②

三、货币资金的控制测试

（一）货币资金的内部控制

为了保证货币资金的安全完整,保证货币资金核算与管理的正确性、合规性,企

---

①② 秦荣生,卢春泉. 审计学［M］. 北京：中国人民大学出版社,2017：275.

业必须建立健全各项内部控制。良好的货币资金内部控制一般应包括以下内容：

（1）钱、账的分工负责制度。会计部门是主管货币资金的职能部门，应配备专职的出纳人员和有关核算人员，负责货币资金的收支保管和核算工作。在货币资金核算和管理工作中，应贯彻内部牵制的组织原则，实行钱账分管，即管钱的人不管账、管账的人不管钱。负责货币资金收支和保管的出纳人员，除了登记现金和银行存款日记账，不得兼作收入、费用、负债账簿以及总账的登记工作。这是企业货币资金内部控制的一项最基本的要求。

（2）货币资金的收付程序。企业收付资金的业务须经有关经济业务负责人批准。例如，出差人员预借差旅费时，须经有关负责人签字方可支用；在收付资金前，会计人员对会计凭证应进行审查核实，以便确认资金收付的合法性、计算的正确性等。会计人员在按记账凭证执行收付款项时，还须对其进行复核，目的在于通过相互牵制，防止错误和舞弊现象的发生。

（3）收付款凭证的应用及账簿的登记制度。为了能够汇总反映有关货币资金的相关业务，会计人员应及时根据已完成的现金收付业务及已编号并加盖现金收付戳记的记账凭证登记有关账簿。会计人员应当进行账账、账表、账实的核对，即要求日记账与总账、总账与财务报表、日记账和日报表与库存现金等进行定期核对，检查其是否相符，防止挪用现金。

（4）出纳的工作纪律。企业的库存现金通常由出纳专人负责保管，出纳人员是企业货币资金业务的主要经办人员，货币资金业务内部控制的情况如何，在很大程度上与出纳工作纪律的遵守情况密切相关。为确保货币资金的安全完整，出纳必须定期盘点库存现金、编制银行存款余额调节表当日现金超出库存限额部分必须及时送存银行，不准挪用或私自存放，不得随意坐支，支票必须按规定使用等。

（5）内部监督制度。为降低货币资金管理的风险，企业的内部审计部门应加强对货币资金收支业务的审计。企业还应当不定期地组织检查小组，对货币资金的收支进行抽查。

（二）货币资金内部控制的控制测试

注册会计师对货币资金内部控制进行控制测试的主要程序有：

（1）了解货币资金内部控制。注册会计师可以根据实际情况采用不同的方法实现对货币资金内部控制的了解。一般而言，注册会计师可以采用编制流程图的方法。编制货币资金内部控制流程图是货币资金控制测试的重要步骤。注册会计师在编制之前应通过询问观察等调查手段收集必要的资料，然后根据所了解的情况编制流程图对中小企业，也可采用编写货币资金内部控制说明的方法。若年度审计工作底稿中已有以前年度的流程图，注册会计师可根据调查结果加以修正，以供本年度审计之用。一般地，了解货币资金内部控制时，注册会计师应当注意检查货币资金内部控制是否建立并严格执行。

（2）抽取并检查收款凭证。如果货币资金收款的内部控制不强，很可能会发生贪污舞弊或挪用等情况。例如，在一个小企业中，出纳员若同时记应收账款明细账，则很有可能发生循环挪用的情况。为测试货币资金收款的内部控制,注册会计师应选取一定数量的收款凭证,做如下的检查:①核对收款凭证与存入银行账户的日期和金额是否相符。②核对银行存款日记账的收入金额是否正确。③核对收款凭证与银行对账单是否相符。④核对收款凭证与应收账款等相关明细账的有关记录是否相符。⑤核对实收金额与销货发票等相关凭据是否一致。

(3) 抽取并检查付款凭证。为测试货币资金付款的内部控制,注册会计师应选取一定数量的货币资金付款凭证,做如下检查:①检查付款的授权批准手续是否符合规定。②核对银行存款日记账的付出金额是否正确。③核对付款凭证与银行对账单是否相符。④核对付款凭证与应付账款等相关明细账的记录是否一致。⑤核对实付金额与购货发票等相关凭据是否相符。

(4) 抽取一定期间的现金、银行存款日记账与总账核对。首先,注册会计师应抽取一定期间的现金银行存款日记账,检查其有无计算错误,加总是否正确无误。如果检查中发现问题较多,说明被审计单位货币资金的会计记录不够可靠。其次,注册会计师应根据日记账提供的线索,核对总账中的现金、银行存款、应收账款、应付账款等有关账户的记录。

(5) 抽取一定期间银行存款余额调节表,查验其是否按月正确编制并经复核。为证实银行存款记录的正确性,注册会计师必须抽取一定期间的银行存款余额调节表,将其与银行对账单银行存款日记账及总账进行核对,确定被审计单位是否按月正确编制并复核银行存款余额调节表。

(6) 评价货币资金的内部控制。注册会计师在完成上述程序之后,即可对货币资金的内部控制进行评价。评价时,注册会计师应首先确定货币资金的内部控制可依赖的程度以及存在的薄弱环节和缺点,然后据以确定在货币资金实质性测试中哪些环节可以适当减少审计程序,哪些环节应增加审计程序,以减少审计风险。①

四、货币资金的基础性风险

(一) 货币资金预算制度不够科学

(1) 信息失真,很难为科学的资金预算提供依据。现代企业管理的根本是信息管理,如果信息不透明、不对称、不集成,企业高层决策者就很难获取准确的财务信息,从而无法作出正确的资金预算决策。

(2) 资金预算编制缺乏科学性,预算管理流于形式。资金预算编制的方法、手段、流程以及辅助措施均缺乏一定的科学性,不能按照严谨的程序和科学的布置进行编排,导致资金预算流于形式,不能对整个生产经营活动起到约束作用。

(3) 资金预算监控、考核不力。存在监控不力甚至控制现象,擅自挪用或转移资金、浪费资金问题突出,使财务监督与考核流于形式。

---

① 秦荣生,卢春泉. 审计学 [M]. 北京:中国人民大学出版社,2017:276-278.

(二) 货币资金内部控制制度不完善

(1) 未建立清晰的货币资金业务授权批准制度。对货币资金业务审批人的授权批准方式、权限、程序、责任和相关控制措施,以及经办人的职责范围和工作要求没有明确的界定,导致审批人和经办人职责不清。

(2) 管理的岗位设置、职责规定不符合规范要求。例如,出纳会计一人兼任,既管钱又管账,全部印鉴一人保管等。货币资金内部控制的各个环节和岗位不能很好地牵制和制约,致使某一环节或岗位出现错弊,均有可能导致控制失效。

(3) 无规可依。尽管有货币资金内部控制制度,却没有响应的内部稽核、监督评价机制等制度,导致无规可依。或虽有检查考核制度、奖惩制度,却流于形式,以偏概全,缺乏科学性、完整性、合理性、有效性。[①]

第二节 案例分析

一、货币资金审计——康美药业

(一) 被审计单位情况

1. 康美药业基本情况

康美药业股份有限公司成立于1997年,于2001年在上交所上市。公司秉承"心怀苍生、大爱无疆"的核心价值观和"用爱感动世界、用心经营健康"的经营理念,在国家振兴中医药事业战略指引下,率先布局中医药全产业链,以中药饮片为核心,以智慧药房为抓手,全面打造"大健康+大平台+大数据+大服务"体系,成为中医药全产业链精准服务型"智慧+"大健康产业上市企业。现今,康美药业的主要股东持股情况如表6-1所示。

表6-1 康美药业主要股东持股情况

股东名称	持股数量(股)	持股比例(%)
康美实业投资	1 640 380 987	31.83
五矿国际信托	231 901 482	5.62
常州燕泽永慧投资	197 261 257	2.73
许冬瑾	163 612 565	2.29
普宁市金信典当行	163 015 016	2.11

---

① 薛德贵. 货币资金风险管理探析 [J]. 中国流通经济, 2010, 24 (10): 56-59.

续表

股东名称	持股数量（股）	持股比例（%）
普宁市国际信息咨询	163 014 699	2.11
许燕君	97 803 700	1.59
华夏基金	93 114 716	1.20
大成基金	93 114 650	1.17
银华基金	93 114 581	1.17

资料来源：新浪财经网。

2017年康美药业发布年报显示营业总收入715 466.47万元，同比增长率21.56%，基本每股收益0.22元，每股净资产6.09元，净资产收益率4.00%，净利润106 776.26万元，净利润同比增长736%。但在2018年10月有媒体质疑康美药业年报中有财务造假的可能。第一，货币资金比例过高。根据2017年康美药业资产负债表来看，2017年财务账面货币资金竟然有341亿元的现金，而这显然不符合常理。大多数公司为了追求利润最大化存在如此多大额的货币资金一定会选择短期或长期理财来对闲置资金进行充分利用，提升利润。而康美药业竟然在没有大规模投资项目以及资金使用计划的前提下账面堆积大量现金，这不得不使人生疑。第二，康美药业被质疑"存贷双高"，即拥有大量的贷款的同时存在大量的银行存款。一般来说，企业进行银行贷款或者借款的融资方式是利用财务杠杆原理进行投资或者运营，而康美药业的2017年年报显示其拥有83亿元的应付债券以及144亿元的短期借款的同时还拥有341亿元的货币资金。这种现象对于一个正常运营的上市公司来说非常不合理。①

对于此种情况，证监会在2018年12月28日对康美药业正式发出《调查通知书》，对其年报中存在的诸多不合理现象进行立案调查。而康美药业也应证监会的要求进行自查，并在2019年4月30日凌晨时分发布《关于前期会计差错更正的公告》，这份公告共计更正了22个公司的重要科目，几乎是对2017年的财务报告进行全盘否定。

2019年8月16日，证监会发布《行政处罚及市场禁入事先告知书》，并对于康美药业财务舞弊案件的几大违法事实作出了罗列。即：在2016~2018年三年的年报及半年报中存在虚假记载，虚增营业收入、利息收入及营业利润；在2018年年报中存在虚假记载，虚增固定资产、在建工程、投资性房地产；2016~2018年年报中存在重大遗漏，未按规定披露控股股东及其关联方非经营性占用资金的关联交易情况。并且值得注意的是，证监会在此次通报中，对康美药业的定性亦属罕见。证监会称，康美药业等公司肆意妄为，毫无敬畏法治、敬畏投资者之心，丧失诚信底线，触碰法治红线，动摇了上市公司信息披露制度根基。

2019年8月28日晚间，康美药业发出2019年上半年半年报显示其公司实现营业总收入81.33亿元，比上年同期减少15.35%，归属于上市公司股东的净利润0.86亿元，比上年同期减少82.50%，扣除非经常性损益的净利润更只有区区726万元，同比

---

① 袁敏. 康美药业货币资金审计问题反思[J]. 中国注册会计师，2020（8）：63–68.

下降98.44%。在2018年一度被认为是医药类行业最大白马股，最高市值1 200亿元的康美药业在一年之内便蒸发至172亿元，并且面临可能退市的危机，这不得不让人感叹唏嘘。①

同时，以上问题无论是康美内部审计还是外部财务审计均未能及时查明并披露相关漏洞，从此角度讲也是审计失败的典型案例。

2. 主要会计问题

（1）虚增营业收入、利息收入及营业利润。

康美药业在《2016年年度报告》《2017年年度报告》《2018年半年度报告》《2018年年度报告》中存在虚假记载的情况。《2016年年度报告》虚增营业收入89.99亿元，多计利息收入1.51亿元，虚增营业利润6.56亿元，占合并利润表当期披露利润总额的16.44%。《2017年年度报告》虚增营业收入100.32亿元，多计利息收入2.28亿元，虚增营业利润12.51亿元，占合并利润表当期披露利润总额的25.91%。《2018年半年度报告》虚增营业收入84.84亿元，多计利息收入1.31亿元，虚增营业利润20.29亿元，占合并利润表当期披露利润总额的65.52%。《2018年年度报告》虚增营业收入16.13亿元，虚增营业利润1.65亿元，占合并利润表当期披露利润总额的12.11%。②

根据《关于前期会计差错更正的公告》，由于"使用不实单据及业务凭证"，2017年年报中营业收入由264.77亿元调整为175.79亿元，净利润由41亿元调整为21.5亿元。它意味着康美药业提前计入了以后才能确认的收入，而现在已发生的支出却延后在以后的账户中记录，企业的利润因此大大增加。

通过康美药业发布的年报可知，2015~2017年净利润呈现每年稳定增长趋势，2017年达到了41亿元，三年的年复合增长率为21.9%；与之相比的公司经营性净现金流，在2015~2017年期间仅占到公司净利润的50%不到，现金流和净利润极不对称。利润在不断增长，但是现金流却没有增长，正是康美药业不断虚构的舞弊行为，人为制造了巨额可观的利润。

（2）虚增货币资金。

康美药业通过财务不记账、虚假记账伪造、变造大额定期存单或银行对账单，配合营业收入造假、伪造销售回款等方式，在《2016年年度报告》中虚增货币资金225.48亿元，占公司披露总资产的41.13%和净资产的76.74%；《2017年年度报告》虚增货币资金299.44亿元，占公司披露总资产的43.57%和净资产的93.18%；《2018年半年度报告》虚增货币资金361.88亿元，占公司披露总资产的45.96%和净资产的108.24%。③

值得注意的是，在2018年3月根据公司的财务报表显示公司银行存款为633.4亿元，其短期借款为118亿元，且长期借款为0元。银行存款规模远大于借款规模，如此大额的存款即便购买最保值的银行大额存单业务，其产生的利息都足以对冲短期借款产生的贷款费用，但事实是本年的利息支出依然居高不下。

---

① 孙歆媚. 康美药业财务舞弊研究［D］. 天津：天津财经大学，2020.
②③ 中国证监会行政处罚决定书〔2020〕24号，详见证监会网站。

(3) 虚增固定资产、在建工程、投资性房地产。

康美药业在《2018年年度报告》中将前期未纳入报表的亳州华佗国际中药城、普宁中药城、普宁中药城中医馆、亳州新世界、甘肃陇西中药城、玉林中药产业园等6个工程项目纳入表内，分别调增固定资产11.89亿元，调增在建工程4.01亿元，调增投资性房地产20.15亿元，合计调增资产总额36.05亿元。经查，康美药业在《2018年年度报告》调整纳入表内的6个工程项目并不完全满足会计确认和计量条件，故虚增固定资产11.89亿元、在建工程4.01亿元、投资性房地产20.15亿元。①

(4) 存在关联方非经营性占用资金的关联交易情况。

2016年1月1日至2018年12月31日，康美药业在未经过决策审批或授权程序的情况下，累计向控股股东及其关联方提供非经营性资金116.19亿元用于购买股票、替控股股东及其关联方偿还融资本息、垫付解质押款或支付收购溢价款等用途。披露的关联方资金情况如表6-2所示。

表6-2　　　　　　　　　　康美药业关联方交易情况　　　　　　　　　单位：万元

项目	公司名称	交易事由	期末金额	是否为关联方
2017年年报	普宁康都药业有限公司	关联方往来	571 392.10	是
2018年年报	普宁康都药业有限公司	关联方往来	562 904.76	是
2018年年报	普宁市康淳药业有限公司	关联方往来	325 000.00	是

资料来源：根据孙歆媚（2020）整理得到。

普宁康都药业有限公司和普宁市康淳药业有限公司这两家公司在关联方交易中扮演着重要角色。在2017年、2018年，康美药业与普宁康都药业有关的年末资金金额分别为57.14亿元和56.29亿元。到了2018年，普宁康都和普宁市康淳药业占用资金数高达88.79亿元，占公司期末应收款项总额的96%。

康美药业通过把巨额资金转入关联方账户，等股价低迷时，购入本公司股票，并以虚假的收入、利润粉饰财务报表，展示出良好乐观的发展状况，吸引投资者注入资金，从而推高了股价。在适当的时候，再将自己购入的份额卖出，一买一卖，赚得"盆满钵满"。待到市场散户接盘后，股市陷入低迷状态，康美药业再次以低股价大量购入股票。如此反复操作，把经济市场交易当作玩弄于股掌之中的游戏，取得巨额收入。

为了表现出被关联方占用的巨额资金依旧反映在财务报表的"货币资金"科目，康美药业不得不到处进行债务借款，这就再次导致了存贷双高的现象。公司还必须通过虚增收入、降低成本来虚增利润，以维持股价而获得更多现金，同时通过表现出更好的还款能力以得到更多的融资。因此，关联方账户买卖本公司股票，成为康美药业舞弊的手段之一。

---

① 中国证监会行政处罚决定书〔2020〕24号，详见证监会网站。

(二) 审计单位情况

1. 正中珠江会计师事务所基本情况

1987 年广东省中山市财政局发起设立中山会计师事务所，即广东正中珠江的前身；1999 年底，中山会计师事务所由原来的性质改制为私营合伙事务所，转身变化为中山市中信会计师事务所；2013 年底，中山市中信会计师事务所为贯彻落实国务院 56 号文以及财政部做强做大会计师事务所的精神，联合原广东正中珠江有限公司、广州市德信会计师事务所、韶关中一会计师事务所、广州健明会计师事务所等省内几大知名会计师事务所，由有限责任公司性质改组升级为特殊普通合伙，共同组建了现有的广东正中珠江。

经过相关的资质审核，截至 2020 年 12 月，广东正中珠江被授予了以下资格：税务代理资格；A 股补充审计及证券发行业务专项复核审计资格；国有大型企业审计资格；证券期货相关业务资格；金融业务资格。广东正中珠江服务的行业涉及金融、证券、生物、制药、能源、化工、建筑、房地产、机械、电子、包装、物流、技术、通信行业。①

近几年广东中正珠江会计师事务所前后共经历了 3 次被警告及处罚的情况，具体情况如表 6-3 所示。

表 6-3　　　　　　　　广东正中珠江会计师事务所审计失败情况汇总

被审计单位	被罚年份	业务类型	被罚的主要问题
拉芳家化股份有限公司及其并购标的上海缙嘉国际贸易有限公司	2019	年报审计	未对上海缙嘉交易完备性实施充分审计程序；利用专家的工作不到位；未评价上海缙嘉研发费用不规范的影响；函证程序存在瑕疵；未实际监盘部分原材料；未评估拉芳家化合并报表范围不完整的影响；未评价拉芳家化出库单确认收入的影响
华鹏飞股份有限公司	2019	年报审计	对备用金的审计程序执行不到位；对主营业务成本执行的审计程序不到位；收入截止性测试不到位
康美药业股份有限公司	2021	年报审计	出具的年度审计报告存在虚假记载；未对康美药业的业务管理系统实施相应审计程序；未获取充分适当的审计证据

资料来源：根据中国证监会行政处罚决定书整理得到。

2000 年，广东正中珠江负责本案例中被审计单位康美药业的 IPO 审计，并在 2001~2018 年的 18 年间为康美药业提供年度报告审计业务，在被证监会立案调查后仍一度决定保持双方的业务关系，股东大会通过决议将仍由广东正中珠江会计师事务所会对康美药业 2019 年度的财务状况和内部控制进行审计。其后，在 2019 年 11 月 18 日召开的康美药业董事会议上，康美药业管理层才提请股东代表大会审批其想改聘立信所对康美药业 2019 年度的财务状况和内部控制进行审计的决策和方案。

---

① 根据正中珠江会计师事务所官网（http://www.gpcpa.cn）整理。

2. 主要的审计问题

康美药业 2016 年、2017 年、2018 年年度报告存在虚增收入、虚增货币资金等虚假记载行为。而在 2017 年 4 月 18 日、2018 年 4 月 24 日，正中珠江分别为康美药业 2016 年、2017 年财务报表出具了标准无保留的审计意见；2019 年 4 月 28 日，正中珠江为康美药业 2018 年财务报表出具了保留意见。经证监会查证，正中珠江出具的前述审计报告均存在虚假记载。①

（1）对货币资金审计存在问题。

广东正中珠江对康美药业货币资金的项目审计有重大失职行为。证监会调查发现，康美药业自 2016 年度至 2018 年度 6 月分别虚增约 225 亿元、299 亿元和 361 亿元，合计虚增约为 887 亿元。其中，康美药业 2016 年度和 2017 年度财务报告中披露的银行存款分别为 272.28 亿元和 340.45 亿元，康美药业账面上的货币资金如此之高，却仍选择高额举债的方式筹措资金，在 2016 年底和 2017 年底分别拥有负债金额 254.41 亿元和 365.87 亿元。康美药业账面上 2016 年度全年利息收入为 1.70 亿元，利息支出为 8.67 亿元；2017 年度全年利息收入为 2.64 亿元，利息支出为 12.16 亿元与康美药业资产负债表上的现金存款并不匹配，是一个很明显表明货币资金可能存在重大错报风险的信号。此外，康美药业还存在大股东质押股权的行为，几名大股东几乎悉数质押股权，总计质押处理的股权比例高达 91.91%，这反映了康美药业资金链有可能存在紧张的状况。②

在康美药业的会计差错调整中，调减了 183.43 亿元的货币资金，调增了相应的存货。康美药业声称因为采购的主要是中医药材，采购的对象主要是地方农民，由于农民的性质导致采购时没有办法同康美药业签订合同以及为康美药业开具合规的发票，从而致使康美药业在采购中医药材并支付相关款项时极易发生偏差。另外，康美药业采购付款相关的内部控制存在缺陷，负责该项业务的员工未细致检查，致使采购金额存在差错，并且指出这些中医药材是以前年度已经支付采购款但由于会计差错而没有作为公司存货并按规定进行仓储、管理的。即使康美药业所说的采购付款审批流程不完善是真的，采购款在已经支付的前提下，就算从农民手里采购时是采用现金方式进行交易，最终付款需要从公司的银行账户进行操作，银行存款势必会减少，会肯定有每一笔交易的银行流水，在对存款进行函证的时候必然会有证据。然而 183.43 亿元银行流水广东正中珠江在对康美药业 2016 年和 2017 年财务报表进行审计的过程中完全没有发现，这是广东正中珠江在康美药业审计中的严重失职。

（2）对营业收入审计存在问题。

在本案例中，康美药业存在长期系统的收入舞弊及关联方交易的现象。证监会现已查明，康美药业在 2016～2018 年的这三年间，共计应核减营业收入 291.28 亿元，共计应核减营业利润 39.36 亿元。其中 2016 年度应核减营业收入 89.99 亿元，应核减营业利润 6.56 亿元，应核减的利润占当年合并利润表总额的 16.44%；2017 年度应核减

---

① 中国证监会行政处罚决定书〔2017〕105 号，详见证监会网站。
② 宋夏云，谭博文. 正中珠江会计师事务所对康美药业审计失败的案例研究 [J]. 商业会计, 2019 (22): 4-8.

营业收入 100.32 亿元,营业利润应核减 12.51 亿元,应核减的利润占当年合并利润表总额的 25.91%;2018 年年度财务报告中应核减营业收入 16.13 亿元,营业利润应核减 1.65 亿元,应核减的利润占当年合并利润表总额的 12.11%。经过以上调整,康美药业 2016 年的净利润从 33.4 亿元下降到 18.4 亿元,2017 年的净利润从 41 亿元下降到 21.5 亿元,缩水了将近一半。在对关于上海证券交易所回复公告中,广东正中珠江回复的对康美药业相关与原财务造假的营业收入及营业成本所执行的主要审计程序十分完美、恰当。但是如若他们当时的实质性程序是如此完美,那又怎么会没发现康美药业的财务造假呢,并能够虚构总额高达 291.28 亿元的营业收入呢?单是从康美药业经营活动的现金流量便可以看出些许端倪。①

(3) 对存货审计存在问题。

在本案例中,主要是对康美药业原材料的审计存在重大问题。存货成本的确认也是影响企业利润的重要因素之一,在通常的审计过程中多为关注低估应付账款情况,但是在康美药业,约有 183.43 亿元的原材料(主要为中药原料)已经支付货款但是未入账,广东正中珠江则声称是因为被审计单位康美药业方未将这些存货纳入存货管理范围,没有提供相关存货的资料,相关存货未入账,导致 2017 年报审计时未能发现高达 183.43 亿元的存货的存在。但是康美药业在差错更正说明中,指出主要原因是康美药业的业务性质导致有必要购买许多中医药材,并且是向农民直接购买,致使无法签订购买合同并且开具合规的发票,还指出这些中医药材是以前年度已经支付采购款,但由于会计差错而没有作为公司存货并按规定进行仓储、管理的。既然康美药业已经支付了相应的货款,必然货币资金会减少或者负债增加 183.43 亿元,在对相应货币资金银行存款科目进行审计的时候不可能无法发现高达上百亿元的资金缺口,很有可能是广东正中珠江的审计人员在审计过程中已经发现康美药业支付高额价款购买中药材,但是为了不影响相应年度的利润指标,串通注册会计师进行操作。②

此外,康美药业还承认公司内部财务岗位职工缺乏专业能力,公司内部不同系统之间的数据存在差异,对于一些业务有多记等问题,最终导致会计核算出错。但广东正中珠江自康美药业 2000 年 IPO 上市起就一直与其合作,对康美药业的了解程度应该是仅次于管理层的,所以会计师事务所的注册会计师在了解康美药业关于资金审批存在缺陷和财务人员很缺乏专业胜任能力的情况下,还是无视了 180 多亿元的资金缺口,对康美药业的存货审计存在重大问题。

(4) 对关联方审计存在问题。

广东正中珠江在 2016 年度和 2017 年度的财务报表审计中对关联方审计中也存在重大失误。根据康美药业对上海证券交易所的部分回复,康美药业调整了至 2017 年 12 月 31 日未入账的对关联方普宁康都药业有限公司(以下简称"普宁康都")57.14 亿元的其他应收款,并且调整了高达 88.79 亿元坏账准备,其中关联方账户涉及普宁市康淳药业有限公司(以下简称"普宁康淳")和普宁康都。此外,康美药业在 2016~2018

---

① 范少星. 从职业道德角度分析正中珠江会计师事务所对于康美药业的审计执行过程和审计报告[J]. 广西质量监督导报,2020 (4):131-132.
② 中国证监会行政处罚决定书〔2021〕11 号,详见证监会网站。

年末这三年间没有经过决策审批或授权程序,累计向控股股东及其关联方非法提供了116.19 亿元,这些资金被用于购买股票、替控股股东及其关联方偿还融资本息、垫付解质押款或支付收购溢价款。查阅康美药业 2016 年度和 2017 年度的年度财务报告可以发现,康美药业在相应年度并未披露这两个关联方,并且截至 2016 年底和 2017 年底,康美药业实际披露的其他应收款分别为 14.01 亿元和 18.03 亿元。广东正中珠江在 2016 年度和 2017 年度的财务报表审计中未识别出普宁康都和普宁康淳这两个关联方,并且导致巨额其他应收款未入账,存在严重失职行为。①

(5) 注册会计师未能保持职业怀疑并按准则执行审计程序。

康美药业主要是通过虚构凭证和交易记录来虚增本期的收入,但是广东正中珠江的注册会计师对这些原始单据的真实性没有保持职业怀疑。尤其在应收账款的回款方面上,没有注意到康美药业的经营活动带来的净现金流量远远低于行业平均水准这一现象,注册会计师对这些信息并没有给予充分的关注。在存货审计方面,被审计单位康美药业向散户、农户采购了近两百亿元的中药材原材料,虽说根据情况很难开出发票和签署合同,但是依据企业内部控制的正常程序应该存有请购单和真实的付款凭证,而广东正中珠江的审计人员也没有实施相应的替代程序。②

在审计实务对于货币资金审计的程序中,会计师事务所的审计人员大多采用银行函证和现金监盘这两个程序,而企业内现有资金比例很小,大多数为各种形式的银行存款。康美药业的货币资金必定存在了一个银行账户或者多个银行账户中。对于银行存款的函证,审计准则要求对所有银行账户进行函证,也包括余额为 0 的账户。近 300 亿元的货币资金,银行配合被审计单位合谋造假的可能性很小,同时从康美药业存贷双高的现象来看,其货币资金方面重大错报风险很高。然而如此简单却又明了的风险问题广东正中珠江的审计人员在对康美药业货币资金项目审计过程中却没有发现。不仅在审计程序的执行过程中没有注意到异常现象,甚至于在后来的审计项目组的内部复核程序、项目合伙人复核以及事务所的内部复核中也没有发现如此明显的风险。

此外,将康美药业与同行业其他公司的货币资金、营业收入、存货周转天数等指标进行比较后,可以轻易发现康美药业的这些指标是明显不同于其他公司的。在此情况下,广东正中珠江的注册会计师在对康美药业进行审计时应当对被审计单位康美药业保持足够的职业怀疑态度,在审计过程中注意发现异常现象,并且相应调整评估的重大错报风险,进而调整总体应对措施和进一步的应对措施。但是,在对康美药业的 2016 年和 2017 年的审计过程中,会计师事务所的注册会计师却没有注意到异常现象,或者注意到了却对异常现象置若罔闻,最终导致其对康美药业的审计失败。

---

① 谢晓娟. 基于关键审计事项视角下的审计失败案例研究:以正中珠江对康美药业的审计为例 [J]. 商业会计, 2020 (8): 78-81.

② 中国证监会行政处罚决定书〔2021〕11 号, 详见证监会网站。

二、货币资金审计——山东新绿

(一) 被审计单位情况

1. 山东新绿基本情况

山东新绿食品股份有限公司(以下简称"山东新绿")成立于2005年6月24日,是一家处于农副加工行业的从事集肉牛养殖育肥、肉牛屠宰分割、牛肉类产品深加工、销售垂直一体化的现代化肉类加工企业。

2005~2011年,公司股权进行了三次转让,至2011年10月,山东新绿由中外合资企业转变为内资企业。

从2012年到2015年上市,3年中共经历了9次的增资,全部为吸收直接投资。

第七次筹资之后,山东新绿作出股东会决议,决定公司由泗水新绿食品有限责任公司整体变更设立为山东新绿食品股份有限公司。根据北京兴华会计师事务所出具的《审计报告》,截至2015年4月30日公司净资产为33 543万元,按2.8785∶1的比例折为股份公司11 653万股,每股面值1.00元,其余21 890万元计入资本公积。①

在上述筹资过程中,董事长陈星为了能使山东新绿顺利挂牌上市,与投资方签下投资协议,这其中也附带了对赌协议。山东新绿在2005年成立以来所签订的对赌协议情况如表6-4所示。

表6-4   2005年山东新绿对赌协议相关情况

时间	投资方	相关文件	具体内容	完成情况
第2、3次增资 (2012年8月)	馨兰聚君	《关于泗水新绿食品有限公司之增资补充协议》	2012年净利润需达到400 000万元,否则陈星以无偿转让股权的方式补足给馨兰聚君	未完成约定目标。2013年7月11日,陈星将持有的山东新绿462万股股权零对价转让给馨兰聚君
第4次增资 (2013年4月)	广发信德	增资、投资补充协议	2014年需达到双方约定的业绩目标	未完成约定目标。2015年4月13日,陈星将持有的山东新绿11 349万股股权零对价转让给馨兰聚君;8 116万股股权零对价转让给馨兰聚牧
第5次增资 (2013年7月)	联新投资	增资、投资补充协议	2014年需达到双方约定的业绩目标	未完成约定目标。2015年4月13日,陈星将持有的山东新绿14 680万股股权零对价转让给联新投资
第6期增资 (2013年9月)	诚鼎二期	增资、投资补充协议	2014年需达到双方约定的业绩目标	未完成约定目标。2015年4月13日,陈星将持有的山东新绿14 680万股股权零对价转让给诚鼎二期

资料来源:中国管理案例共享中心. 山东新绿:"偷服兴奋剂"的十年筹资长跑 [Z]. 2021。

山东新绿在2012年、2013年这两年间签署的投资协议中附带了大量的对赌协议,

---

① 北京兴华会计师事务所《审计报告》(审字第14020105号)。

并且所有的对赌协议都没有达到约定目标，无偿转让股权高达 492.87 万股，按 2015 年 4 月 30 日山东新绿总股份 11 653 万股计算，占比达 4.23%。

2015 年 8 月，山东新绿基本满足了上市条件，经过各大股东之间相互调整股权后，2015 年 12 月山东新绿在新三板市场挂牌上市，证券简称"山东新绿"，其注册资本为 13 934.33 万元，拥有 17 位股东、4 家子公司。公司股价一度高达 10.30 元每股，以当时总股数 1.47 亿股计算，市值达 15.14 亿元。①

2016 年 10 月 25 日，山东新绿由于没有在规定的时间内完成半年报的披露工作，引起了证监会的注意，证监会对山东新绿进行立案调查。

2019 年 6 月 11 日，山东新绿及其董监高存在无法按期披露年报，关联方占用资金，关键管理人员频繁变动，股权大比例质押，实际控制人和对赌协议披露不实，虚增收入，虚增银行存款，隐瞒关联交易等情形，于 2019 年 6 月 11 日收到中国证监会行政处罚决定书〔2019〕55 号文。

随着《行政处罚决定书》的发布，山东新绿及陈思、陈星等 14 名责任人员的违法事实及对应的处罚公之于众，其中"公司形成《泗水上市工作流程交接报告》作为造假工作指南，记录了完整的收入造假会计处理流程，在公司根据对赌协议上的业绩确定需要虚增的业绩后，财务部门需根据虚增目标进行造假，并按月度对财务人员造假完成情况进行考核"令人瞠目结舌。

最终，山东新绿在 2019 年下半年被终止股票挂牌，从此彻底地退出了资本市场的舞台。②

2. 主要会计问题

（1）虚增申报会计期主营业务收入。

在明知经济利益不可能流入公司的情况下，山东新绿通过有计划、有组织地实施收入造假，持续伪造与收入相关的银行收据，造成与收入相关的经济利益持续流入的假象，达到虚增收入的目的。

①有计划、有组织地实施收入造假。第一，山东新绿实际控制人陈思负责决策并安排收入造假，造假的直接动机是完成对赌协议约定的业绩。第二，建立了长期的、系统的造假账务处理及考核流程。公司形成《泗水上市工作流程交接报告》（以下简称《上市流程》）作为造假工作指南，记录了完整的收入造假会计处理流程，在公司根据对赌协议上的业绩确定需要虚增的业绩后，财务部门需根据虚增目标进行造假，并按月度对财务人员造假完成情况进行考核。第三，私设三套财务账套。公司设置税务账、上市账和内账三套财务账套，分别由南厂和北厂财务人员核算，核算系统和核算人员隔离。

②伪造银行收款，虚增主营业务收入。2013 年 1 月至 2015 年 4 月，按照实际控制人陈思的决策与安排，根据《上市流程》记录的造假会计处理流程，公司使用特定银行存款账户，即工商银行山东莒南支行 1610×××0978 账户（以下简称"工行莒南

---

① 山东新绿公开转让说明书。
② 中国证监会行政处罚决定书〔2019〕55 号文，详见证监会网站。

支行账户"），伪造与收入相关的银行收款 1 190 笔，虚构资金流入 77 952.28 万元，用于支持虚增收入。其中，虚增主营业务收入 72 507.43 万元，占公开披露金额的 53.03%。其中，虚增 2013 年、2014 年和 2015 年 1~4 月主营业务收入分别为 26 582.67 万元、30 151.6 万元和 15 773.16 万元，占公开披露主营业务收入的 53.77%、46.49%、70.29%。根据公司公开披露的毛利率测算，上述虚增收入对同期利润总额影响数分别为 4 246.79 万元、5 037.76 万元、2 631.05 万元，占公开披露净利润的 71.46%、74.19%、121.19%。①

（2）虚增申报会计期末银行存款。

申报会计期间，公司虚增销售收入和利润，导致工行莒南支行账户银行存款会计期末余额虚高，虚增 2015 年 4 月 30 日银行存款 5 380.91 万元。

（3）虚增申报会计期末固定资产。

2013 年 5 月至 2014 年 1 月，公司伪造工行莒南支行账户银行付款凭证，虚构名下银行账户 5 笔付款行为，并编制 2013 年 5 月第 538 号，2013 年 6 月第 85 号、161 号、257 号，2014 年 1 月第 611 号记账凭证，虚列"车间二期工程"项目生产成本 2 728 万元，致虚增 2015 年 4 月 30 日固定资产 2 728 万元。②

（4）隐瞒申报会计期关联交易。

转让说明书申报稿及反馈稿披露，莒南鸿润食品有限公司（以下简称"莒南鸿润"）、山东绿润食品有限公司（以下简称"山东绿润"）、北京绿润食品有限公司（以下简称"北京绿润"）是陈思控制的公司，系山东新绿的关联方。

申报会计期内，山东新绿通过对关联方资金往来不入账的方式，隐瞒与上述关联方的资金往来。山东新绿通过伪造、篡改银行收付款凭证隐瞒工行莒南支行账户、工商银行山东泗水支行 1080××××2549 账户（以下简称"工行泗水支行账户"）及农行山东泗水支行 1547××××2085 账户（以下简称"农行账户"）关联交易 59 120.21 万元，其中，2013 年关联交易 16 558.9 万元，2014 年关联交易 32 617.21 万元，2015 年 1~4 月关联交易 9 944.1 万元。

（5）未如实披露公司存在重大内控缺陷。

①未如实披露公司私设多套财务账套。2013~2015 年，山东新绿设置了内账、税务账和上市账三套财务账套，三套账财务数据不一致，其中内账与上市账记录的主营业务收入存在巨大差异，合计差额 -1 387 426 396.58 元。其中：2013 年差额 -338 039 621.36 元，2014 年差额 -462 628 325.95 元，2015 年差额 -586 758 449.27 元。

②财务不独立。公司工行莒南支行账户网银长期由山东绿润控制使用，山东新绿长期使用伪造该账户收付款凭证进行会计处理。

③关联交易不规范。申报会计期内，公司关联交易未提交股东会和董事会审议。

（6）实际控制人披露不实。

转让说明书申报稿及反馈稿披露，山东新绿董事长陈星持有新绿股份 39.76% 股

---

① 山东新绿《泗水上市工作流程交接报告》。
② 中国证监会行政处罚决定书〔2019〕55 号文，详见证监会网站。

权，系山东新绿实际控制人。

经查，在山东新绿股票公开挂牌转让前，陈思长期代陈星履行控股股东及实际控制人职权，并在申报期内实际代陈星履行公司董事长职务及股东权利。依据《中华人民共和国公司法》第二百一十六条第三项的规定，陈思亦为山东新绿的实际控制人。

（7）对赌协议披露不实。

转让说明书申报稿及反馈稿中披露，陈思、陈星与嘉兴硅谷天堂盈祥投资合伙企业（有限合伙）、上海建银国际投资咨询有限公司、方正和生投资有限责任公司、北京方正富邦创融资产管理有限公司、邵某海等5个股东（合计持有山东新绿7.24%的股权）签署的投资协议中没有业绩对赌条款。此外，转让说明书申报稿及反馈稿还披露了陈思于2015年8月11日出具的《承诺》，内容为自承诺签署之日起，陈星与上海联新投资中心（有限合伙）等16名股东不签订任何形式的对赌协议。经查，相关协议中均存在对赌条款。①

（二）审计单位情况

1. 兴华会计师事务所基本情况

兴华会计师事务所是一家业务范围遍布全国、属于综合类的会计中介集团。1992年兴华所成立，总部位于北京，拥有合伙人10名，在国内会计师事务所排名在前20名。兴华所通过自身不断发展壮大，使得事务所内业绩能力不断提高，国内会计师事务所的排名也稳定在前20名，在多个业务模块都有了长足的发展和成绩。在2000年，经财政部授权进行审计鉴证业务，北京兴华会计师事务所正式成立。兴华所的业务经营范围涉及各个领域，从审计到税务咨询，从工程造价到评估等。② 近年北京兴华会计师事务所审计失败情况如表6-5所示。

表6-5　　　　　　　　北京兴华会计师事务所审计失败情况汇总

被审计单位	被罚年份	业务类型	被罚的主要问题
丹东欣泰	2016	IPO审计	未勤勉尽责，未对应付账款、预付账款明细账中存在的大量大额异常红字冲销情况予以关注；在应收账款、预付账款询证函未回函的情况下，未实施替代程序；未获取充分适当的审计证据，未对银行账户的异常情况予以关注
欢瑞世纪	2019	年报审计	未勤勉尽责；审计程序执行不到位；未保持职业怀疑态度
林州重机	2020	年报审计	未勤勉尽责；审计程序执行不到位；未获取充分适当的审计证据

资料来源：根据中国证监会行政处罚决定书整理得到。

2. 主要的审计问题

（1）银行存款审计程序不到位。

经查，注册会计师在执行银行对账单检查程序时，获取的工商银行山东莒南支行

---

① 中国证监会行政处罚决定书〔2019〕55号文，详见证监会网站。
② 根据北京兴华会计师事务所官网（http://www.xhcpas.com）整理。

银行存款账户（银行账号 1610××××0978，以下简称"造假账户"）对账单未加盖银行印章。注册会计师对此未保持应有的职业怀疑，识别上述情况并实施进一步的审计程序，以获取充分的审计证据证明银行存款及相关账户金额的真实性和准确性。上述行为不符合《中国注册会计师审计准则第 1141 号——财务报表审计中与舞弊相关的责任》第十三条和第十四条、《中国注册会计师鉴证业务基本准则》第二十八条、《中国注册会计师职业道德守则第 1 号——职业道德基本原则》第十七条、《中国注册会计师审计准则第 1301 号——审计证据》第十条和第十一条的规定。

(2) 财务报表层次舞弊风险评估程序不到位。

经查，注册会计师在编制舞弊风险评价底稿时，在"管理层为满足第三方要求或预期而承受过度的压力"所列各项中均填写"不存在"。但该审计项目的备查底稿显示，2013 年 8 月上海诚鼎二期股权投资基金合伙企业（有限合伙）与山东新绿实际控制人陈某 1、董事长陈某 2，上海馨兰聚君投资合伙企业（有限合伙），广发信德投资管理有限公司，上海联新投资中心（有限合伙）签订了关于《增资协议》之补充协议，约定 2013 年度至 2015 年度泗水新绿食品有限公司扣除非经常性损益前和扣除非经常性损益后按照税后净利润孰低原则，分别是不低于 5 750 万元、7 475 万元、9 775 万元。而山东新绿 2012 年度的实际利润才 3 721 万元，承受了过度的压力。注册会计师执行的财务报表层次风险评估程序不充分、不适当，未能充分识别出山东新绿存在的舞弊风险。

(3) 账户余额认定层次的风险评估程序不到位。①

经查，注册会计师在执行应收账款和预付账款函证程序时，未对重要客户和供应商函证回函为复印件的情况予以考虑。如对 2014 年度销售客户杭州农宇科贸有限公司（函证期间交易金额 2 022.85 万元，期末余额 590.82 万元）实施了函证程序并予以审计确认，但函证回函为复印件；对供应商三井物产（中国）有限公司（2013 年末预付余额 626.45 万元，2015 年末预付余额 156.10 万元）实施函证，但函证回函为复印件。注册会计师在执行存货采购合同检查程序时，未对抽查的供应商李某 1、马某、李某 2、刘某合与山东新绿签订的收购合同时间晚于收购发票开具时间的情况予以考虑。注册会计师未能在账户余额认定层次充分识别和评估重大错报风险，无法为设计和实施进一步审计程序提供合理基础。

上述行为不符合《中国注册会计师审计准则第 1312 号——函证》第十七条、《中国注册会计师审计准则第 1301 号——审计证据》第十条和第十一条、《中国注册会计师职业道德守则第 1 号——职业道德基本原则》第十七条、《中国注册会计师审计准则 1211 号——通过了解被审计单位及其环境识别和评估重大错报风险》第九条、第十四条、第二十八条和第二十九条的相关规定。

上述行为导致会计师低估了公司重大错报风险，未将审计风险降到合理水平，出具了不恰当的审计意见。上述违法事实，有审计工作底稿、询问笔录、银行对账单、发票等证据证明，足以认定。

---

① 中国证监会行政处罚决定书〔2019〕135 号文，详见证监会网站。

第三节 延伸思考

一、货币资金审计——康美药业

（1）康美医药主要通过虚构凭证和交易记录来虚增营业收入，从审计程序的角度看，注册会计师如何揭示此类会计造假行为？

（2）康美药业聘用正中珠江为其提供审计服务18年，从会计师事务所的角度出发，为避免审计独立性缺失可采取哪些具体措施？

（3）正中珠江称是因为被审计单位没有提供相关存货的资料，原材料已付款但未入账，从而导致2017年报审计时未能发现高达183.43亿元的存货的存在。会计师事务所应当如何确认存货来应对此类舞弊风险？

（4）经营不善的企业希望向外释放企业经营状况良好的假象，从而发生管理层串通舞弊的现象，结合本案例分析，此时注册会计师应当如何防止审计失败？

二、货币资金审计——山东新绿

（1）货币资金的基础性风险和审计风险各包括哪些？货币资金审计中需要审查的凭证和会计记录有哪些？

（2）本案例中，山东新绿通过伪造银行收据，虚增主营业务收入，结合所学知识分析说明银行存款常见的舞弊方式有哪些？

（3）试论银行存款函证和应收账款函证的异同点。

（4）在对山东新绿进行审计时，除货币资金科目的基本审计程序，注册会计师还应对哪些方面进行重点关注，请结合案例谈谈你的看法。

第四节 相关规定

一、货币资金审计——康美药业

《企业会计准则第1号——存货》

第四条 存货同时满足下列条件的，才能予以确认：
（一）与该存货有关的经济利益很可能流入企业；
（二）该存货的成本能够可靠地计量。

第九条　下列费用应当在发生时确认为当期损益，不计入存货成本：

（一）非正常消耗的直接材料、直接人工和制造费用。

（二）仓储费用（不包括在生产过程中为达到下一个生产阶段所必需的费用）。

（三）不能归属于使存货达到场所和状态的其他支出。

第二十二条　企业应当在附注中披露与存货有关的下列信息：

（一）各类存货的期初和期末账面价值。

（二）确定发出存货成本所采用的方法。

（三）存货可变现净值的确定依据，存货跌价准备的计提方法，当期计提的存货跌价准备的金额，当期转回的存货跌价准备的金额，以及计提和转回的有关情况。

（四）用于担保的存货账面价值。

《企业会计准则第14号——收入》

第四条　企业应当在履行了合同中的履约义务，即在客户取得相关商品控制权时确认收入。取得相关商品控制权，是指能够主导该商品的使用并从中获得几乎全部的经济利益。

第五条　当企业与客户之间的合同同时满足下列条件时，企业应当在客户取得相关商品控制权时确认收入：

（一）合同各方已批准该合同并承诺将履行各自义务；

（二）该合同明确了合同各方与所转让商品或提供劳务（以下简称"转让商品"）相关的权利和义务；

（三）该合同有明确的与所转让商品相关的支付条款；

（四）该合同具有商业实质，即履行该合同将改变企业未来现金流量的风险、时间分布或金额；

（五）企业因向客户转让商品而有权取得的对价很可能收回。

《中国注册会计师审计准则问题解答第4号——收入确认》

注册会计师在识别和评估与收入确认相关的重大错报风险时，应当基于收入确认存在舞弊风险的假定，评价哪些类型的收入、收入交易或认定导致舞弊风险。

假定收入确认存在舞弊风险，并不意味着注册会计师应当将与收入确认相关的所有认定都假定为存在舞弊风险。

被审计单位不同，管理层实施舞弊的动机或压力不同，其舞弊风险所涉及的具体认定也不同，注册会计师需要作出具体分析。

如果注册会计师认为收入确认存在舞弊风险的假定不适用于业务的具体情况，从而未将收入确认作为由于舞弊导致的重大错报风险领域，注册会计师应当在审计工作底稿中记录得出该结论的理由。

《中国注册会计师审计准则第1631号——财务报表审计中对环境事项的考虑》

第八条　注册会计师在实施风险评估程序时，应当从下列方面考虑对被审计单位所处行业及其业务产生重大影响的环境保护要求和问题：

（一）所处行业存在的重大环境风险，包括已有的和潜在的风险；

（二）所处行业通常面临的环境保护问题；

（三）适用于被审计单位的环境法律法规；

（四）被审计单位的产品或生产过程中使用的原材料、技术、工艺及设备等是否属于法律法规强制要求淘汰或行业自愿淘汰之列；

（五）监管机构采取的行动或发布的报告是否对被审计单位及其财务报表可能产生重大影响；

（六）被审计单位为预防、减轻或弥补对环境造成的破坏，或为保护可再生资源和不可再生资源拟采取的措施；

（七）被审计单位因环境事项遭受处罚和诉讼的记录及其原因；

（八）是否存在与遵守环境法律法规相关的未决诉讼；

（九）所投保险是否涵盖环境风险。

第九条　对具体审计业务而言，注册会计师拥有的环境事项知识程度通常不如管理层或环境专家。但注册会计师应当具备足够的环境事项知识，以识别和了解与环境事项相关的，可能对财务报表及其审计产生重大影响的交易、事项和惯例。

《中国注册会计师审计准则第1211号——通过了解被审计单位及其环境识别和评估重大错报风险》

第二十一条　注册会计师应当了解被审计单位所处的法律环境及监管环境，主要包括：

（一）适用的会计准则、会计制度和行业特定惯例；

（二）对经营活动产生重大影响的法律法规及监管活动；

（三）对开展业务产生重大影响的政府政策，包括货币、财政、税收和贸易等政策；

（四）与被审计单位所处行业和所从事经营活动相关的环保要求。

第三十一条　注册会计师应当了解被审计单位对会计政策的选择和运用，是否符合适用的会计准则和相关会计制度，是否符合被审计单位的具体情况。

《中国注册会计师审计准则第1301号——审计证据》

第十条　注册会计师应当根据具体情况设计和实施恰当的审计程序，以获取充分、适当的审计证据。

第十五条　如果存在下列情形之一，注册会计师应当确定需要修改或追加哪些审计程序予以解决，并考虑存在的情形对审计其他方面的影响：

（一）从某一来源获取的审计证据与从另一来源获取的不一致；

（二）注册会计师对用作审计证据的信息的可靠性存有疑虑。

《中国注册会计师审计准则第1141号——财务报表审计中与舞弊相关的责任》

第二十五条　注册会计师应当评价通过其他风险评估程序和相关活动获取的信息，

是否表明存在舞弊风险因素。存在舞弊风险因素并不必然表明发生了舞弊，但在舞弊发生时通常存在舞弊风险因素，因此，舞弊风险因素可能表明存在由于舞弊导致的重大错报风险。

第三十一条　按照《中国注册会计师审计准则第1231号——针对评估的重大错报风险采取的应对措施》的规定，注册会计师应当设计和实施进一步审计程序，审计程序的性质、时间安排和范围应当能够应对评估的由于舞弊导致的认定层次重大错报风险。例如，针对由于舞弊导致的认定层次重大错报风险，注册会计师应当考虑实施函证程序以获取更多的相互印证的信息。

第四十八条　《中国注册会计师审计准则第1211号——通过了解被审计单位及其环境识别和评估重大错报风险》规定注册会计师应当记录对被审计单位及其环境的了解以及对重大错报风险的评估结果。注册会计师应当将下列内容形成审计工作底稿：

（一）项目组内部就由于舞弊导致财务报表重大错报的可能性进行讨论所得出的重要结论；

（二）识别和评估的由于舞弊导致的财务报表层次和认定层次的重大错报风险。

《中国注册会计师审计准则第1312号——函证》

第十四条　注册会计师应当根据特定审计目标设计询证函。

第十七条　积极的函证方式通常比消极的函证方式提供的审计证据可靠。当同时存在下列情况时，注册会计师可考虑采用消极的函证方式：

（一）重大错报风险评估为低水平；

（二）涉及大量余额较小的账户；

（三）预期不存在大量的错误；

（四）没有理由相信被询证者不认真对待函证。

《中国注册会计师审计准则第1101号——注册会计师的总体目标和审计工作的基本要求》

第二十七条　集团项目合伙人应当按照《中国注册会计师审计准则第1111号——就审计业务约定条款达成一致意见》的规定，就集团审计业务约定条款与管理层或治理层（如适用）达成一致意见。

第二十八条　集团项目组应当按照《中国注册会计师审计准则第1201号——计划审计工作》的规定，制定集团总体审计策略和具体审计计划。

《质量控制准则第5101号——会计师事务所对执行财务报表审计和审阅、其他鉴证和相关服务业务实施的质量控制》

第三十五条　会计师事务所应当制定政策和程序，以合理保证会计师事务所及其人员遵守相关职业道德要求。

第三十八条　会计师事务所应当制定政策和程序，以合理保证能够获知违反独立性要求的情况，并能够采取适当行动予以解决。

这些政策和程序应当包括下列要求：

（一）会计师事务所人员将注意到的、违反独立性要求的情况立即报告会计师事务所；

（二）会计师事务所将识别出的违反这些政策和程序的情况，立即传达给需要与会计师事务所共同处理这些情况的项目合伙人、需要采取适当行动的会计师事务所和网络内部的其他相关人员以及受独立性要求约束的人员；

（三）项目合伙人、会计师事务所和网络内部的其他相关人员以及受独立性要求约束的人员，在必要时立即向会计师事务所报告他们为解决有关问题而采取的行动，以使会计师事务所能够决定是否应当采取进一步的行动。

第四十七条 会计师事务所应当制定政策和程序，以合理保证按照职业准则和适用的法律法规的规定执行业务，使会计师事务所和项目合伙人能够出具适合具体情况的报告。

这些政策和程序应当包括：

（一）与保持业务执行质量一致性相关的事项；

（二）监督责任；

（三）复核责任。

《中国注册会计师审计准则第1231号——针对评估的重大错报风险采取的应对措施》

第六条 注册会计师应当针对评估的认定层次重大错报风险，设计和实施进一步审计程序，包括审计程序的性质、时间安排和范围。

第八条 当存在下列情形之一时，注册会计师应当设计和实施控制测试，针对相关控制运行的有效性，获取充分、适当的审计证据：

（一）在评估认定层次重大错报风险时，预期控制的运行是有效的（即在确定实质性程序的性质、时间安排和范围时，注册会计师拟信赖控制运行的有效性）；

（二）仅实施实质性程序并不能够提供认定层次充分、适当的审计证据。

第二十一条 如果认为评估的认定层次重大错报风险是特别风险，注册会计师应当专门针对该风险实施实质性程序。如果针对特别风险实施的程序仅为实质性程序，这些程序应当包括细节测试。

《中国注册会计师审计准则第1323号——关联方》

第三条 许多关联方交易是在正常经营过程中发生的，与类似的非关联方交易相比，这些关联方交易可能并不具有更高的财务报表重大错报风险。但是，在某些情况下，关联方关系及其交易的性质可能导致关联方交易比非关联方交易具有更高的财务报表重大错报风险。

第四条 由于关联方之间彼此并不独立，为使财务报表使用者了解关联方关系及其交易的性质，以及关联方关系及其交易对财务报表实际或潜在的影响，许多财务报告编制基础对关联方关系及其交易的会计处理和披露作出了规定。在适用的财务报告编制基础作出规定的情况下，注册会计师有责任实施审计程序，以识别、评估和应对被审计单位未能按照适用的财务报告编制基础对关联方关系及其交易进行恰当会计处理或披露导致的重大错报风险。

第五条　即使适用的财务报告编制基础对关联方作出很少的规定或没有作出规定，注册会计师仍然需要了解被审计单位的关联方关系及其交易，以足以确定财务报表（就其受到关联方关系及其交易的影响而言）是否实现公允反映。

第六条　由于关联方之间更容易发生舞弊，因此注册会计师了解被审计单位的关联方关系及其交易，与其按照《中国注册会计师审计准则第1141号——财务报表审计中与舞弊相关的责任》的规定评价是否存在一项或多项舞弊风险因素相关。

第七条　由于审计的固有限制，即使注册会计师按照审计准则的规定恰当计划和实施了审计工作，也不可避免地存在财务报表中的某些重大错报未被发现的风险。就关联方而言，由于下列原因，审计的固有限制对注册会计师发现重大错报能力的潜在影响会加大：

（一）管理层可能未能识别出所有关联方关系及其交易，特别是在适用的财务报告编制基础没有对关联方作出规定时；

（二）关联方关系可能为管理层的串通舞弊、隐瞒或操纵行为提供更多机会。

第八条　由于存在未披露关联方关系及其交易的可能性，注册会计师按照《中国注册会计师审计准则第1101号——注册会计师的总体目标和审计工作的基本要求》的规定，在计划和实施与关联方关系及其交易有关的审计工作时，保持职业怀疑尤为重要。

第二十一条　注册会计师应当按照《中国注册会计师审计准则第1231号——针对评估的重大错报风险采取的应对措施》的规定，针对评估的与关联方关系及其交易相关的重大错报风险，设计和实施进一步审计程序，以获取充分、适当的审计证据。这些程序应当包括本准则第二十二条至第二十五条规定的审计程序。

第二十二条　如果识别出可能表明存在管理层以前未识别出或未向注册会计师披露的关联方关系或交易的安排或信息，注册会计师应当确定相关情况是否能够证实关联方关系或关联方交易的存在。

第二十三条　如果识别出管理层以前未识别出或未向注册会计师披露的关联方关系或重大关联方交易，注册会计师应当：

（一）立即将相关信息向项目组其他成员通报；

（二）在适用的财务报告编制基础对关联方作出规定的情况下，要求管理层识别与新识别出的关联方之间发生的所有交易，以便注册会计师作出进一步评价，并询问与关联方关系及其交易相关的控制为何未能识别或披露该关联方关系或交易；

（三）对新识别出的关联方或重大关联方交易实施恰当的实质性程序；

（四）重新考虑可能存在管理层以前未识别出或未向注册会计师披露的其他关联方或重大关联方交易的风险，如有必要，实施追加的审计程序；

（五）如果管理层不披露关联方关系或交易看似是有意的，因而显示可能存在由于舞弊导致的重大错报风险，评价这一情况对审计的影响。

第二十四条　对于识别出的超出正常经营过程的重大关联方交易，注册会计师应当：

（一）检查相关合同或协议（如有）；

（二）获取交易已经恰当授权和批准的审计证据。

如果检查相关合同或协议，注册会计师应当评价：

（一）交易的商业理由（或缺乏商业理由）是否表明被审计单位从事交易的目的可能是为了对财务信息作出虚假报告或为了隐瞒侵占资产的行为；

（二）交易条款是否与管理层的解释一致；

（三）关联方交易是否已按照适用的财务报告编制基础得到恰当会计处理和披露。

第二十五条　如果管理层在财务报表中作出认定，声明关联方交易是按照等同于公平交易中通行的条款执行的，注册会计师应当就该项认定获取充分、适当的审计证据。

《中国注册会计师职业道德守则第1号——职业道德基本原则》

第七条　注册会计师应当遵循下列职业道德基本原则：

（一）诚信；

（二）客观公正；

（三）独立性；

（四）专业胜任能力和勤勉尽责；

（五）保密；

（六）良好职业行为。

《中华人民共和国证券法》（2019年）

第五十六条　禁止任何单位和个人编造、传播虚假信息或者误导性信息，扰乱证券市场。

禁止证券交易场所、证券公司、证券登记结算机构、证券服务机构及其从业人员，证券业协会、证券监督管理机构及其工作人员，在证券交易活动中作出虚假陈述或者信息误导。

各种传播媒介传播证券市场信息必须真实、客观，禁止误导。传播媒介及其从事证券市场信息报道的工作人员不得从事与其工作职责发生利益冲突的证券买卖。

编造、传播虚假信息或者误导性信息，扰乱证券市场，给投资者造成损失的，应当依法承担赔偿责任。

第六十三条　通过证券交易所的证券交易，投资者持有或者通过协议、其他安排与他人共同持有一个上市公司已发行的有表决权股份达到百分之五时，应当在该事实发生之日起三日内，向国务院证券监督管理机构、证券交易所作出书面报告，通知该上市公司，并予公告，在上述期限内不得再行买卖该上市公司的股票，但国务院证券监督管理机构规定的情形除外。

投资者持有或者通过协议、其他安排与他人共同持有一个上市公司已发行的有表决权股份达到百分之五后，其所持该上市公司已发行的有表决权股份比例每增加或者减少百分之五，应当依照前款规定进行报告和公告，在该事实发生之日起至公告后三日内，不得再行买卖该上市公司的股票，但国务院证券监督管理机构规定的情形除外。

投资者持有或者通过协议、其他安排与他人共同持有一个上市公司已发行的有表决权股份达到百分之五后，其所持该上市公司已发行的有表决权股份比例每增加或者减少百分之一，应当在该事实发生的次日通知该上市公司，并予公告。

违反第一款、第二款规定买入上市公司有表决权的股份的，在买入后的三十六个月内，对该超过规定比例部分的股份不得行使表决权。

第六十五条 通过证券交易所的证券交易，投资者持有或者通过协议、其他安排与他人共同持有一个上市公司已发行的有表决权股份达到百分之三十时，继续进行收购的，应当依法向该上市公司所有股东发出收购上市公司全部或者部分股份的要约。

收购上市公司部分股份的要约应当约定，被收购公司股东承诺出售的股份数额超过预定收购的股份数额的，收购人按比例进行收购。

第六十六条 依照前条规定发出收购要约，收购人必须公告上市公司收购报告书，并载明下列事项：

（一）收购人的名称、住所；

（二）收购人关于收购的决定；

（三）被收购的上市公司名称；

（四）收购目的；

（五）收购股份的详细名称和预定收购的股份数额；

（六）收购期限、收购价格；

（七）收购所需资金额及资金保证；

（八）公告上市公司收购报告书时持有被收购公司股份数占该公司已发行的股份总数的比例。

第六十八条 在收购要约确定的承诺期限内，收购人不得撤销其收购要约。收购人需要变更收购要约的，应当及时公告，载明具体变更事项，且不得存在下列情形：

（一）降低收购价格；

（二）减少预定收购股份数额；

（三）缩短收购期限；

（四）国务院证券监督管理机构规定的其他情形。

第一百九十三条 违反本法第五十六条第一款、第三款的规定，编造、传播虚假信息或者误导性信息，扰乱证券市场的，没收违法所得，并处以违法所得一倍以上十倍以下的罚款；没有违法所得或者违法所得不足二十万元的，处以二十万元以上二百万元以下的罚款。

违反本法第五十六条第二款的规定，在证券交易活动中作出虚假陈述或者信息误导的，责令改正，处以二十万元以上二百万元以下的罚款；属于国家工作人员的，还应当依法给予处分。

传播媒介及其从事证券市场信息报道的工作人员违反本法第五十六条第三款的规定，从事与其工作职责发生利益冲突的证券买卖的，没收违法所得，并处以买卖证券等值以下的罚款。

《公开发行证券的公司信息披露内容与格式准则第 2 号——年度报告的内容与格式》

第三十一条　公司应当披露董事、监事和高级管理人员的情况，包括：

（一）基本情况。现任及报告期内离任董事、监事、高级管理人员的姓名、性别、年龄、任期起止日期（连任的从首次聘任日起算）、年初和年末持有本公司股份、股票期权、被授予的限制性股票数量、年度内股份增减变动量及增减变动的原因。如为独立董事，需单独注明。报告期如存在任期内董事、监事离任和高级管理人员解聘，应当说明原因。

（二）现任董事、监事、高级管理人员专业背景、主要工作经历，目前在公司的主要职责。董事、监事、高级管理人员如在股东单位任职，应当说明其职务及任职期间，以及在除股东单位外的其他单位的任职或兼职情况。公司应当披露现任及报告期内离任董事、监事和高级管理人员近三年受证券监管机构处罚的情况。

（三）年度报酬情况

董事、监事和高级管理人员报酬的决策程序、报酬确定依据以及实际支付情况。披露每一位现任及报告期内离任董事、监事和高级管理人员在报告期内从公司获得的税前报酬总额（包括基本工资、奖金、津贴、补贴、职工福利费和各项保险费、公积金、年金以及以其他形式从公司获得的报酬）及其全体合计金额，并说明是否在公司关联方获取报酬。

第四十条　按照规定要求披露内部控制自我评价报告的公司，应当提供披露相关信息的网站查询索引。按照规定要求对内部控制进行审计的公司，应当提供披露内部控制审计报告的网站查询索引。

会计师事务所出具非标准意见的内部控制审计报告或者内部控制审计报告与公司内部控制评价报告意见不一致的，公司应当解释原因。

二、货币资金审计——山东新绿

《中国注册会计师审计准则第1141号——财务报表审计中与舞弊相关的责任》

第十三条　按照《中国注册会计师审计准则第1101号——注册会计师的总体目标和审计工作的基本要求》的规定，注册会计师应当在整个审计过程中保持职业怀疑，认识到存在由于舞弊导致的重大错报的可能性，而不应受到以前对管理层、治理层正直和诚信形成的判断的影响。

第十四条　除非存在相反的理由，注册会计师可以将文件和记录作为真品。但如果在审计过程中识别出的情况使注册会计师认为文件可能是伪造的或文件中的某些条款已发生变动但未告知注册会计师，注册会计师应当作出进一步调查。

《中国注册会计师审计准则第1312号——函证》

第十七条　如果存在对询证函回函的可靠性产生疑虑的因素，注册会计师应当进一步获取审计证据以消除这些疑虑。

《中国注册会计师审计准则第 1301 号——审计证据》

第十条　注册会计师应当根据具体情况设计和实施恰当的审计程序，以获取充分、适当的审计证据。

第十一条　在设计和实施审计程序时，注册会计师应当考虑用作审计证据的信息的相关性和可靠性。

《中国注册会计师审计准则 1211 号——通过了解被审计单位及其环境识别和评估重大错报风险》

第九条　风险评估程序应当包括：

（一）询问管理层、适当的内部审计人员（如有），以及注册会计师判断认为可能掌握有助于注册会计师识别由于舞弊或错误导致的重大错报风险的信息的被审计单位内部其他人员；

（二）分析程序；

（三）观察和检查。

需要询问的被审计单位内部其他人员，是注册会计师根据判断认为可能拥有某些信息的人员，这些信息有助于识别由于舞弊或错误导致的重大错报风险。

第十四条　注册会计师应当从下列方面了解被审计单位及其环境：

（一）相关行业状况、法律环境和监管环境及其他外部因素，包括适用的财务报告编制基础。

（二）被审计单位的性质，包括经营活动、所有权和治理结构、正在实施和计划实施的投资（包括对特殊目的实体的投资）的类型、组织结构和筹资方式。了解被审计单位的性质，可以使注册会计师了解预期在财务报表中反映的各类交易、账户余额和披露。

（三）被审计单位对会计政策的选择和运用，包括变更会计政策的原因。注册会计师应当根据被审计单位的经营活动，评价会计政策是否适当，并与适用的财务报告编制基础、相关行业使用的会计政策保持一致。

（四）被审计单位的目标、战略以及可能导致重大错报风险的相关经营风险。

（五）对被审计单位财务业绩的衡量和评价。

第二十八条　注册会计师应当在下列两个层次识别和评估重大错报风险，为设计和实施进一步审计程序提供基础：

（一）财务报表层次；

（二）各类交易、账户余额和披露的认定层次。

第二十九条　在识别和评估重大错报风险时，注册会计师应当实施下列审计程序：

（一）在了解被审计单位及其环境（包括与风险相关的控制）的整个过程中，结合对财务报表中各类交易、账户余额和披露（包括定量披露和定性披露）的考虑，识别风险；

（二）评估识别出的风险，并评价其是否更广泛地与财务报表整体相关，进而潜在地影响多项认定；

（三）在考虑拟测试的相关控制时，将识别出的风险与认定层次可能发生错报的领域相联系；

（四）考虑发生错报的可能性（包括发生多项错报的可能性），以及潜在错报的重大程度是否足以导致重大错报。

《中国注册会计师职业道德守则第 1 号——职业道德基本原则》

第十七条　注册会计师应当通过教育、培训和执业实践获取和保持专业胜任能力。

第七章
新能源类公司审计

第一节 相关概念

一、新能源汽车

"新能源汽车"在本章节的定义是:采用不同于以往传统的汽油、柴油等绿色环保材料作为燃料动力,结合使用先进的动力驱动技术,结合使用非传统的动力装置,组成的环保型汽车。新能源汽车根据燃料类别的不同分为:燃天然气汽车(包括液化天然气、压缩天然气)、纯电动汽车、氢能源动力汽车、油气混合动力汽车、油电混合动力汽车、太阳能汽车和其他类型新能源汽车等,这些新能源汽车在尾气排放上有着传统汽车没有的优势,对缓解环境污染有很大贡献。国家文件中新能源汽车主要指纯电动、插电式和燃料电池汽车。所以本书的新能源汽车是指政策文件中规定的在补贴范围的新能源汽车,不再区分燃气汽车或燃料电池电动车等。

二、专项资金

所谓专项资金,是国家或有关部门或上级部门下拨行政事业单位具有专门指定用途或特殊用途的资金。这种资金都会要求进行单独核算,专款专用,不能挪作他用。并需要单独报账结算的资金。在当前各种制度和规定中,专项资金有着不同的名称,如专项支出、项目支出、专款等,并且在包括的具体内容上也有一定的差别。但从总体看,其含义又是基本一致的。专项资金有三个特点:一是来源于财政或上级单位;二是用于特定事项;三是需要单独核算。专项资金按其形成来源主要可分为专用基金、专用拨款和专项借款三类。财政资金按收入来源分为:中央预算安排专项、地方预算安排专项、按规定征收的专项收入、其他收入来源的专项;按资金投向分为:涉农专项支出、社会保障专项、民政专项、教科文卫专项、基础设施投资专项。[①]

新能源补贴专项资金是指国家为了支持新能源产业发展而设立的,中央财政从可

---

① 秦荣生,卢春泉. 审计学 [M]. 北京:中国人民大学出版社,2017:57-64.

再生能源专项资金中安排一定支持光伏发电技术、风能、生物质能、汽车新能源等在各领域的示范应用及关键技术产业化的资金。这种资金都会要求进行单独核算，专款专用，不能挪作他用。新能源汽车补贴是国家重点投入、支持新能源汽车产业发展的专项资金，是为了顺应国家环境政策、专门针对新兴的新能源汽车产业而设立的，重点投入的目的是加快我国能源产业结构调整；新能源汽车补贴专项资金的投入能够平衡各地区发展差异，促进社会和谐发展，如：新能源汽车补贴根据不同的省市设立不同额度的补贴，一方面是满足不同地区的需求差异，另一方面是为了平衡地区发展上的差异。

三、专项资金审计

专项资金审计是指审计机关运用审计方法，对专项资金收支的合规性、真实性和效益性进行的监督活动。

新能源汽车补贴属于专项资金收支的一部分，新能源汽车补贴专项资金审计是指审计机关对国家为支持新能源汽车产业发展而投入的补贴资金运用专门的审计手段进行审计工作，目的是保证资金落到实处、更好地实现政策目标。新能源汽车补贴专项资金审计主要针对投入到新能源汽车生产、销售、核心部件技术研发等领域的补贴资金进行合规性审计，核实资金申请单位对专项资金的具体使用情况。

第二节 案例分析

一、案例背景

吉姆西全称苏州吉姆西客车制造有限公司，地理位置处于苏州吴中经济技术开发区，成立于 2013 年 8 月 6 日，公司重组原苏州客车厂，于 2015 年取得生产资格。公司主要包括新能源汽车整车及核心零部件的设计开发、生产制造、销售和售后服务等业务；吉姆西主要有行政部门、研究部门、生产部门、质量控制部门、采购部门、营销部门、售后服务部门以及财务部门。[①]

2016 年 3 月 29 日，国内首家新能源"骗补"车企被媒体曝光。江苏省苏州市的吉姆西客车制造有限公司（以下简称"吉姆西"）成为首家被查的"骗补"企业。[②]

据公开资料，吉姆西位于苏州市吴中区，其前身为苏州客车厂。2013 年底，为了优化汽车产业结构，工信部公布了第一批特别公示企业名单。苏州客车厂赫然在列，这意味着该企业已被暂停生产资质，且暂时无法申报客年公告：除非通过重组

---

① 新能源汽车"骗补"风波 [J]. 中国战略新兴产业，2016 (21)：42-43.
② 首家新能源骗补车企曝光 [J]. 汽车观察，2016 (4)：15.

恢复生产。

2014年通过并购与重组，苏州客车厂改头换面更名为吉姆西。颇有意思的是，吉姆西的汉语恰恰与美国著名房车品牌GMC相仿。这样的名称容易造成用户的认知混淆。不过也正是由于这样的混淆，吉姆西在2015年通过重复申报的方式，骗取了数亿元的中央及地方财政补贴。

直到2015年2月，工信部发布的《车辆生产企业及产品公告（第269批）》才同意苏州客车厂有限公司已列入公告的所有产品，企业名称变更为"苏州吉姆西客车制造有限公司"，法人代表变更为"杨源"。而这也成为吉姆西"骗补"的开始。

2015年，纯电动中巴车（6~8m）执行的补贴标准约为30万元/辆（参考《关于继续开展新能源汽车推广应用工作的通知》），原本濒临破产的吉姆西由此获得了"大发展"。

根据2016年3月25日，央视新闻频道《朝闻天下》的报道，"骗补"调查专家组成员董扬（中国汽车工业协会常务副会长）表示："对于吉姆西的'骗补'行为，中汽协将协助四部委坚决予以查处，该追查退回的追查退回，该追究责任的追究责任，绝不姑息'骗补'蛀虫！"另据董扬介绍，2015年吉姆西实际出厂的仅有约1 400辆纯电动中巴车，但实际申报补贴的约有3 000辆中巴车。这样通过重复申报的"骗补"行为已达数亿元。

二、审计目标及内容

（一）审计目标

首先，要掌握新能源汽车生产、销售、使用等情况，对新能源汽车补贴专项资金使用到的各个环节是否合规进行审计。从整体上对"新能源汽车补贴专项资金"的下拨、管理与使用情况进行审核，客观评价"新能源汽车补贴专项资金"的政策执行效果，加快新能源汽车推广相关财政政策目标完成情况。

其次，要披露各种执行过程中出现的问题，以促进新能源汽车补贴专项资金规范管理。全面反映"新能源补贴专项资金"是否存在主管单位拨款审核不严格、资金分配随意性大、个别生产企业套取骗取、挤占挪用等影响申报资金执行完整性、真实性和合规性问题，揭示各生产企业是否有按照申请资料完工、按照新能源汽车相关标准生产，以及生产效益低下、销售效果不佳等影响新能源汽车补贴财政政策执行效果问题，规范"新能源汽车补贴专项资金"的使用，提高政策落地效率和效果。

最后，要深入分析问题存在的原因，提出具体的有针对性的建议。从新能源汽车生产、销售等资料的申报审核、相关实际生产能力和销售情况监督追踪及未按标准要求生产或其他不正当企图申请新能源汽车补贴的事后惩处等方面，对新能源补贴专项资金在执行过程中出现的问题分门别类地进行深入分析，针对申请环节、下拨环节、使用环节、生产环节等提出加强顶层设计的审计建议，促进积极财政政策的贯彻落实，促进转变经济发展方式。

(二) 审计内容

此次审计中,审计人员遵照审计目标和职业经验,对新能源汽车补贴专项资金从申报、使用和效益等方面入手,对涉及的资金申报、新能源汽车生产销售以及资金管理和使用等文件资料运用审计手段进行审计、调查、核对和分析,比照新能源汽车补贴标准对新能源汽车补贴专项资金使用情况予以评价。对吉姆西新能源汽车补贴专项资金的审计主要是针对资金在下拨过程、使用过程、使用效果的真实性和合规性开展审查,对新能源汽车补贴专项资金在使用过程中的合法性进行审计。此项审计通过对生产企业生产过程进行观察、生产最终完工成品进行抽查、销售客户进行函证等手段搜集审计证据,对审计证据进行分析,最后对吉姆西使用新能源汽车补贴专项资金是否合法合规进行评价,找出其中影响政策落地的关键环节,有针对性地提出改进建议,旨在提高新能源汽车补贴专项资金使用效率、效果。本次针对新能源汽车补贴专项资金以苏州吉姆西为例,其审计内容和重点如下:

1. 资金下拨、使用情况

审计内容主要分为以下几点。首先,根据新能源补贴专项资金的申请过程中生产或销售企业上交的申请审批资料,结合具体生产情况,检查主管部门对吉姆西申请新能源汽车补贴专项资金的审核把关情况,确定是否存在主管部门对被审计单位吉姆西申报材料审核把关不严,造成新能源补贴专项资金流失浪费问题,或主管部门直接或串通申请单位编制虚假材料套取骗取新能源补贴专项资金问题;其次,是根据相关主管部门对第三方购车企业和销售企业审核验收的购销资料,结合实际购销和实际车辆投入使用情况、使用效益,检查是否存在主管部门对第三方购车企业审核验收质量把关不严,造成新能源汽车闲置、车辆生产或销售企业多得资金、购车企业与车辆制造企业串通舞弊骗取国家资金等问题。同时,在掌握具体车辆生产、销售和使用的基础之上,注意车辆生产企业是否存在通过拆卸电池或其他手段重复申请获得新能源补贴专项资金、编制虚假材料套取骗取新能源补贴资金,或因买卖双方串谋而使补贴使用未能达到预期政策目标和效果等问题。①

审计的重点主要有以下几点:①重点关注资金下拨和补贴对象是否符合国家文件中新能源汽车补贴标准;②重点关注在新能源汽车技术改造项目中,主管部门对申报企业资质审核管理情况;③在核实上报数据真实性的基础上,重点关注弄虚作假套取骗取、挤占挪用专项资金等重大违法违规问题及案件线索;④注意未按时完工车辆和已完工但未充分发挥资金效益车辆的审批情况。

2. 车辆完工达标情况

审计的内容主要有以下几点。首先,根据汽车制造企业吉姆西提交的申报资料,实地盘查实际完工车辆数量,检查汽车制造企业是否存在虚报新能源汽车生产数量、未按申报情况完成新能源汽车制造数量、虚假生产等违法情况;其次,根据新能源汽

---

① 张春暖. 新能源汽车补贴专项资金审计研究 [D]. 重庆:西南政法大学,2017.

车补贴申请标准，询问相关负责生产的一线员工关于新能源汽车制造的实际生产流程，检查汽车制造企业吉姆西是否存在汽车生产未按新能源标准配备新能源电池或换取电池、未按汽车制造程序提前上牌及虚报合格证等违规情况，相关电池或汽车制造程序等专业问题可咨询或聘请专家协助审计工作的进展。

审计的重点主要有以下几点：①重点盘查汽车制造企业吉姆西实际生产车辆数量及查阅相关生产流水记录等资料；②重点关注吉姆西生产出的车辆是否有合格证尤其是否有 VIN 码（vehicle identification number，车辆识别码的缩写）及相关车辆生产标准的配件；③重点核实吉姆西生产出的车及其电池是否符合新能源补贴标准，重点关注虚假生产、不合规申请新能源汽车补贴等违法违规行为问题及审计证据。

3. 投入与产出情况

审计的内容主要有以下几点。首先，根据汽车制造企业吉姆西申报的新能源补贴金额及新能源汽车产出数量，核实新能源汽车实际库存数、销售量，核实相关生产、销售数量是否真实；其次，根据汽车制造企业吉姆西申请报批新能源汽车产出数量、销售合同等相关资料向相关有购销合同的购买企业函证核实实际履约情况，检查汽车制造企业吉姆西是否存在虚报产出数量、虚假销售等违法行为；最后，根据关联方企业提供的信息，实地核实关联企业合同购买数量及实际交付使用情况，检查是否存在买卖双方签订虚假协议、联手骗取国家补贴等重大违法行为。

审计的重点主要有以下几点：①重点盘点汽车制造企业实际库存新能源汽车数量与申请资料是否吻合，以及发生的销售数量与账上产量、销量是否一致；②重点摸清与吉姆西相关联的企业是否真实存在相关交易及是否按合同及时交付使用的新能源汽车情况；③核实关联企业购买方实际投入使用新能源汽车的运营情况，重点关注汽车制造企业是否存在虚假销售、关联企业是否联合骗取国家财政补贴等影响恶劣的不正当行为。

三、审计过程中发现的问题

新能源汽车补贴专项资金作为政府为支持新能源汽车发展的政策性资金，本应当"专款专用"，实现政策推广效益，鼓励和激励公众积极购买新能源汽车，让更多的企业资本参与到新能源汽车的推广工作中。但在 2016 年新能源汽车补贴专项资金的审计过程中，发现了一系列违背政策目标实现的问题：部分汽车制造企业财务核算不规范、生产监管不到位、内部控制缺失，导致生产企业管理人员和购买企业串通联合骗取新能源汽车补贴专项资金，损害国家、社会和消费者的利益。在审计苏州吉姆西汽车制造企业的过程中，发现了如下具体问题：

（一）采购过程存在虚假编造采购数据

审计组发现：在采购环节，吉姆西在财务账簿上以暂估入账等方式编造采购数据，涉及关键零部件供应商 4 家，根据审计组对上游供应商企业核实过程中，发现吉姆西在 2015 年共虚假入账 1 901 套车身、1 378 组电池。

其中以吉姆西对上游供应商江苏索尔新能源科技股份有限公司的采购业务为例，具体采购合同情况如表 7-1 所示。

表 7-1　　　　　　　吉姆西采购江苏索尔新能源科技公司电池情况

签订时间	合同内容	合同总计金额
2015 年 11 月 20 日	500 套车用锂电池模块系统	5 600 万元
2015 年 12 月 17 日	1 500 套车用锂电池模块系统	1 518 亿元
2016 年 1 月 15 日	8 000 套车用锂电池模块系统	不少于 80 960 万元

资料来源：财政部审计报告。

但在实际采购过程中，吉姆西在收到或者没有收到部分电池的情况下以合同签订时间及全部金额计入财务报表中，虚假编造采购价款，为之后能够虚构生产量提供了"依据"。

（二）车辆实际库存数与申报资料不符

根据我国工信部公布的 2015 年吉姆西上传的合格证车辆信息数量显示 3 月份 23 辆、5 月份 2 辆、9 月份 168 辆、10 月份 347 辆、11 月份 243 辆、12 月份 2 905 辆，其余的月份均为停产状态，具体情况如表 7-2 所示。

表 7-2　　　　　　　2015 年吉姆西车辆生产核实情况　　　　　　　　　单位：辆

项目	3 月	4 月	5 月	6 月	7 月	8 月	9 月	10 月	11 月	12 月	合计
合格证	23	0	2	0	0	0	166	347	243	2 905	3 686
实际产量	10	0	1		0	0	18	121	110	143	403
差额	-13	0	-1		0	0	-148	-226	-133	-2 462	-3 283

资料来源：财政部审计报告。

而根据审计组实地盘查发现整个车间能数得过来的库存车辆不过百余辆，并且据相关部门核实：一辆汽车生产完工下线，且确定有实物的情况下才能有一个合格证。而企业虚假生产、虚报合格证，没有生产出那么多新能源汽车却报了产量。

根据检查工厂内部生产编制的编号发现，中间有跳号的情况。审计组对吉姆西的内部生产资料及相关文件进行检查，根据审阅相关资料对生产情况实际核实发现：吉姆西 2015 年 3~12 月实际产量为 403 辆。

（三）生产流程控制不到位

事实上，《道路安全法》中明文规定：生产企业应在车辆注册登记之前都应该具备合格证和具有唯一鉴定作用的车辆识别代号。据审计组观察及检查吉姆西厂内一辆已经上了牌照的新能源货运物流车并对其进行专门的测试，结果发现：这辆车虽然已经上了牌照，跟正常的营运车辆没有什么差别，但是最关键的是这辆车没有车架号。

据审计组对吉姆西生产车间车辆生产线上未完工车辆的观察发现：车辆的后置完工顺序为先上牌照，后对已经上了牌照的车辆进行 VIN 码打刻。这样的顺序是不符合生产制造规定的，根本没有按正常的生产流程去生产制造汽车。很多车没有完全装好就已经推下生产线，有的则是在车间外面安装座椅或前脸的一些零部件，生产制造环境混乱，可见吉姆西生产车辆的很多流程都是不符合规定的；并且没有相关的内部控制制度来进行规范，由吉姆西的组织架构来看，没有相关的内部控制部门进行相应的监控。

（四）销量与实际函证交付使用数量不匹配

在与关联交易企业的核查中，发现购买企业并没有如购买合同上所述的那么多销量。三家用户核查中，一家用户一辆车都没有查到，而另一家具有 21 辆新能源汽车购销合同的购买企业只核实到 4 辆，另外 17 辆报备上牌的车辆无法核实去向。以苏州智车共享汽车有限公司和高融实业有限公司为例，具体情况如表 7-3 所示。

表 7-3　　　　　　　　2015 年吉姆西销售车辆部分核实情况　　　　　　　　单位：辆

车辆使用单位	实际核实数	差额	合同购买数量
苏州智车共享汽车有限公司	21	4	-17
高融实业有限公司	50	7	-43
合计	71	11	-60

资料来源：财政部审计报告。

仅此两个购买方都已经存在 60 辆新能源汽车的缺口，更不用说其他购买方了。其中一家用户高融实业房地产开发企业与吉姆西签有 50 辆新能源纯电动客车的订单，而实际交付使用不到 10 辆，但是申请新能源补贴的审核已经通过，部分新能源汽车补贴资金已经到账：汽车生产企业吉姆西向苏州市递交补贴申请资料，关联方高融实业向江苏省递交补贴申请资料。而我国新能源汽车补贴规定明确指出：只有车辆生产出来，交付到用户手中，才能提交补贴申请。吉姆西和高融在明明知道没有现车的情况下，却向政府递交了补贴申请，这明显是双方签订虚假的协议、串通交易、相互勾结骗取国家补贴。

综上四个方面，苏州吉姆西在其采购、生产及销售方面均存在着与政策预期相左的问题，可见其内部控制缺陷相当严重，并且在这样的情况下还能够顺利领到不该属于自己的补贴，可见相关申请补贴流程也存在一定的缺陷。

第三节　延伸思考

（1）试对吉姆西审计问题产生的原因进行分析。

（2）如何有效制止如吉姆西等新能源企业"骗补"行为。

(3) 如何提高政府专项资金审计的效率？

第四节 相关规定

《中华人民共和国审计法实施条例》

第二条 审计法所称审计，是指审计机关依法独立检查被审计单位的会计凭证、会计账簿、财务会计报告以及其他与财政收支、财务收支有关的资料和资产，监督财政收支、财务收支真实、合法和效益的行为。

第三条 审计法所称财政收支，是指依照《中华人民共和国预算法》和国家其他有关规定，纳入预算管理的收入和支出，以及下列财政资金中未纳入预算管理的收入和支出：

（一）行政事业性收费；

（二）国有资源、国有资产收入；

（三）应当上缴的国有资本经营收益；

（四）政府举借债务筹措的资金；

（五）其他未纳入预算管理的财政资金。

第四条 审计法所称财务收支，是指国有的金融机构、企业事业组织以及依法应当接受审计机关审计监督的其他单位，按照国家财务会计制度的规定，实行会计核算的各项收入和支出。

第五条 审计机关依照审计法和本条例以及其他有关法律、法规规定的职责、权限和程序进行审计监督。

审计机关依照有关财政收支、财务收支的法律、法规，以及国家有关政策、标准、项目目标等方面的规定进行审计评价，对被审计单位违反国家规定的财政收支、财务收支行为，在法定职权范围内作出处理、处罚的决定。

第六条 任何单位和个人对依法应当接受审计机关审计监督的单位违反国家规定的财政收支、财务收支行为，有权向审计机关举报。审计机关接到举报，应当依法及时处理。

第十五条 审计机关对本级人民政府财政部门具体组织本级预算执行的情况，本级预算收入征收部门征收预算收入的情况，与本级人民政府财政部门直接发生预算缴款、拨款关系的部门、单位的预算执行情况和决算，下级人民政府的预算执行情况和决算，以及其他财政收支情况，依法进行审计监督。经本级人民政府批准，审计机关对其他取得财政资金的单位和项目接受、运用财政资金的真实、合法和效益情况，依法进行审计监督。

第十六条 审计机关对本级预算收入和支出的执行情况进行审计监督的内容包括：

（一）财政部门按照本级人民代表大会批准的本级预算向本级各部门（含直属单位）批复预算的情况、本级预算执行中调整情况和预算收支变化情况；

（二）预算收入征收部门依照法律、行政法规的规定和国家其他有关规定征收预算收入情况；

（三）财政部门按照批准的年度预算、用款计划，以及规定的预算级次和程序，拨付本级预算支出资金情况；

（四）财政部门依照法律、行政法规的规定和财政管理体制，拨付和管理政府间财政转移支付资金情况以及办理结算、结转情况；

（五）国库按照国家有关规定办理预算收入的收纳、划分、留解情况和预算支出资金的拨付情况；

（六）本级各部门（含直属单位）执行年度预算情况；

（七）依照国家有关规定实行专项管理的预算资金收支情况；

（八）法律、法规规定的其他预算执行情况。

第二十一条 审计法第二十三条所称社会保障基金，包括社会保险、社会救助、社会福利基金以及发展社会保障事业的其他专项基金；所称社会捐赠资金，包括来源于境内外的货币、有价证券和实物等各种形式的捐赠。

第二十二条 审计法第二十四条所称国际组织和外国政府援助、贷款项目，包括：

（一）国际组织、外国政府及其机构向中国政府及其机构提供的贷款项目；

（二）国际组织、外国政府及其机构向中国企业事业组织以及其他组织提供的由中国政府及其机构担保的贷款项目；

（三）国际组织、外国政府及其机构向中国政府及其机构提供的援助和赠款项目；

（四）国际组织、外国政府及其机构向受中国政府委托管理有关基金、资金的单位提供的援助和赠款项目；

（五）国际组织、外国政府及其机构提供援助、贷款的其他项目。

第二十三条 审计机关可以依照审计法和本条例规定的审计程序、方法以及国家其他有关规定，对预算管理或者国有资产管理使用等与国家财政收支有关的特定事项，向有关地方、部门、单位进行专项审计调查。

第二十四条 审计机关根据被审计单位的财政、财务隶属关系，确定审计管辖范围；不能根据财政、财务隶属关系确定审计管辖范围的，根据国有资产监督管理关系，确定审计管辖范围。

两个以上国有资本投资主体投资的金融机构、企业事业组织和建设项目，由对主要投资主体有审计管辖权的审计机关进行审计监督。

《中国会计师执业准则》

对参与审计人员的要求：

1. 项目负责人必须具有注册会计师资格并独立执行过多项审计业务，具有较丰富的审计工作经验。对于较大的审计项目，须配备两名以上的注册会师。

2. 所有参与审计的人员要严格保持形式上和实质上的独立。执行审计业务相关人员如与客户存在可能损害独立性的利害关系，应主动实行回避。所有参与审计业务的人员除业务素质的要求外，均应正直、诚实并能独立完成项目负责人交给的任务。

第八章
新媒体类公司审计

第一节 相关概念

一、审计抽样

审计抽样是指注册会计师对某类交易或账户余额中低于百分之百的项目实施审计程序,使所有抽样单元都有被选取的机会,为注册会计师针对总体得出结论提供合理基础。注册会计师在实施审计程序时,从审计对象总体中选取一定数量的样本进行测试,并根据测试结果,推断审计对象总体特征的一种方法。①

二、审计证据

(一)审计证据

审计证据是指注册会计师为了得出审计结论、形成审计意见而使用的所有信息。这些信息能够为注册会计师所使用,帮助注册会计师得出审计结论、形成审计意见,具体包括编制财务报表依据的会计记录中含有的会计信息和除会计信息以外的其他信息。

(二)审计证据的特征

审计证据具有数量方面和质量方面的特征,数量方面要求审计证据要充分,质量方面要求审计证据要适当。我们认为只有充分且适当的审计证据才是好的审计证据。

(1)审计证据的充分性。审计证据的充分性是描述审计证据的数量特征,注册会计师在收集审计证据时要在数量上满足充分性。

(2)审计证据的适当性。审计证据的适当性是描述审计证据质量的特征,即审计证据在支持各类交易、账户余额、列报的相关认定,或者发现其存在错报方面具有的

---
① 丁瑞玲,吴溪. 审计学 [M]. 北京:经济科学出版社,2018:201.

相关性和可靠性。相关性和可靠性是审计证据适当性的核心内容，只有相关且可靠的审计证据我们才认为是高质量的审计证据，才认为是适当的。

（3）审计证据的充分性和适当性之间的关系。充分性和适当性是描述审计证据的数量方面与质量方面的两个特质，只有充分且适当的审计证据我们才认为是好的审计证据，这样的审计证据才是最具有证明力的。充分性和适当性在描述审计证据的特征上两者缺一不可。

注册会计师需要获取的审计证据的数量也在一定程度上受审计证据质量的影响。审计证据质量越高，需要的审计证据数量可能越少，但不能说一定可以少。也就是说，审计证据的适当性会影响审计证据的充分性。①

三、大数据审计

（一）大数据审计概念

大数据审计是指审计机关遵循大数据理念，运用大数据技术方法和工具，利用数量巨大、来源分散、格式多样的经济社会运行数据，开展跨层级、跨地域、跨系统、跨部门和跨业务的深入挖掘与分析，提升审计发现问题、评价判断、宏观分析的能力。②

（二）审计大数据内涵

（1）数据特征。审计大数据涉及国民经济运行的主要数据，虽然当前我们审计大数据主要基于结构化数据，但非结构化文档、互联网网页、社交数据对审计的价值也是毋庸置疑的，甚至将来随着我国物联网行业的发展，来自传感器数据也会成为审计大数据的来源。因此，审计数据作为各种数据集合，天然地具有海量、多样化、高价值等典型的大数据特征。具体来说，数据类别上，它既包括来自被审计单位信息系统的财务业务数据、相关支撑资料，也包括来自互联网的交互数据；数据类型上，它既包括结构化数据，也包括文档、音频、视频、图像等非结构化数据。

（2）技术特征。审计大数据技术是为挖掘和展现审计大数据的价值，对被审计单位数据进行数据采集、分配和存储、整理分类、分析挖掘和可视化等一系列具体技术与方法。《国务院关于加强审计工作的意见》提出的审计监督范围基本涵盖了国家治理全领域。审计对象的多样化使得审计数据更复杂，与单一行业大数据应用相比，不难想象审计数据采集、分配和存储技术所面临的挑战。另外，审计数据的跨行业、跨领域、跨层级特点，也使得其整理分类、分析挖掘和可视化更具技术复杂性和动态性等特征。

（3）应用特征。审计大数据的现实目标是揭露重大违法违纪问题，提高揭示宏观经济社会运行风险的能力和效率，助力实现审计全覆盖；最终目标是维护国家经济安

---

① 张丽. 审计学 [M]. 成都：西南财经大学出版社，2020：64.
② 王文博. 大数据审计的应用和探讨 [J]. 现代审计与会计，2021（3）：14–15.

全，促进国家审计在国家治理现代化中发挥基石和保障作用。要实现上述目标，审计大数据应用必然需要一种能打破行业界限、突破项目的限制、有利于审计资源整合的组织管理模式。为此，《"十三五"国家审计工作发展规划》明确提出要创新审计管理模式和组织方式，要大力推行现代审计综合模式，全面推广"总体分析、发现疑点、分散核实、系统研究"数字化审计方式，这也是审计大数据体现出的应用特征。[①]

（三）大数据审计面临的六大关键问题

1. 数据采集

数据采集是审计大数据分析第一步。审计大数据的采集是多领域、多行业、多层级的数据获取，这一环节我们认为有两个问题值得思考。

（1）如何确定审计大数据采集范围。审计大数据采集范围一方面来源于被审计单位与履职相关的财务、业务和管理数据，毫无疑问这是审计大数据的主要数据来源；另一方面，非结构化文档、互联网数据、甚至未来的物联网对审计数据分析的价值越来越大，也应纳入采集范围。一般认为，数据多比数据少好。然而，面临如此浩瀚的数据，实现全部采集是不现实的，尤其对于数据存储巨大但价值不高、数据质量低的大数据，如果纳入审计大数据范围反而会造成信息过载、存储空间浪费，甚至带来错误的引导。如何有效确定数据采集范围，实现针对性、有效采集，是值得思考的问题。

（2）如何丰富审计大数据获取方式。《国务院关于加强审计工作的意见》颁布后，审计机关建立与政府机关和企事业单位的定期数据报送机制，制订了管理办法和报送流程。这种报送方式不可避免存在数据时点滞后性，如何丰富审计数据获取方式以更及时地获取数据？伴随《促进大数据发展行动纲要》推进，各行业电子政务云的投入使用，是否可以探索利用云计算技术从政务云中定期加载到审计数据中心？对于非结构化数据，是否可以探索运用网络 API 接口、互联网爬虫、遥感技术等实现有针对有重点采集？

2. 数据处理与标准化

多样化的审计大数据使得数据处理和标准化异常困难，要达到审计全覆盖的要求必须克服数据不规范、不准确、不完整、低密度等数据质量问题，这一环节也有两个问题亟须研究。

（1）如何建立满足审计全覆盖要求的行业数据标准。《审计署关于印发国家审计数据中心基本规划——计算机审计实务公告第 5 号的通知》指出，"审计数据规划是审计正规化、标准化、信息化的必由之路"，并陆续出台了财政、税收、海关等十多个行业的数据标准。为满足审计全覆盖要求，这些数据标准亟待更新完善。例如，财政数据作为公共资金全覆盖最重要的数据资源，受到我国财政体制、历史遗留、缺乏统一规划等众多因素的影响，往往多种类、多版本信息系统混用不容易实现标准化，使得公共资金审计覆盖面面临巨大挑战。如何按重点领域、重点行业设计适用的审计数据标准，使得该标准不仅满足本行业各种审计项目的开展，更要为多行业数据关联分析提

---

① 刘星，牛艳芳，唐志豪. 关于推进大数据审计工作的几点思考［J］. 审计研究，2016（5）：3-7.

供良好的数据基础。此外，还有非结构化文档、互联网数据的文本解析问题，以及结构化数据中的重要文本的标准化问题，这些非结构化数据的结构化处理也值得进一步研究。

（2）探索审计数据标准转换机制。多行业审计数据的数据清理、转换和集成过程是异常复杂的，在当前有限的审计资源条件下，单靠审计机关力量完成审计数据标准转换是不现实的。不同阶段会有不同的审计数据标准转换方式，在数据标准不成熟的初期，如何发动全国审计机关力量实现数据标准化，实现数据共享？在数据标准逐渐成熟后，如何建立由被审计单位提供标准数据的机制？

3. 数据中心建设

伴随各行业被审计单位数据的迅猛增长，数据存储量增长速度快，引发了一系列问题：数据量剧增带来的存储瓶颈；传输带宽不足，无法快速传输数据到服务器；服务器层接收处理数据过多，导致 CPU、内存成为瓶颈等。审计数据中心如何应用大数据存储管理技术进行总体设计并逐步实施，是当前比较紧迫的任务之一。

审计数据中心的建设与任何海量存储系统一样，需要具备高可扩展性、高性能、容错性、可伸缩和低运营成本等特性；同时要满足审计大数据的复杂性、不确定性和动态性的技术特征。从数据范围来看，审计中心涵盖审计对象的业务和管理数据，以及互联网信息；从功能来看，涉及数据整理、存储、查询、综合分析和服务多个业务功能，其中数据整理与分析是审计数据中心的核心功能；从流程来看：从被审计单位、互联网获取原始数据，再将不同存储格样式的原始数据用国产数据库存储和标准化处理；最后规范化的数据通过国产并行数据库提供数据分析服务。这远比单一行业大数据架构设计复杂得多。

4. 数据分析方法创新

刘家义审计长提出大数据审计分析的本质是"全维化与智能化"，而业内普遍认为大数据分析的特征是"交叉融合＋智能挖掘"，这是当前大数据审计分析方法创新的两大难点。

（1）多行业全维化分析。审计大数据存储的多行业数据为全维化分析提供了可能，有助于揭示国家宏观经济潜在风险与趋势，发现重大案件线索。近几年，各地审计人员积极践行"五大关联"分析，开展了跨领域、跨层级、跨系统的数据分析工作，从数据应用的角度讲，我们确实进入大数据分析阶段。

（2）智能挖掘技术应用。大数据分析的另一特征就是各种深度挖掘、智能学习算法、可视化等技术的运用。近几年审计署一直鼓励审计分析方法的创新，一个明显的趋势是：审计人员正从简单的汇总、统计，开始向专业数据挖掘方向推进。聚类、分类、异常点检测等数据挖掘算法在审计分析中的应用案例正在涌现，甚至一些前沿的复杂网络技术、语义理解等新兴数据技术在审计实践中也开始崭露头角。

5. 审计大数据的组织模式

大数据审计必须与合适的组织管理方式相匹配才能最大程度发挥其价值。如何大力推行现代综合审计模式，全面推广"总体分析、发现疑点、分散核实、系统研究"数字化审计方式，是现阶段创新审计组织方式的重点。

总体分析需要组建一个"业务＋数据"融合的数据分析团队，其职责是什么？它与现行管理体制下的各专业审计组的职责界限在哪里,地方审计机关上下级如何分工与合作?如何培养既精通业务又精通数据的分析人员,是否需要设计跨部门培训、岗位轮换制度,让业务和数据人员能更好相互理解?数据分析结果的科学性、准确性是数据分析团队的生命线,如何提高分析人员的工作质量?

发现疑点需要研究如何科学评价数据分析结果,以确保疑点线索的高效与准确?大数据分析容易发现大量疑点,但并不是所有疑点都值得现场延伸,如何科学地筛选疑点线索?

分散核实时,现场延伸决定了最终成果,如何构建既适合当前客观现实,又有利于相互反馈、相互合作的流程制度,从而实现非现场与现场的充分沟通?怎么保障现场延伸质量?成果如何体现,如果出现质量问题,如何追责?

系统研究环节,要研究如何围绕国家经济社会运行风险、政府工作重点、回应社会大众关注等内容,组建多专业融合的研究团队?比如是否该有政研、科研、相关业务部门以及外聘资深专家共同组成?跨专业研究团队、数据分析团队和延伸团队如何分工合作?打破专业界限的跨部门团队与目前各单位组建的分析团队如何进行信息共享?

全面推广现代综合审计模式是审计署"十三五"规划提出的组织方式创新的重要内容,这是对传统思维观念的挑战,是对现行管理方式的变革,其难度大于审计技术方法层面的创新。这也是现阶段非常值得我们探索和思考的重要课题。

6. 审计大数据的风险管理

(1) 数据采集风险。采集风险主要体现为审计数据的"真实性和完整性"与大数据的"杂乱和不精确"之间的矛盾。数据的真实性是数据价值的基础。源自被审计单位的结构化数据往往具有相对较高的真实性,但是仍然存在主客观因素导致的数据缺失和误差;而从其他来源获取的数据,如网页、社交媒体、视频中获取数据,则更需要进行有效的甄别和验证。因此,在数据收集阶段就需要树立风险防范意识,需要哪些数据,从哪里获取,这些数据是否完整,如何验证?

(2) 数据存储使用风险。存储使用风险主要是数据安全与数据高效使用间的矛盾。数据存储管理要为分布在全国各地的审计机关、广大审计人员提供服务,如何才能建立严格的数据权限管理机制尤其重要。尽管为了保证数据安全在一定程度上会限制大数据的使用和价值发挥,但是从国家安全角度来看,必须将数据安全放在第一位。

(3) 数据处理风险。数据处理风险主要是多行业多样化数据与数据规范标准化间的矛盾。从被审计单位信息系统发展现状来看,审计大数据在很长一段时间内仍然会以各种不统一的信息状态存在,仍需要制定能促进数据广度和深度融合的标准。如果过度数据简约和标准化容易实现数据集成统一,但必然带来部分个性化的数据丢失;如果针对不同领域不同分析需求提出多种数据规范方法,则又会影响数据标准化效果,这中间如何平衡取舍只有不断实践才能找到解决方法。

(4) 数据分析风险。数据分析风险即如何提升数据分析质量,既体现为客观的大数据分析的"广撒网"和审计"精准打击"之间的矛盾,也体现为如何提高审计人员主观态度、严谨审慎性和能力等方面。审计大数据给了审计人员丰富的巨大数据选择空间，可以利用数据勾画事物整体画像，来发现相关关系，并阐释因果关系，但是大数据固有的高噪音、低密度特点会影响审计线索发现的精准度。这一矛盾的解决，需要审计人员在理解数据含义、知晓数据质量风险前提下，结合审计经验来解释和评估分析模型。另外，精准的分析还需要审计人员的职业判断和现场延伸取证。活用善用数据可以点石成金，如何有效地把握技术与经验、非现场分析与现场延伸间的平衡，控制数据分析风险，避免因分析人员的能力和责任心不足导致出现分析错误确保审计质量，是开展大数据审计分析的重要课题。①

第二节 案例分析

一、被审计单位情况

（一）大智慧公司基本情况

公司前身上海大智慧网络技术有限公司成立于2000年12月14日，2009年12月整体变更为股份有限公司——上海大智慧股份有限公司。经中国证监会批准，公司于2011年1月28日在上海证券交易所挂牌上市，截至2021年上半年公司的注册资本为1 987 700 000元，股票简称：大智慧。

成立以来，公司致力于以软件终端为载体，以互联网为平台，向投资者提供及时、专业的金融数据和数据分析。作为互联网金融信息服务提供商，公司凭借强大的技术研发实力、敏锐的市场洞察力和丰富的信息加工经验，始终前瞻性地把握行业发展方向，不断地开发出满足投资者需求的创新产品，在行业内具有重要影响力。

公司在计算机和互联网科技不断发展的背景下，立足快速发展的中国金融市场，通过持续的产品创新和技术创新，全面提升公司的服务水平。在专注于中国互联网金融信息行业的同时，积极拓展国际市场，以期成为在世界范围内具有影响力的金融信息综合服务提供商。表8-1为大智慧2013年前十大股东持股情况。

表8-1　　　　　　　　大智慧2013年前十大股东持股情况

股东名称	股东性质	持股总数（股）	持股比例（%）
张长虹	境内自然人	1 004 356 961	55.58
张婷	境内自然人	104 568 547	5.79
新湖中宝股份有限公司	境内非国有法人	80 974 901	4.48
张志宏	境内自然人	46 580 545	2.58

---

① 刘星，牛艳芳，唐志豪. 关于推进大数据审计工作的几点思考 [J]. 审计研究，2016 (5)：3-7.

续表

股东名称	股东性质	持股总数（股）	持股比例（%）
苏州金沙江创业投资管理有限公司	境内非国有法人	38 022 364	2.10
王玫	境内自然人	14 639 602	0.81
陈学东	境内自然人	13 000 000	0.72
于杰	境内自然人	12 500 000	0.69
李玉民	境内自然人	10 660 000	0.59
陈天	境内自然人	9 000 081	0.50

资料来源：大智慧 2013 年年度报告。

自 2011 年上市以来，大智慧业绩一直跌宕徘徊。上市当年，大智慧实现营收增长，净利润同比下降。

2012 年，大智慧营收大幅下降，净利润亏损。

2013 年，借助收购天津民泰贵金属公司，大智慧获得了净利润，免除被"ST"的命运，但主营业务依旧处于亏损。

2014 年 2 月 28 日，大智慧披露的 2013 年年度报告显示，大智慧当年实现营业收入 8.94 亿元，利润总额 4 292 万元。

2016 年 7 月，大智慧发布公告称收到证监会《行政处罚决定书》，证监会查明：大智慧通过承诺"可全额退款"的销售方式提前确认收入，以"打新股"等为名进行营销、延后确认年终奖少计当期成本费用等方式，共计虚增 2013 年度利润 1.2 亿元。

（二）主要会计问题

1. 提前确认收入

按照收入确认原则，通过销售商品赚取相应收入后，这部分收入并不能立即确认，其具体确认时间应当综合考虑以下五点：公司已将商品所有权上的主要风险和报酬转移给购买方；公司未保有之后与所有权相关的管理权，也不再能够实施有效控制；收入的金额能够可靠地计量；与卖出商品相关的经济利益非常可能流入企业；与卖出商品相关的已发生或将要发生的成本能够可靠地计量。只有同时满足上述条件才能确认商品销售收入。

根据业绩报告可知，大智慧（合并财务报表）2012 年全年至 2013 年前三个季度的利润总额均为负数，其中 2013 年前三个季度的收入总额为 54 106.90 万元，利润总额为 -18 896.40 万元，而第四个季度单季收入就达 35 319.34 万元，利润总额为 23 188.51 万元，当年最后一个季度所实现的收入占全年收入的比例高达 39.49%，实现的利润占全年的比例更是达到了惊人的 5.4 倍。深入探究后发现，大智慧 2013 年全年利润之所以能扭转前三季度的负利润状态主要是因为 12 月销售收入骤增并使公司全年实现盈利，而 2013 年 12 月销售收入主要来源于大智慧直接对外销售软件及提供投资咨询服务的收入。具体情况是，大智慧于 2013 年 12 月针对销售价格高于 3.8 万元的软件产品进行了以"年末狂欢,百万现金大让利"为标语的促销宣传活动,且大智慧向客户承诺"若在 2014 年 3 月 31 日前不满意,可全额退款",虽然事后大智慧试图掩盖这一营销政策,但多方证据表明事实确有该条款。按照会计准则,大智慧应当在可全额退款的期限过后,即符合收入确认应当满足的所有条件后才能确认该销售收入,在无法预计客户退款可能性的情况下,大智慧仍将所有销售认定为满足收入确认条件,并按收入确认方法确认为当期销售收入。由此导致大智慧 2013 年 12 月提前确认收入 87 446 901.48 元,涉及的合同金额为 138 443 830.90 元。①

2. 虚假销售

在虚增销售收入方面,大智慧的造假手段多样,除上述提前确认收入外,还包括虚假销售,将其他性质的业务收入包装为销售收入。2013 年 12 月,多名客户在大智慧电话销售人员的推荐下,参与了集中打新股或购买大智慧承诺高收益的理财产品的活动。对于该项业务款项,尽管部分客户在向大智慧汇款时备注明确注明为"打新股资金""助公司避免 ST""投资理财""保证金"等,但大智慧在进行账务处理时仍旧无视业务的真实性质,将该项业务款项划分为与其性质完全不符的软件销售款,并计入销售收入,凭此虚增 2013 年销售收入 2 872 486.68 元。②

3. 利用框架协议虚增收入

据查,大智慧于 2013 年 12 月 24 日与北京阳光恒美广告有限公司(以下简称"阳光恒美")签署了一份金额总计达 400 万元的合作合同。据了解,阳光恒美是一家广告代理公司,与大智慧签署的该份合作合同仅属于框架合同,当且仅当存在客户投放广告的实际需要时才会真正执行,而且后续也会根据实际的客户需求量与大智慧签订条款及金额更为准确的合同进行相应的替换。就在这种情况下,大智慧却于 2013 年 12 月 31 日根据该合作合同和已经开出的金额为 300 万元的发票确认了 2 830 188.60 元的主营业务收入。③ 而真实的情况是,阳光恒美并没有接受任何客户向大智慧投放广告的委托,实际也未进行任何投放广告的操作,至于那份显示阳光恒美在 2013 年 9~12 月期间已经消耗大智慧 300 万元广告资源的消耗排期表,则是由大智慧方面制作的虚假排期表,所谓的阳光恒美已确认盖好的章则是大智慧与阳光恒美串通配合后的虚假盖章,并非真实情况。审计机构将大智慧当年确认的收入按照实际服务时间分摊后,调减了 1 886 792.37 元到递延收入,因此当年大智慧仍虚增收入 943 396.23 元。④

4. 减少应计成本费用

根据会计准则中对于职工薪酬的相关规定,企业应当在职员为其工作的相应期间,将应当支付的职工薪酬确认为负债。根据实际情况,2013 年 12 月 31 日前大智慧年终奖数额就已基本确定,按规定大智慧应将该笔年终奖计入 2013 年的成本中,但大智慧却未将 2013 年年终奖 31 241 057.90 元(含个人所得税)计入当年成本,反而将该笔费用于 2014 年 1 月发放并计入 2014 年的成本中,对于 2012 年部分年终奖 6 286 741.25 元(含个人所得税)的处理办法也是如此,均推迟计入了下一年度。这一举动不符合会计准则的规定,无法真实准确地反映公司 2013 年的经营状况和经营成果,相当于

---

①②③④ 中国证监会行政处罚书〔2016〕88 号,详见证监会网站。

2013 年少计了 24 954 316.65 元成本费用。①

5. 利用未完成项目虚增收入

大智慧子公司之一上海大智慧信息科技有限公司（以下简称"大智慧信息科技"）于 2013 年 11 月与天津渤海商品交易所股份有限公司（以下简称"渤商所"）签订合同，自此成为渤商所会员，并缴纳了 2 000 万元软件使用费；同月，大智慧与渤商所也签订了相关合同，约定大智慧向渤商所提供相关产品及服务，并向渤商所收取 2 000 万元。巧合的是，大智慧信息科技于 2013 年 12 月 9 日将 2 000 万元汇给渤商所，次日渤商所就将该笔金额汇给了大智慧，大智慧在扣除相应税款后便直接记入了主营业务收入。而实际情况是，大智慧与渤商所项目合作协议的内容，例如设计培训视频、《渤商所现货投资》栏目的试播等并未完成。在合同要求内容尚未完成的情况下，大智慧与渤商所串通一气，伪造了虚假的项目合作验收文件，并将验收日期倒签为 2013 年 12 月 31 日，由此虚增 2013 年收入 1 567 377.40 元。②

6. 提前确认全资子公司的购买日

针对大智慧信息科技收购民泰（天津）贵金属经营有限公司（以下简称"天津民泰"）70% 股权的事情，具体执行情况如下：一开始是由天津民泰新老股东、大智慧信息科技双方及杨某萍、张某永于 2013 年 9 月 29 日共同协商并签订了股权收购的协议，10 月 8 日大智慧将此协议对外进行公告，并于 7 日后向大智慧信息科技支付了 57.14% 的收购金额，剩余款项于月底一次性付清。之后，天津民泰新老股东于 11 月 4 日处理妥当股权转让的各项流程，当日即召开了新股东会议，根据新章程任命完毕新管理层，并按规定申请办理股权变更登记手续，次日便取得了更新后的《企业法人营业执照》。在上述事项中，大智慧信息科技将 2013 年 10 月 1 日作为购买日，将天津民泰财务报表纳入大智慧信息科技合并范围。③

根据企业会计准则中与企业合并相关的规定，大智慧信息科技 2013 年 10 月 1 日并未控制天津民泰，不满足合并日确认条件，其实际控制日应当为 2013 年 11 月 4 日，因此其购买日足足提前了一个多月。根据大智慧提供的《情况说明》，提前确认购买日的情况使合并财务报表利润总额虚增 8 250 098.88 元，使商誉虚增 4 331 301.91 元。④

二、审计单位情况

（一）立信会计师事务所基本情况

立信会计师事务所（以下简称"立信"）基本情况和近年来审计失败情况本书前文已述及，此处略。

大智慧自上市以来一直由立信担任其审计机构，包括 2010 年 IPO 审计及历年年报审计，立信所一直都为大智慧出具标准无保留审计意见。2015 年大智慧因涉嫌财务舞弊被证监会立案调查，大智慧被立案调查期间并未影响立信与大智慧的合作伙伴关系，

---

①②③④　中国证监会行政处罚书〔2016〕88 号，详见证监会网站。

只是两名签字注册会计师更换了一位,由姜维杰换成了黄海,详见表8-2立信对大智慧历年年报审计基本情况表。2016年立信和大智慧双双因违法违规收到证监会的行政处罚决定书,但是这也并未影响立信与大智慧的合作伙伴关系。①

表8-2　　　　　　2010~2017年立信对大智慧年报审计基本情况

年份	审计机构	注册会计师	审计意见类型
2010	立信	刘祯、黄海	标准无保留审计意见
2011	立信	刘祯、姜维杰	标准无保留审计意见
2012	立信	葛勤、姜维杰	标准无保留审计意见
2013	立信	葛勤、姜维杰	标准无保留审计意见
2014	立信	葛勤、姜维杰	标准无保留审计意见
2015	立信	葛勤、黄海	标准无保留审计意见
2016	立信	葛勤、黄海	标准无保留审计意见
2017	立信	刘祯、黄海	标准无保留审计意见

资料来源:根据大智慧2010~2017年年报中的审计报告整理得到。

(二) 主要审计问题

1. 未对销售与收款业务中已关注到的异常事项执行必要的审计程序

2013年12月,大智慧将不满足收入确认条件的软件产品销售确认为当期销售收入,导致2013年提前确认收入87 446 901.48元。②

会计师在审计工作底稿中记录,大智慧2013年12月确认收入占全年的比重达37.74%(审计调整前,以母公司口径计算),并对在2014年1月1日至2月26日财务报表批准报出日间发生销售退回的22 422 913.77元收入进行了审计调整,调减了2013年收入。③

针对临近资产负债表日的软件产品销售收入大增,期后退货显著增加的情况,立信所在审计过程中未对退货原因进行详细了解。会计师仅执行了查验公司合同,抽样检查并获取软件开通权限单、销售收款单、退款协议、原始销售凭证等常规审计程序。没有根据公司销售相关的财务风险状况,采取更有针对性的审计程序,以获取充分的审计证据以支持审计结论。在面对客户数量较多,无法函证的情况下,也没有采取更有效的替代程序以获取充分适当的审计证据。

2. 未对临近资产负债表日非标准价格销售情况执行有效的审计程序

2013年12月,大智慧对部分客户以非标准价格销售软件产品。经查,该售价主要是以"打新股""理财"为名进行营销,虚增2013年销售收入2 872 486.68元。④

对此,姜维杰称关注到非标准价格销售的情况,并获取了销售部门的审批单。但

---

① 唐曲. 立信所对大智慧年报审计失败案例研究[D]. 长沙:湖南大学,2018.
②③④ 中国证监会行政处罚书〔2016〕89号,详见证监会网站。

是，相关过程没有在审计工作底稿中予以记录。同时，审计工作底稿程序表中"获取产品价格目录，抽查售价是否符合价格政策"的程序未见执行记录。

3. 未对抽样获取的异常电子银行回单实施进一步审计程序

2013年12月，大智慧电话营销人员对客户称可以参与打新股、理财、投资等以弥补前期亏损。部分客户应邀向大智慧汇款，其中有客户在汇款时注明"打新股"等。大智慧收到款项后计入2013年产品销售收入。经查，大智慧虚增12名客户2013年收入2 872 486.68元，后续已应客户的要求全部退款。①

立信所审计工作底稿中复印留存了部分软件产品销售收款的电子银行回单，其中摘要栏中的"打新股资金""理财投资资金"等备注存在明显异常。对此，会计师没有保持合理的职业怀疑态度，以发现的错报金额低于重要性水平为由，未进一步扩大审计样本量，以确认抽样总体不存在重大错报，审计底稿中也没有任何记录表明立信所已对该异常事项执行了任何风险识别和应对的程序。经查，如果立信所扩大银行回单的抽样范围，2013年12月存在异常摘要的银行进账单笔数将为48笔，合计金额873万元，明显高于底稿中抽样所涉及回单数量及对应金额。②

4. 未根据重要性按照权责发生制的原则对跨区计发年终奖予以调整

大智慧将应归属于2013年的年终奖跨期计入2014年的成本费用，导致2013年少计成本费用24 954 316.65元。③

审计工作底稿未描述或记录针对审计报告报出日前已发放的2013年年终奖执行的审计程序，以及其未被计入2013年成本费用的合理性解释。审计工作底稿"应付职工薪酬"程序表中第8项应执行的审计程序记录：检查应付职工薪酬的期后付款情况，并关注在资产负债表日至财务报表批准报出日之间，是否有确凿证据表明需要调整资产负债表日原确认的应付职工薪酬。但对应的审计工作底稿明细表中未记录此程序的执行情况。

5. 未对大智慧全资子公司股权收购购买日的确定执行充分适当的审计程序

上海大智慧信息科技有限公司（以下简称"大智慧信息科技"）为大智慧全资子公司，其提前一个月将民泰（天津）贵金属经营有限公司（以下简称"天津民泰"）财务报表纳入大智慧信息科技的合并范围，导致大智慧2013年合并财务报表虚增利润8 250 098.88元，虚增商誉4 331 301.91元。④

审计工作底稿"长期股权投资——成本法××子公司审核表（初始计量）"明细表编制不完整，确认合并（购买）日的审计表格未填列，无法确定其具体执行了何种审计程序以确定购买日。审计工作底稿后附的审计证据中，未见会计师所称据以认定购买日的支持性文件。

立信所的上述行为，不符合《中国注册会计师审计准则第1301号——审计证据》第十条、《中国注册会计师审计准则第1314号——审计抽样》第二十一条、《中国注册会计师审计准则第1131号——审计工作底稿》等准则的要求。违反了《证券法》第一百七十三条的规定，构成《证券法》第二百二十三条所述的违法行为。

---

①②③④ 中国证监会行政处罚书〔2016〕89号，详见证监会网站。

第三节 延伸思考

（1）分析大智慧财务舞弊动因？
（2）简单谈谈大智慧财务舞弊产生的危害有哪些？
（3）结合财务舞弊识别的相关知识，分析导致大智慧财务舞弊未被审计师识别的原因？
（4）互联网企业在审计过程往往存在很大的检查风险，那么该如何防范呢？
（5）针对像大智慧这样的互联网金融企业，如何利用大数据技术对其进行审计？

第四节 相关规定

《中国注册会计师审计准则第 1301 号——审计证据》

第十条 注册会计师应当根据具体情况设计和实施恰当的审计程序，以获取充分、恰当的审计证据。

《中国注册会计师审计准则第 1314 号——审计抽样》

第二十一条 注册会计师应当调查识别出的所有偏差或错报的性质和原因，并评价其对审计程序的目的和审计的其他方面可能产生的影响。

《中国注册会计师审计准则第 1131 号——审计工作底稿》

第三条 在符合本准则和其他相关审计准则要求的情况下，审计工作底稿能够实现下列目的：
（一）提供证据，作为注册会计师得出实现总体目标结论的基础；
（二）提供证据，证明注册会计师按照审计准则和相关法律法规的规定计划和执行了审计工作。

第四条 审计工作底稿还可以实现下列目的：
（一）有助于项目组计划和执行审计工作；
（二）有助于负责督导的项目组成员按照《中国注册会计师审计准则第 1121 号——对财务报表审计实施的质量管理》的规定，履行指导、监督与复核审计工作的责任；
（三）便于项目组说明其执行审计工作的情况；
（四）保留对未来审计工作持续产生重大影响的事项的记录；
（五）便于会计师事务所实施项目质量复核、其他类型的项目复核以及质量管理体系中的监控活动；
（六）便于监管机构和注册会计师协会根据相关法律法规或其他相关要求，对会计师事务所实施执业质量检查。

第五条 审计工作底稿，是指注册会计师对制定的审计计划、实施的审计程序、获取的相关审计证据，以及得出的审计结论作出的记录。

第六条 审计档案，是指一个或多个文件夹或其他存储介质，以实物或电子形式存储构成某项具体业务的审计工作底稿的记录。

第七条 有经验的专业人士，是指会计师事务所内部或外部的具有审计实务经验，并且对下列方面有合理了解的人士：

（一）审计过程；

（二）审计准则和相关法律法规的规定；

（三）被审计单位所处的经营环境；

（四）与被审计单位所处行业相关的会计和审计问题。

第八条 注册会计师的目标是，编制审计工作底稿以便：

（一）提供充分、适当的记录，作为出具审计报告的基础；

（二）提供证据，证明注册会计师已按照审计准则和相关法律法规的规定计划和执行了审计工作。

第九条 注册会计师应当及时编制审计工作底稿。

第十条 注册会计师编制的审计工作底稿，应当使得未曾接触该项审计工作的有经验的专业人士清楚了解：

（一）按照审计准则和相关法律法规的规定实施的审计程序的性质、时间安排和范围；

（二）实施审计程序的结果和获取的审计证据；

（三）审计中遇到的重大事项和得出的结论，以及在得出结论时作出的重大职业判断。

第十一条 在记录已实施审计程序的性质、时间安排和范围时，注册会计师应当记录：

（一）测试的具体项目或事项的识别特征；

（二）审计工作的执行人员及完成审计工作的日期；

（三）审计工作的复核人员及复核的日期和范围。

第十二条 注册会计师应当记录与管理层、治理层和其他人员对重大事项的讨论，包括所讨论的重大事项的性质以及讨论的时间、地点和参加人员。

第十三条 如果识别出的信息与针对某重大事项得出的最终结论不一致，注册会计师应当记录如何处理该不一致的情况。

第十四条 在极其特殊的情况下，如果认为有必要偏离某项审计准则的相关要求，注册会计师应当记录实施的替代审计程序如何实现相关要求的目的以及偏离的原因。

第十五条 在某些例外情况下，如果在审计报告日后实施了新的或追加的审计程序，或者得出新的结论，注册会计师应当记录：

（一）遇到的例外情况；

（二）实施的新的或追加的审计程序，获取的审计证据，得出的结论，以及对审计

报告的影响;

（三）对审计工作底稿作出相应变动的时间和人员，以及复核的时间和人员。

第十六条 编制审计工作底稿的文字应当使用中文。少数民族自治地区可以同时使用少数民族文字。中国境内的中外合作会计师事务所、国际会计公司成员所可以同时使用某种外国文字。会计师事务所执行涉外业务时可以同时使用某种外国文字。

第十七条 注册会计师应当在审计报告日后及时将审计工作底稿归整为审计档案，并完成归整最终审计档案过程中的事务性工作。

审计工作底稿的归档期限为审计报告日后六十天内。

如果注册会计师未能完成审计业务，审计工作底稿的归档期限为审计业务中止后的六十天内。

第十八条 在完成最终审计档案的归整工作后，注册会计师不应在规定的保存期限届满前删除或废弃任何性质的审计工作底稿。

第十九条 会计师事务所应当自审计报告日起，对审计工作底稿至少保存十年。

如果注册会计师未能完成审计业务，会计师事务所应当自审计业务中止日起，对审计工作底稿至少保存十年。

第二十条 除本准则第十五条规定的情况外，在完成最终审计档案归整工作后，如果注册会计师发现有必要修改现有审计工作底稿或增加新的审计工作底稿，无论修改或增加的性质如何，注册会计师均应当记录：

（一）修改或增加审计工作底稿的理由；

（二）修改或增加审计工作底稿的时间和人员，以及复核的时间和人员。

《中国注册会计师审计准则第 1251 号——评价审计过程中识别出的错报》

第七条 如果出现下列情况之一，注册会计师应当确定是否需要修改总体审计策略和具体审计计划：

（一）识别出的错报的性质以及错报发生的环境表明可能存在其他错报，并且可能存在的其他错报与审计过程中累积的错报合计起来可能是重大的；

（二）审计过程中累积的错报合计数接近按照《中国注册会计师审计准则第 1221 号——计划和执行审计工作时的重要性》的规定确定的重要性。

《中华人民共和国证券法》（2005 年修订）

第六十三条 发行人、上市公司依法披露的信息，必须真实、准确、完整，不得有虚假记载、误导性陈述或者重大遗漏。

第一百七十三条 证券服务机构为证券的发行、上市、交易等证券业务活动制作、出具审计报告、资产评估报告、财务顾问报告、资信评级报告或者法律意见书等文件，应当勤勉尽责，对所依据的文件资料内容的真实性、准确性、完整性进行核查和验证。

第一百九十三条 发行人、上市公司或者其他信息披露义务人未按照规定披露信息，或者所披露的信息有虚假记载、误导性陈述或者重大遗漏的，责令改正，给予警告，并处以三十万元以上六十万元以下的罚款。对直接负责的主管人员和其他直接责任人员给予警告,并处以三万元以上三十万元以下的罚款。

发行人、上市公司或者其他信息披露义务人未按照规定报送有关报告,或者报送的报告有虚假记载、误导性陈述或者重大遗漏的,责令改正,给予警告,并处以三十万元以上六十万元以下的罚款。对直接负责的主管人员和其他直接责任人员给予警告,并处以三万元以上三十万元以下的罚款。

发行人、上市公司或者其他信息披露义务人的控股股东、实际控制人指使从事前两款违法行为的,依照前两款的规定处罚。

第二百二十三条 证券服务机构未勤勉尽责,所制作、出具的文件有虚假记载、误导性陈述或者重大遗漏的,责令改正,没收业务收入,暂停或者撤销证券服务业务许可,并处以业务收入一倍以上五倍以下的罚款。对直接负责的主管人员和其他直接责任人员给予警告,撤销证券从业资格,并处以三万元以上十万元以下的罚款。

《企业会计准则第 9 号——职工薪酬》(2006 年版)

第四条 企业应当在职工为其提供服务的会计期间,将应付的职工薪酬确认为负债,除因解除与职工的劳动关系给予的补偿外,应当根据职工提供服务的受益对象,分别下列情况处理:

(一)应由生产产品、提供劳务负担的职工薪酬,计入产品成本或劳务成本。

(二)应由在建工程、无形资产负担的职工薪酬,计入建造固定资产或无形资产成本。

(三)上述(一)和(二)之外的其他职工薪酬,计入当期损益。

《〈企业会计准则第 20 号——企业合并〉应用指南》

第二条 企业合并,是指将两个或者两个以上单独的企业合并形成一个报告主体的交易或事项。企业合并分为同一控制下的企业合并和非同一控制下的企业合并。

第九章
IPO 公司审计

第一节 相关概念

一、IPO 定义

IPO，代表"首次公开发行股票"。对于企业的发展而言，上市最重要的作用就是更加高效地进行资金的募集，因为对于企业的发展而言，资金量越大可以选择的发展方向就越多，这对企业的发展有着非常关键的作用，但是，从实际的情况来看，IPO 时间长、难度大。因为我国证券交易市场的相关制度还不是非常完善，因此 IPO 的审核机制非常严格，涉及许多烦琐的程序，需要对企业的多个指标进行严格的审核，一旦存在某项指标不达标，就会直接影响企业的上市，同时 IPO 的成本很高，对于企业自身的发展而言也具有很大的压力，但是当企业经过层层的考核顺利通过 IPO 时，就可以正式登陆交易所发行股票，正式开始进行挂牌交易了。

二、IPO 审计

(一) IPO 审计的概念

IPO 即为首次公开发行，股票首次公开发行并挂牌上市，需要披露招股书，向投资人告知过去三年及一期的公司财务状况，这个时候，需要有证券从业资格的会计师事务所出具最近三年及一期的审计报告，就是 IPO 审计。[1]

(二) IPO 审计的特点

1. 耗时长且工作量大

IPO 审计项目一般为 3 年一个周期，工作复杂且综合性强。在项目前期，需要注册会计师做好被审计的企业所在行业的背景调查，如行业特点以及竞争情况等；同时还

---

[1] 鲍静. IPO 审计风险及防范研究：以信永中和对登云股份审计为例 [D]. 北京：北京交通大学，2020.

需要调查被审计单位的财务状况。另一方面,在初步了解企业状况和行业背景之后,注册会计师就要根据收集到的信息来初步评价被审计公司的审计风险水平,如资产产权风险、财务报表对外口径差别风险、内部控制制度等。

在审计过程中,注册会计师所的工作内容会更多。例如对成本分配的审计,在一般的年审项目中,本质上影响到的只有成本和存货两个项目,审计人员通常只需合理估计成本和存货两个科目的影响金额,再做调整即可,所涉及的数据大多只是当年的金额;而在 IPO 审计中,就需要审计人员将三年的生产数据和收发数据全部找出来,把三年的成本分配工作重新做一次,和一般的年审项目相比工作量大大增加。①

2. 需要同多方领域的机构合作

IPO 审计的目的就是帮助被审计单位顺利上市。一般来说,企业的上市包括改制和设立,上市辅导,申请文件的申报和审核,发行和上市,一共 4 个阶段。在整个过程中,注册会计师需要全程参与,并及时调整审计范围和方案,包括协助企业进行财务账务调整;对企业前三年的财务报表进行审计;审核企业的盈利预测;出具对企业内控制度的评价报告;向各发起人的出资以及实际到位情况进行检验并出具出资报告等。②

3. 审计意见一般为无保留意见

由于 IPO 审计的最终目的是使受委托企业成功上市,所以和普通审计不同的是,IPO 审计要求必须先解决问题,后出具报告,不再是单纯的审计工作。因此,在实际中一般不可能出具非标准审计报告,即使涉及了部分不合规内容,也会督促企业调整,否则企业无法上市。总体来看,普通审计最终目的只是提供一份审计报告,而 IPO 审计则更像是提供一套为企业量身打造的服务,注册会计师需要对被审计企业的历史遗留问题妥善解决,和企业、保荐人、律师等不断沟通和调整审计方案,最终帮助企业顺利上市。

(三) IPO 审计风险

1. 重大错报风险

(1) 企业内部控制风险。

对于一家企业来说,要想长远且平稳地发展,建立健全的内部控制体系是必不可少的,它牵涉会计系统、绩效考评、预算控制、授权控制等。

然而,内部控制由于是人为制定的,因此也会存在局限性。例如:①企业内控制度的设计往往只针对常规交易,而企业所发生的那些非常规交易或者业务活动,内控制度就很难对它们起到相应的约束效果;②如果制度本身制定得不够合理,没有考虑到企业的现实发展情况,过于理想化了,就会大大降低制度在实际中的可操作性;③同时,即使建立了完整的内控制度,如果没有保证制度有效执行的机制,内控制度也会因为执行人员的失误或者粗心大意而失效,再完美的内控制度也会变成纸上谈兵;

---

① 于丁垚,尹成君,宁润浩. IPO 审计风险防范问题研究 [J]. 商业经济,2018 (8):149-151.
② 范瑾,石金. 浅谈会计师事务所 IPO 审计的风险控制 [J]. 老字号品牌营销,2019 (7):53-54.

④如果企业的经营环境或者业务发生了改变，也将导致现有的内控制度不再适用，从而削弱内部控制在企业中的作用。

例如，观察近年来的审计失败案例可以发现，大多数为创业板或是中小板企业，而这其中，制造业占绝大多数。根据深圳证券交易所官网数据显示，截至2020年4月10日，在所有的中小板、创业板上市公司中，制造业企业数量所占比例较大，分别为74%和68%，如表9-1所示。

表9-1　　　　　　　　　中小板和创业板制造业上市公司情况

项目	中小板	创业板
制造企业数量（家）	701	549
上市公司总数量（家）	949	804
所占比例（%）	74	68

资料来源：根据鲍静（2020）整理得到。

许多制造业企业的内控存在较为明显的问题，部分公司在经营的过程中会将注意力放在产品的制造和营销上，而对内部控制容易忽略，同时，一些中小制造业企业家族式管理特征也十分明显。由于IPO审计项目周期较长，注册会计师工作量很大，因此，良好的内控机制有利于提高会计信息资料的可靠性和正确性，并且能为注册会计师的审计工作提供良好的基础，同时减少注册会计师的工作量，降低审计风险。

（2）企业管理层的舞弊行为风险。

IPO企业的管理层进行财务造假主要分为两种情况：一是企业为了能够顺利上市，募集到足够的资金，即使财务状况并不满足上市要求，管理层也可能铤而走险串通舞弊，将财务报表的一些数据进行篡改，使企业能够达到上市标准；二是企业虽然达到了上市的标准，但上市之后业绩大幅度下滑，为了提高股价，吸引更多投资者，管理层往往会铤而走险，调整利润。同时，如果公司的管理层手握股份过多，也将增加串通舞弊的概率。例如，在万福生科财务造假案件中，该企业在上市之前，董事长和其妻子各自持有40.19%的股份，上市之后，两人共持有59.98%的股份。手握如此巨额的股份，这也给后面舞弊造假的行为埋下了隐患。在2012年8月，证监会就发现该公司有虚增收入，对重大经营事项隐瞒等行为。由此可见，在IPO审计项目中，由于信息不对称，管理层的舞弊行为会大大增加审计风险，给注册会计师的工作带来不小的难度。[①]

（3）企业外部环境风险。

行业状况、监管环境等外部因素也同样会增加审计风险。一方面，中小板和创业板多为制造业、高新产业，受到技术、政策等因素的影响较大，因此，在申请上市的

---

① Mindak M, Heltzer W. Corporate environmental responsibility and audit risk [J]. Managerial Auditing Journal, 2011, 26 (8): 697-733.

过程中出现问题的概率较大；另一方面，我国对于IPO方面的监督管理还有待完善。①

2. 检查风险

（1）审计人员专业能力不够。

审计人员作为审计主体，其专业素养对审计工作的质量好坏起到非常大的影响。IPO审计项目是一项复杂且综合性强的工作，需要会计师从发行企业申请上市到上市成功一直在并及时接受反馈；且在IPO审计中会伴随大量的财务规范工作，注册会计师需要随时做好审计人员和财务辅导人员的切换工作，对于注册会计师来说是一个不小的挑战。然而，我国在IPO审计这一方面的人员素质参差不齐。一般情况下，一个审计项目会由项目负责人、审计人员和实习生组成，其中实习生人数占比不小。而实习生专业知识及技能相比于从业多年的审计人员来说掌握不足，且相关审计经验不够丰富，对于新出台的会计和审计相关准则掌握不够全面。因此，如果审计人员不具备相应的综合素质和能力，则很难胜任IPO审计这项繁杂的工作，也会增加审计风险。

（2）注册会计师审计过程不规范。

无论是在审计前期准备阶段还是在中期的审计执行阶段和后期完成业务阶段，审计人员都要一直保持审慎的职业态度。在前期，注册会计师要做好被审计单位的背景调查工作，是否存在家族企业掌控股权份额过高、企业恶性竞争等情况，以及重点关注企业的重大关联交易情况、内部控制是否合理等，谨慎评价管理层的诚信度和企业的风险水平。

在中期的审计执行阶段，决不可因为过程太过于复杂而省略一些审计程序。例如，对于未收到回函或者回函不符时，为了节约时间成本而不采取进一步审计程序，或者是对被审计公司所提供的合同等证据全盘相信，这些都会增加审计风险。在瑞华会计师事务所的IPO审计失败案例中，就出现了这样的情况。注册会计师虽然已经对被审计单位主要客户的期末应收账款余额和当期销售金额进行了函证，但是却并没有对函证保持控制，最后，收到虚假回函，而注册会计师却没有发现。

此外，一些企业为了达到上市标准，会通过伪造财务数据的方式转亏为盈，或是在上市后业绩迅速下滑。例如，在利安达事务所对华锐风电的IPO审计失败案件中，该公司在上市当年受到政策影响业绩急剧下滑，管理层为了稳定股价，提前确认收入，使利润增加。因此，注册会计师在对被审计单位的报表进行审计的时候，需要重视对收入的核查。

同时，注册会计师在IPO审计项目中应当更加细化审计程序，例如，盈余公积、资本公积和实收资本是必须从有限公司设立开始逐笔检查，对于证监会所重点关注的科目如营业收入、税收审核、毛利率等应当更加审慎调查收集信息。而在后期的完成阶段，注册会计师也应当严谨细致，完成审计质量的最后把关工作。

（3）会计师事务所未严格执行质量控制制度。

一般情况下，会计师事务所在承接审计项目时，会按照"三级复核"制度，该制度指的是由审计项目经理、部门经理和审计机构的主任会计师或专职的复核机构组成

---

① 张曦. IPO审计风险防范策略探讨[J]. 审计月刊，2013（5）：48-49.

的"复核小组",由下至上,依次复核审计的工作底稿。

然而,一些会计师事务所为了满足被审计单位上市的需求或是为了承接审计项目,从而帮助企业隐瞒财务问题,并出具虚假的审计报告,来为事务所增加收入。例如,在 2016 年的北京兴华会计师事务所的 IPO 审计失败事件中,兴华会计师事务所的审计报告里就存在不实记载,主要表现为注册会计师在将收入识别为重大错报风险的情况下,仍然对大量异常的红字冲销情况没有给予关注。

会计师事务所在承接审计项目时,应当严格执行质量控制制度,对于制度中存在的问题要及时发现并作出调整,而不能仅仅只是走个形式,否则,一旦发生违规行为,并导致审计失败,将会给会计师事务所带来严重损失。

三、相关理论基础

(一)现代风险导向审计理论

现代风险导向审计是指"注册会计师通过对被审计单位风险进行职业判断,对被审计单位的风险控制进行评价,确定剩余风险,执行追加审计程序,将剩余风险降低到可接受的水平"。现代风险导向审计最明显的特征是:将客户放在一个人的经济环境中,运用立体观察的理论,确定影响企业持续经营的因素,从公司的商业环境、经营方式和管理机制等构成控制因素的各个方面,来评估并分析审计风险,并将客户的经营风险植入本身的风险评价中。

与传统的内部审计模式不同,现代风险导向审计模式是以分析性复核为风险评估中心。在审计中,分析对象不只是财务数据,还包括审计过程所涉及的非财务数据,对于重要的审计程序还会进行分析复核工作。

另外,现代风险导向审计模式以"自上而下"以及"自下而上"两条线路开展工作,共同作用提高内部审计的效率。除此之外这一模式基于对单位财务的全面了解而合理预判各项指标,这能有效地识别重大报错风险,有效防范审计风险。

(二)委托代理理论

委托代理理论是由美国经济学家伯利(Berle)和米恩斯(Means)在 20 世纪 30 年代共同提出的。当时,许多企业存在所有者兼具经营者的情况,而他们认为这样的做法有着非常大的弊端,因此提出了"委托代理理论",倡导"企业的所有权同经营权分离,企业所有者保留剩余索取权,而将经营权让渡"。

委托代理理论的主要观点认为,"委托代理关系是随着生产力的发展和规模化生产而产生的"。有两个主要原因,一方面,生产力的发展进一步细化了劳动分工,权利的所有者由于知识、能力和精力的原因不能行使所有的权利了;另一方面,专业化分工产生了一大批具有专业知识的代理人,他们有精力、有能力代理行使好被委托的权利。然而,在委托代理关系中,代理人和代理人的效用函数不一样,委托人追求自己更大的财富,而代理人追求自己的工资津贴收入、奢侈消费和闲暇时间最大化,不可避免地会导致两者之间的利益冲突。在缺乏有效制度安排的情况下，代理人的行为最终有可能损害委托人的利益。在现实生活中，无论是经济领域还是社会领域，委托关系都广泛存在。①

（三）审计风险模型

1983年，美国注册会计师协会提出了传统审计风险模型。该模型认为"审计风险＝固有风险×控制风险×检查风险"，可以解决交易类别、账户余额、披露和其他具体认定层次的错报，发现经济交易和事项本身的性质和复杂程度发生的错报，发现企业管理层由于本身的认知和技术水平造成的错报，以及企业管理当局局部和个别人员舞弊和造假造成的错报。从而将审计风险（此时体现为检查风险）控制在比较满意的水平。但如果存在企业高层串通舞弊、虚构交易，也就是战略和宏观层面的风险，运用该模型便会捉襟见肘了。传统风险模型的缺陷主要有以下几点：

（1）评价固有风险有一定的难度，而且评估出来的数据不够准确。按照传统审计风险模型的要求，需要对审计的固有风险进行评估，然而在实际情况中，许多会计师事务所往往会忽略对被审计单位的企业经营环境的调查，导致对固有风险的评价较难。同时，大部分会计师事务所直接把固有风险定为高水平，使得评估的数据缺乏准确性。

（2）对控制风险的评估依赖于内部控制，这就导致评估出来的结果有一定的概率是不准确的。控制风险的高低主要依赖于注册会计师对被审计单位内控测试的结果，但是，由于内控受到人为因素影响较大，在决策时可能因为人为判断导致测试结果出现偏差；或是当被审计单位的管理层出现舞弊行为，凌驾于企业的内控制度之上时，内控测试结果就会失真。

（3）在审计过程中，如果使用传统审计风险模型，则很难对被审计单位的风险有整体认知。在传统审计风险模型下，固有风险应当从财务报表层次和认定层次来考虑，而控制风险则仅能从账户余额或交易类别的相关认定层次来进行评估，不涉及财务报表层次。这样一来，就会导致注册会计师缺乏对被审计单位风险的整体认识。

2003年10月，IAASB颁布了一系列新的审计准则，并提出了现代审计风险模型：

$$审计风险 = 重大错报风险 \times 检查风险$$

$$重大错报风险 = 固有风险 \times 控制风险$$

$$即审计风险 = 固有风险 \times 控制风险 \times 检查风险$$

现代审计风险模型在传统审计风险模型的基础上有所改进，主要表现为简化了形式，且扩大了审计风险的外延和内涵。重大错报风险包括两个层次：会计报表整体层次和认定层次。其中，会计报表整体层次风险通常和被审计企业的内控环境以及管理层舞弊等有关；认定层次风险则是"针对某类交易、账户余额和其他相关具体认定层次的风险，包括固有风险和控制风险"。重大错报风险是指"难以界定于具体认定的，通常会同时影响多个认定的风险"。而检查风险是指"如果存在某一错报，该错报单独

---

① 伯利，米恩斯. 现代公司与私有财产 [M]. 甘华鸣，罗锐韧，蔡如海，译. 北京：商务印书馆，2005：1-20.

或连同其他错报可能是重大的，注册会计师为将审计风险降至可接受的低水平而实施程序后没有发现这种错报的风险"。

现代风险导向审计以被审计单位的战略经营风险分析为导向进行审计，故而又被称为经营风险审计和风险基础战略系统审计。现代风险导向审计按照战略管理论和系统论，将由于企业的整体经营风险所带来的重大错报风险作为审计风险的一个重要构成要素进行评估，是评估审计风险观念、范围的扩大与延伸，是传统风险导向审计的继承和发展。

相较于以英美为代表的西方国家，我国在审计风险模型方面发展较晚，在应用过程中也存在局限性，具体表现为：在现代审计风险模型下，审计工作所需成本较高。会计师事务所在承接审计项目前，通常要对被审计单位全方位调查，需要聘请一些经验丰富的审计人员，所花费的人力成本较高；此外，若是被审计单位的内控制度不够完善，注册会计师还需要扩大审计范围，延长审计时间，如此一来也会大大增加审计的成本。注册会计师的综合素养还有待进一步提高。由于被审计单位可能存在多方面的问题，因此，审计人员在审计过程中，不仅要对专业知识了如指掌，还要了解一定的企业管理知识，从而进一步提高职业判断力。

第二节 案 例 分 析

一、被审计单位情况

（一）登云股份基本情况

怀集登云汽配股份有限公司（以下简称"登云股份"）在1989年以注册资本9 200万元在广东省怀集县成立，其前身是1971年5月10日成立的怀集县汽车配件厂。1995年，汽配厂进行经营承包改制，怀集县汽车配件制造有限责任公司由此设立。2008年6月5日，张某某等45位自然人与深圳市同创伟业创业投资有限公司（以下简称"同创伟业"）、北京鼎晖时代创业投资有限公司（以下简称"鼎辉时代"）、广州惟扬创业投资管理有限公司（以下简称"广州惟扬"）以及深圳市南海成长创业投资合伙企业（有限合伙）（以下简称"南海成长"）共同签订发起人协议，决定以截至2007年12月31日公司净资产10 405.50万元，按照1∶0.576618的比例折股出资，共计折和股份数6 000万股，每股面值为人民币1元，至此，怀集县汽车配件制造有限责任公司整体变更设立股份公司。

登云股份在2014年2月19日挂牌上市（股票代码：002715），总募集资金23 368万元。公司一共有46个股东，其中43个自然人股东、3个法人股东，但是张弢等9位自然人才是其实际控制人，2014年发行人及各自持有的股份如表9-2所示。

表 9-2　　　　　　　　登云股份 2014 年发行人股权结构

股东名称		持股比例（%）
张弢等 9 位共同控制人	张弢	12.87
	欧洪先	6.86
	李盘生	5.53
	罗天友	2.96
	李区	2.78
	黄树生	1.22
	陈潮汉	1.17
	莫桥彩	1.01
	邓剑雄	0.42
其他 47 位自然人		21.61
国投高科		13.04
南海成长		6.52
同创伟业		6.52
广州惟杨		3.71
鼎辉时代		2.17

资料来源：根据鲍静（2020）整理得到。

2014 年 2 月 19 日，登云股份在深圳证券交易所中小企业板上市，根据登云股份 IPO 招股说明书整理的发行人股权结构（见表 9-2）。其中，国投高科技投资有限公司（以下简称"国投高科"）为国有独资公司，其持有登云股份的股份界定为国家股；怀集发动机气门美国公司（以下简称"美国登云"）为登云股份于 2009 年 1 月 13 日在美国设立的全资子公司；怀集县和兴小额贷款有限责任公司（以下简称"和兴贷款"）为登云股份参股公司。登云股份属汽车配件生产行业，其主要产品为汽车发动机进排气门。

2015 年 10 月 20 日，登云股份发布了晚间公告，声明其在 10 月 20 日收到了证监会发来的《调查通知书》，登云股份由于涉嫌信息披露违法违规，被证监会立案调查。

2016 年 5 月 5 日，登云股份收到证监会发来的净利润监管函，指出登云股份公司在 2015 年业绩预告修正公告中披露的修正后净利润与实际数据有较大差异，没能够及时且准确地履行相关信息披露的义务，责令其调整改正。

2016 年 5 月 11 日，登云股份收到证监会发来的 2015 年年报问询函。

2017 年 5 月 31 日，证监会针对登云股份进行立案调查、审理的结果，对登云股份及相关责任人员进行了行政处罚。证监会认定其在上市前后均存在财务舞弊行为，登云股份被警告、并责令改正，罚款金额总计为 60 万元，26 名责任人也因此受到行政处罚。

2017 年 4 月 28 日，登云股份收到《行政处罚及市场禁入事先告知书》。

2017年6月，登云股份就IPO申请文件、定期报告存在虚假记载、重大遗漏行为，采取网络方式召开公开致歉会，参加公开致歉会的包括董事长张弢、董秘张福如，受到处分的其他已离任和现任董事、监事、高级管理人员等共25人，以及新时代证券股份有限公司保荐代表人郭纪林等。

2017年12月6日，证监会对信永中和作为怀集登云汽配股份有限公司IPO期间（2010~2013年度）及年报的审计机构出具虚假审计意见进行了处罚。①

（二）主要会计问题

1. 隐瞒关联方

与登云股份有着关联关系的企业，国内有着广州富匡全、肇庆达美、山东富达美、山东旺特这4家企业，国外有APC公司和Golden Engine公司这2家企业。登云股份隐瞒了与这6家企业的关联关系。国内关联方中，登云股份通过多层股权结构控制关系来进行隐瞒。欧洪先持有广州富匡全90%的股权，通过广州富匡全进一步对肇庆达美、山东富达美、山东旺特拥有实质控制权，其中山东旺特的前身是山东登云汽配销售，并且欧洪先兄长欧洪滔时任广州富匡全的董事长。这种复杂的关联方关系很难被审计主体发现，并且登云股份在年报中没有披露该关系，也隐瞒了与山东旺特之间的交易。山东旺特为上游企业，在2010年、2011年和2012年这三年中与其进行的关联方交易金额分别为115.51万元、553.49万元和770.13万元。②

国外隐瞒的关联方关系中，2013年的年度报告披露了前五大供应商和客户的具体信息，如姓名和交易金额。但是登云股份上市当年的年度报告中，供应商和客户姓名没有用具体姓名进行描述，而是用化名供应商1、客户1等替代，这给调查关联企业造成了很大的困难。登云股份的9位高管在年审时，对外投资这一事项均出具了承诺书，但是公司副总王某枢未出具该承诺书给审计人员，经核查发现2010年其拥有APC公司40%股权，并且该公司发生股权变更后王某的联系方式仍在公司的注册信息上。③Golden Engine公司看似与登云股份毫无关系，但是APC公司开具的订货单和销售发票，其在这两张单据中注明的联系方式和地址与美国登云完全一致。实质重于形式，以上公司都被监管机构判定为其关联方，但是登云股份并未将关联关系在审计年报中进行披露。

上述会计处理严重违背了会计准则的相关规定，导致登云股份主营业务利润增加，改变了上市公司的利润结构，没有真实、公允地反映公司经营状况，严重误导了会计信息使用者。

2. 利用关联方关系虚构客户及交易

APC和Golden Engine公司被判定为登云股份的关联方主要原因是与登云股份具有相同的员工和相同的办公电话。APC在与Golden Engine公司签立订单后，开具的订货单、发货清单和销售发票这三个单据中，标注的联系地址和方式与美国登云完全相同，

---

① 鲍静. IPO审计风险及防范研究：以信永中和对登云股份审计为例 [D]. 北京：北京交通大学，2020.
②③ 中国证监会行政处罚决定书〔2017〕60号，详见证监会网站。

并且货物装箱单上的可以进行联系的员工名字也是美国登云的在职员工。Golden Engine 公司对外公布的联络电话是美国登云的传真电话。根据实质重于形式的原则，APC 和 Golden Engine 公司为登云股份的关联方。①

登云股份利用 APC 和 Golden Engine 与美国登云的关系，虚构了 APC 和 Golden Engine 之间的交易，在 2011 年和 2012 年这两年期间，分别虚构了交易金额 7.54 万美元和 184.18 万美元。海外关联关系与国内关联关系相比，具有更高的隐蔽性。距离远、函证难等问题会给执行审计程序带来困难，所以上市后登云股份仍没有披露关联关系和收敛行为，继续虚构交易。在 2013 年和 2014 年两年期间，虚构交易金额高达 504.65 万美元。②

3. 提前确认收入

登云股份在招股说明书中对收入确认的操作方法是：国内客户，以其发出确认单的时间点为确认时点；海外客户，则以海关清关信息为确认点。2013 年 6 月 15 日和 6 月 16 日，登云公司向子公司美国登云销售了两批产品。美国登云采购这两批产品后实现销售的时间分别为 6 月 15 日和 6 月 21 日。两家公司实现销售收入的时间相隔很短，从境内运往美国运输采用的是海运，这明显不符合正常的海运运输周期。美国登云提前确认的收入金额为 239.86 万元，导致 2013 年半年报中合并报表提前确认了利润 94.96 万元。会计准则规定会计信息具有及时性的特征，提前或推后确认收入是不符合相关准则。美国登云提前确认收入、增加利润的行为，会误导投资者的决策。③

4. 销售费用不入账

在登云股份 2011 年至 2013 年 6 月的财务报表中，登云股份存在未入账以某汽车企业为代表的 12 家客户的三包索赔费用的情况，不入账总金额高达 9 763 764.84 元人民币。2012 年对某家企业有 5 万元的三包索赔费用没有入账，2013 年、2014 年登云股份未入账的三包索赔费用金额分别为 5 020 406.98 元、3 451 964.74 元。据登云股份公布的财务报表数据显示，其发生的三包索赔费用各年一直都有上百万元，但在上市的前一年突然降低至 10.68 万元，这样异常的波动往往都是值得深究的。2016 年，登云股份为掩盖自己不入账此项费用的事实，要求客户一汽锡柴退返登云股份相关的三包索赔扣款，甚至因此向法院提起了诉讼，而法院的宣判结果仅仅要求一汽锡柴退还争议金额的 23%。④

5. 票据贴现费用不入账

2013 年、2014 年登云股份分别未计提由于贴现票据而产生的利息费用 2 929 311.20 元、652 500 元。原本登云股份和申源特钢间的合同约定两者之间以承兑汇票方式支付的货款金额不得高于总采购金额的 70%，但登云股份 2013 年 1~6 月及 2014 年均向申源特钢以承兑汇票的方式支付了超过采购金额 100% 的货款。证监会指出 2013 年 1~6 月，登云股份让客户申源特钢代为贴现银行承兑汇票，产生贴现利息 457 280 元，但登云股份并未将其确认为当期财务费用。证监会认为登云股份与申源特钢间的交易存

---

①② 中国证监会行政处罚决定书〔2017〕60 号，详见证监会网站。
③④ 中国证监会市场禁入决定书〔2017〕17 号，详见证监会网站。

在融资性质，是变相的票据贴现行为。直到 2016 年 5 月登云股份才和该供应商签订协议约定由供应商承担两者间 2013~2014 年产生的票据贴现费用，试图以此掩饰真实情况。①

6. 少确认成本

原本登云股份 2015 年第一季度的经营是处于亏损的状态，亏损金额超过 1 000 万元。事实上，2015 年商用车市场不景气，登云股份收到的国内柴油机气门订单大幅减少，导致其收入下滑。而且当年登云股份已经部分建成的募投项目致使其计提的折旧提高，同时运营新旧两个厂房也导致了其生产成本、制造费用等的提高。登云股份 2015 年年报中的数据显示，当年生产的单位产品应负担的折旧较 2014 年同期增幅达到 37.41%，就连水电费也比 2014 年提高了 10.37%。但是在 2015 年 4 月登云股份董事会通过并公布出来的 2015 年第一季度季报中却显示其是盈利的。经调查发现，当时出于隐瞒亏损、稳定股价等多方面的目的，登云股份篡改了真实的财务数据，竟然人为地调低了其销售商品的单位成本，并通过此等方式调低了近 421.24 万元的主营业务成本，登云股份通过调减成本操纵利润，使其第一季度的季报从巨额亏损转变为盈利。②

7. 对外违规借款

登云股份管理层声称已经按照《企业内部控制基本规范》及相关规定建立了全面、合理的内控制度，保障了企业的运营。并按照《企业内部控制基本规范》及相关规定在任何关键领域保持了与财务报告相关的有效的内部控制。实际上，登云股份未经股东大会或董事会同意、未建立完整合理的内部控制制度、未在所有重大方面保持与财务报告相关且有效的内部控制，内部控制存在重大缺陷。2014 年 4 月建立了年报信息披露重大差错责任追究制度，但是其高管依旧在存在问题的财务报告上签字。具体如表 9-3 所示。

表 9-3　　　　　　　　　对外违规借款情况

年度	对外违规借款（万元）
2011	960
2012	2 000
2013	2 300
2014	1 200
2015	6 460

资料来源：根据中国证监会行政处罚决定书〔2017〕60 号整理得到。

---

① 中国证监会市场禁入决定书〔2017〕17 号，详见证监会网站。
② 中国证监会行政处罚决定书〔2017〕60 号，详见证监会网站。

二、审计单位情况

(一) 信永中和会计师事务所基本情况

信永中和会计师事务所的发展历史可追溯到 20 世纪 80 年代初期,是国内成立最早、存续时间最长的专业服务机构,拥有 7 年与国际大型会计公司合资的经历。截至 2020 年 12 月,信永中和历经 30 多年的发展,已实现集团化、一体化管理和国际化发展,成为当今中国具有品牌影响力且具备国际服务能力的综合性专业服务机构。信永中和拥有审计鉴证、管理咨询、税务及会计服务、工程管理咨询 4 个平行的业务板块,在境内外设有 80 个办公室,员工总数逾 10 000 人,包括 480 多位合伙人。[①]

(二) 主要的审计问题

1. 风险评估程序执行不到位

审计人员在接受委托之后,应充分了解受托单位及其所处的环境,对其整体存在的风险进行评估。信永中和对登云股份进行风险评估时,却存在以下问题:

(1) 承接业务时未有效评估审计风险。事务所在承接业务时,主动了解被审计单位的内部治理情况、外部经营环境和财务状况是一个必要的审计程序。许多研究学者认为,审计风险中的检查风险受对审计客户的选择和评估影响,若选择和评估不当,极有可能给审计主体带来诉讼风险。信永中和实行的是项目合伙人负责制,选择客户时,项目合伙人就要做好对审计客户的评估工作。从登云股份上市前的经营情况可以看出,净利润从 2012 年就开始下滑,而 2010~2012 年三年期间的审计报告都是由信永中和进行审计,但其在承接 IPO 审计时,合伙人并未对此进行特别的关注,最终影响了审计结果。[②]

(2) 未充分了解行业情况。登云股份的主营业务是汽油机气门,汽油机气门的利润率比柴油机气门低,并且整个行业都的增长速度都处于放缓状态,市场的发展有限,上升空间不足。在这种大环境不理想的情况下,经营状况又在下跌,而登云股份却作出上市的决定。注册会计师对此未予以充分的了解从而作出职业判断,进而导致未识别出登云股份可能存在的舞弊动机。

(3) 对公司内部控制未进行充分了解。从证监会对登云股份的处罚公告中我们知道,登云股份 2011~2014 年期间共对外违规借款 6 460 万元,这说明登云股份对资金控制制度并没有有效执行。[③] 虽然管理层声称按照《企业内部控制基本规范》建立了合理的内控制度并得到有效执行,但实际上却并未经过股东大会或董事会同意建立合理的内控制度。信永中和在承接业务前没有对登云股份的内部控制进行充分了解,很难识别出登云股份存在的重大错报风险,进而导致审计风险的增加。

---

① 根据信永中和会计师事务所官网(https://www.shinewing.com)整理。
② 怀集登云汽配股份有限公司 2014 年首次公开发行股票招股说明书。
③ 中国证监会行政处罚决定书〔2017〕101 号,详见证监会网站。

2. 未保持应有的职业怀疑

审计人员在审计过程中应当始终保持职业谨慎，遇到可疑问题要保持警觉，运用职业判断去评价获取的审计证据是否充分适当。在此次审计中未对以下两个方面保持应有的职业谨慎：

（1）未对重大合同性质保持职业怀疑。前文提到，登云股份向上游企业采购时，用银行承兑汇票的方式支付应不能超过总金额的70%的货款。实际中，登云股份向申源特钢开具的承兑汇票金额不仅超过了70%，更是超过100%。这种明显与合同约定相矛盾的现象应当引起审计人员的注意，申源特钢是登云股份常年合作伙伴，是其第一大供应商，信永中和本应对其进行更多的关注，但是审计人员没有保持职业谨慎，未对相关的情况进行核查，只是核对了金额，没有对项目金额的性质和背景深究，所以也就未能识别出少计贴现费用的情况。① 信永中和的上述行为违反了《中国注册会计师审计准则第1101号——注册会计师的总体目标和审计工作的基本要求》第二十八条的规定。

（2）未对销售收入确认时间保持职业怀疑。登云股份通过其子公司美国登云将产品销往海外，从下单到确认收入，包括打包、装箱、发往美国、海关清关。2013年登云与美国登云有两笔业务往来，美国登云确认收入时间与海运周期不符，因为与登云股份发货时间相差不到一周。信永中和对这两项业务核查，并将这异常情况记录到审计底稿中，但是并没有保持应有的职业怀疑，未对这两笔收入进行充分核查，实施截止认定测试，复核时合伙人也未对情况提出疑问，导致未发现提前确认收入的舞弊行为。审计人员未对种种舞弊迹象保持应有的职业怀疑，增加审计风险，导致审计失败的发生。② 信永中和的上述行为违反了《中国注册会计师审计准则第1301号——审计证据》第九条、第十三条的规定。

3. 缺乏对关联方审计的风险关注

关联方及关联方交易一直都是审计重点，信永中和在审计时，未保持职业怀疑态度，即使发现多项异常线索，也未追加审计程序进行核实。

国内关联方关系中，根据上文描述，董事兼总经理欧洪先拥有广州富匡全90%的股份，广州富匡全对肇庆达美具有控制权，肇庆达美持有山东富达美具有控制权。而信永中和根据欧洪先未参与广州富匡全、肇庆达美和山东富达美的经营就判定该三家公司与登云无任何关联关系。查阅工商资料发现东旺特曾用名是"山东登云汽配销售有限公司"，对这种异常的线索，信永中和仅仅只是通过询问、核查等程序，收集到其唯一股东是山东富达美资料，就不再深入调查，就此判定存在非关联关系。信永中和对主要上市公司的股权结构没有进行完整描绘和全面调查，而是采用了访谈程序，并百分之百相信，没有获取证据确认其未参与，主观相信不符合谨慎性原则；对山东旺特异常情况调查中，只追溯到山东富达美，而对关联方的调查应逐级向上追溯到最终实际控制人，信永中和对关联方关注不够敏感，从而未能发现隐匿的关联方关系。

国外关联方关系认定中，信永中和根据登云股份提供的资料，美国登云通过APC销售货物，是为了达到享受美国税收优惠政策的目的，因此不把它归为关联方。但是

---

①② 中国证监会行政处罚决定书〔2017〕101号，详见证监会网站。

在处罚公告中发现,信永中和获取的资料中,APC 销售给 GE 装箱单上注明的联系人和地址与美国登云相同,并且美国登云副总经理王某枢曾经持有 APC 的股权,这些证据可以帮助认定为异常联系,但是信永中和未进行核查。

4. 实质性审计程序执行不合规

信永中和审计执行程序不合规主要表现在三包费用函证不符未实施替代性程序和缩小对美国登云销售单的抽凭范围。信永中和对登云股份审计中,三包费用舞弊未能成功被发现是其被处罚的原因之一。登云股份 2010 年、2011 年、2012 年和 2013 年的三包索赔费用分别为 139.2 万元、265.51 万元、194.16 万元和 10.68 万元,2013 年的三包索赔费用明显偏低。① 并且在对涉及该事项的四家主机厂函证时,对这四家回函情况及处理方式如表 9 - 4 所示。

表 9 - 4   三包索赔费用客户的回函情况及处理方式

发函公司名称	回函情况	事务所的处理方式
潍柴动力备品资源有限公司	回函盖章不符	未作出有效解释
广西玉柴机器股份有限公司	函证回函差异	未充分追查
东风康明斯发动机有限公司	函证回函差异	未充分追查
东风朝阳朝柴动力有限公司	未收到回函	执行函证替代程序不充分

资料来源:根据中国证监会行政处罚决定书〔2017〕101 号整理得到。

潍柴动力备品资源有限公司的回函没有盖该公司自己的印章,而是其附属公司潍柴配送回函并且加盖本公司公章,回函中其表示不了解这两家公司每年的采购金额、三包索赔金额与销售退回金额和年末的往来余额,信永中和面对这一回函没有采取进一步审计程序以获取其他有效证据。面对广西玉柴机器股份有限公司回函中与报表中的差异 137 万元,登云股份以入账时间不一致为借口,并且向审计人员提供了 8 张金额近似的发票,但是信永中和对此采取百分百的信任,没有对发票做深入调查,所以没有发现真实性差异。② 对待东风康明斯发动机有限公司的回函差异,信永中和以金额比例小不影响整体性差异为由忽略掉,这违反了审计准则中对回函存在不符事项的总体要求,注册会计师应当调查不符事项,以确定是否表明存在错报。未收到东风朝阳柴动力有限公司的回函,信永中和采取抽查发票的替代程序来验证,而抽查只能验证已入账的真实性,未入账的费用没有对应的发票,所以无法检验未入账费用的真实性,采取的函证替代程序不充分。

信永中和进行 2012 年的年报审计,在进行抽凭时,按照审计准则的相关要求,对发票号码是否连续、装箱单与运货单是否与公司记账凭证一致、提货单和运货单的数据是否齐全,以及发出的商品有没有真实到达目的地等信息进行抽查。但是 2013 年对登云股份进行审计时,仅仅抽查了美国登云 6 月份的业务是否有装箱单和开具发票。③ 随意缩小抽凭范围,减少了必要的审计程序,是注册会计师未能发现美国登云提前确

---

①②③ 中国证监会行政处罚决定书〔2017〕101 号,详见证监会网站。

认收入的原因之一。

信永中和的上述行为违反了《中国注册会计师审计准则第 1312 号——函证》第十九条、第二十一条和《中国注册会计师审计准则问题解答第 2 号——函证》第四条第（一）款第 5 项中的规定。

5. 复核流于形式

审计准则中对财务报表实施质量控制的条例规定，会计师事务所在业务执行中应当建立指导、复核、咨询、质量控制等多层次的复核机制。信永中和采用的是三级复核制度，多层次的人员参与审计项目中，从不同角度对项目质量把关，降低审计风险。

但是信永中和并没有做好质量控制复核。与申源特钢签订的合同，贴现费用比例与合同规定不符；关联方异常线索，APC 的装箱单地址和联系人名字与美国登云完全相同；三包索赔费用异常变动，2013 年与往年相比下降程度巨大；2012 年净利润开始下滑。① 这些在审计底稿中都存在记录，针对这些异常审计人员给予的解释并不充分适当，签字注册会计师在复核时仅对比较重要的部分进行复核，并未针对这些异常情况与项目合伙人进行充分讨论。最终使得复核流于形式，未能对审计风险起到控制作用。

第三节　延伸思考

（1）审计客体的行为是影响项目成功与否的重要因素之一。试从登云股份出发讨论信永中和审计失败的原因？

（2）信永中和会计师事务所在复核中流于形式是其审计失败的重要原因，为避免再次出现，会计师事务在审计流程中应如何完善复核机制？

（3）审计报告是投资者决策的重要依据。一旦出现失败则会产生严重的影响。从登云角度的案例中探究信永中和审计失败的影响，可从对注册会计师与事务所、投资者与资本市场、社会环境的影响股份出发。

（4）登云股份 IPO 审计失败，信永中和存在众多过失。那么，如何防范和避免 IPO 审计失败呢？试从业务承接阶段、审计执行阶段、报告编制阶段分析。

第四节　相关规定

《企业会计准则第 36 号——关联方披露》

第七条　关联方交易，是指关联方之间转移资源、劳务或义务的行为，而不论是否收取价款。

第八条　关联方交易的类型通常包括下列各项：

---

① 胡韵如. 信永中和审计风险控制问题探讨——以登云股份为例 [D]. 南昌：江西财经大学，2020.

（一）购买或销售商品。
（二）购买或销售商品以外的其他资产。
（三）提供或接受劳务。
（四）担保。
（五）提供资金（贷款或股权投资）。
（六）租赁。
（七）代理。
（八）研究与开发项目的转移。
（九）许可协议。
（十）代表企业或由企业代表另一方进行债务结算。
（十一）关键管理人员薪酬。

第九条　企业无论是否发生关联方交易，均应当在附注中披露与母公司和子公司有关的下列信息：

（一）母公司和子公司的名称。

母公司不是该企业最终控制方的，还应当披露最终控制方名称。母公司和最终控制方均不对外提供财务报表的，还应当披露母公司之上与其最相近的对外提供财务报表的母公司名称。

（二）母公司和子公司的业务性质、注册地、注册资本（或实收资本、股本）及其变化。

（三）母公司对该企业或者该企业对子公司的持股比例和表决权比例。

第十条　企业与关联方发生关联方交易的，应当在附注中披露该关联方关系的性质、交易类型及交易要素。交易要素至少应当包括：

（一）交易的金额。
（二）未结算项目的金额、条款和条件，以及有关提供或取得担保的信息。
（三）未结算应收项目的坏账准备金额。
（四）定价政策。

第十一条　关联方交易应当分别关联方以及交易类型予以披露。类型相似的关联方交易，在不影响财务报表阅读者正确理解关联方交易对财务报表影响的情况下，可以合并披露。

第十二条　企业只有在提供确凿证据的情况下，才能披露关联方交易是公平交易。

《企业会计准则第 14 号——收入》

第二十六条　企业为履行合同发生的成本，不属于其他企业会计准则规范范围且同时满足下列条件的，应当作为合同履约成本确认为一项资产：

（一）该成本与一份当前或预期取得的合同直接相关，包括直接人工、直接材料、制造费用（或类似费用）、明确由客户承担的成本以及仅因该合同而发生的其他成本；
（二）该成本增加了企业未来用于履行履约义务的资源；
（三）该成本预期能够收回。

第二十七条　企业应当在下列支出发生时，将其计入当期损益：

（一）管理费用。

（二）非正常消耗的直接材料、直接人工和制造费用（或类似费用），这些支出为履行合同发生，但未反映在合同价格中。

（三）与履约义务中已履行部分相关的支出。

（四）无法在尚未履行的与已履行的履约义务之间区分的相关支出。

第二十八条　企业为取得合同发生的增量成本预期能够收回的，应当作为合同取得成本确认为一项资产；但是，该资产摊销期限不超过一年的，可以在发生时计入当期损益。

增量成本，是指企业不取得合同就不会发生的成本（如销售佣金等）。

企业为取得合同发生的、除预期能够收回的增量成本之外的其他支出（如无论是否取得合同均会发生的差旅费等），应当在发生时计入当期损益，但是，明确由客户承担的除外。

第二十九条　按照本准则第二十六条和第二十八条规定确认的资产（以下简称"与合同成本有关的资产"），应当采用与该资产相关的商品收入确认相同的基础进行摊销，计入当期损益。

第三十条　与合同成本有关的资产，其账面价值高于下列两项的差额的，超出部分应当计提减值准备，并确认为资产减值损失：

（一）企业因转让与该资产相关的商品预期能够取得的剩余对价；

（二）为转让该相关商品估计将要发生的成本。

以前期间减值的因素之后发生变化，使得前款（一）减（二）的差额高于该资产账面价值的，应当转回原已计提的资产减值准备，并计入当期损益，但转回后的资产账面价值不应超过假定不计提减值准备情况下该资产在转回日的账面价值。

第三十一条　在确定与合同成本有关的资产的减值损失时，企业应当首先对按照其他相关企业会计准则确认的、与合同有关的其他资产确定减值损失；然后，按照本准则第三十条规定确定与合同成本有关的资产的减值损失。

企业按照《企业会计准则第 8 号——资产减值》测试相关资产组的减值情况时，应当将按照前款规定确定与合同成本有关的资产减值后的新账面价值计入相关资产组的账面价值。

第四十一条　企业应当根据本企业履行履约义务与客户付款之间的关系在资产负债表中列示合同资产或合同负债。企业拥有的、无条件（即，仅取决于时间流逝）向客户收取对价的权利应当作为应收款项单独列示。

合同资产，是指企业已向客户转让商品而有权收取对价的权利，且该权利取决于时间流逝之外的其他因素。如企业向客户销售两项可明确区分的商品，企业因已交付其中一项商品而有权收取款项，但收取该款项还取决于企业交付另一项商品的，企业应当将该收款权利作为合同资产。

合同负债，是指企业已收或应收客户对价而应向客户转让商品的义务。如企业在转让承诺的商品之前已收取的款项。

按照本准则确认的合同资产的减值的计量和列报应当按照《企业会计准则第 22 号——金融工具确认和计量》和《企业会计准则第 37 号——金融工具列报》的规定进行会计处理。

第四十二条　企业应当在附注中披露与收入有关的下列信息：

（一）收入确认和计量所采用的会计政策、对于确定收入确认的时点和金额具有重大影响的判断以及这些判断的变更，包括确定履约进度的方法及采用该方法的原因、评估客户取得所转让商品控制权时点的相关判断，在确定交易价格、估计计入交易价格的可变对价、分摊交易价格以及计量预期将退还给客户的款项等类似义务时所采用的方法、输入值和假设等。

（二）与合同相关的下列信息：

1. 与本期确认收入相关的信息，包括与客户之间的合同产生的收入、该收入按主要类别（如商品类型、经营地区、市场或客户类型、合同类型、商品转让的时间、合同期限、销售渠道等）分解的信息以及该分解信息与每一报告分部的收入之间的关系等。

2. 与应收款项、合同资产和合同负债的账面价值相关的信息，包括与客户之间的合同产生的应收款项、合同资产和合同负债的期初和期末账面价值、对上述应收款项和合同资产确认的减值损失、在本期确认的包括在合同负债期初账面价值中的收入、前期已经履行（或部分履行）的履约义务在本期调整的收入、履行履约义务的时间与通常的付款时间之间的关系以及此类因素对合同资产和合同负债账面价值的影响的定量或定性信息、合同资产和合同负债的账面价值在本期内发生的重大变动情况等。

3. 与履约义务相关的信息，包括履约义务通常的履行时间、重要的支付条款、企业承诺转让的商品的性质（包括说明企业是否作为代理人）、企业承担的预期将退还给客户的款项等类似义务、质量保证的类型及相关义务等。

4. 与分摊至剩余履约义务的交易价格相关的信息，包括分摊至本期末尚未履行（或部分未履行）履约义务的交易价格总额、上述金额确认为收入的预计时间的定量或定性信息、未包括在交易价格的对价金额（如可变对价）等。

（三）与合同成本有关的资产相关的信息，包括确定该资产金额所做的判断、该资产的摊销方法、按该资产主要类别（如为取得合同发生的成本、为履行合同开展的初始活动发生的成本等）披露的期末账面价值以及本期确认的摊销及减值损失金额等。

（四）企业根据本准则第十七条规定因预计客户取得商品控制权与客户支付价款间隔未超过一年而未考虑合同中存在的重大融资成分，或者根据本准则第二十八条规定因合同取得成本的摊销期限未超过一年而将其在发生时计入当期损益的，应当披露该事实。

《中国注册会计师审计准则第 1101 号——注册会计师的总体目标和审计工作的基本要求》

第二十八条　在计划和实施审计工作时，注册会计师应当保持职业怀疑，认识到可能存在导致财务报表发生重大错报的情形。

《中国注册会计师审计准则第 1301 号——审计证据》

第九条　注册会计师的目标是，通过恰当的方式设计和实施审计程序，获取充分、适当的审计证据,以得出合理的结论,作为形成审计意见的基础。

第十三条 在使用被审计单位生成的信息时,注册会计师应当评价该信息对实现审计目的是否足够可靠,包括根据具体情况在必要时实施下列程序:

(一)获取有关信息准确性和完整性的审计证据;

(二)评价信息对实现审计目的是否足够准确和详细。

《中国注册会计师审计准则第 1312 号——函证》

第十九条 在未回函的情况下,注册会计师应当实施替代程序以获取相关、可靠的审计证据。

第二十一条 注册会计师应当调查不符事项,以确定是否表明存在错报。

《中国注册会计师审计准则问题解答第 2 号——函证》

六、收到回函后,注册会计师如何考虑回函的可靠性?

答:收到回函后,根据不同情况,注册会计师可以分别实施以下程序,以验证回函的可靠性。

(一)通过邮寄方式收到的回函

通过邮寄方式发出询证函并收到回函后,注册会计师可以验证以下信息:

1. 收回的经被询证者确认的询证函是否是原件。

2. 回函是否由被询证者直接寄给注册会计师。

3. 寄给注册会计师的回邮信封或快递信封中记录的发件方名称、地址是否与询证函中记载的被询证者名称、地址一致。

4. 回邮信封上的邮戳显示发出城市或地区是否与被询证者的地址一致,是否存在多封回函同时或自同一地址发出的情况;如果回函使用快递方式,可查看收件网点的城市或地区是否与被询证者所在的城市或地区一致,是否存在多封回函同时或自同一收件网点发出的情况。

5. 被询证者加盖在询证函上的印章以及签名中显示的被询证者名称是否与询证函中记载的被询证者名称一致,加盖的印章以及签名是否清晰可辨认。在必要的情况下,注册会计师还可以进一步与被审计单位持有的其他文件中的被询证者印章及签名进行核对或亲自前往被询证者进行核实等。

如果被询证者将回函寄至被审计单位,被审计单位将其转交注册会计师,该回函不能视为可靠的审计证据。在这种情况下,注册会计师可以要求被询证者直接书面回复。

参考文献

[1] 鲍静. IPO 审计风险及防范研究：以信永中和对登云股份审计为例 [D]. 北京：北京交通大学，2020.

[2] 伯利，米恩斯. 现代公司与私有财产 [M]. 甘华鸣，罗锐韧，蔡如海，译. 北京：商务印书馆，2005.

[3] 蔡吉甫. 公司治理、审计风险与审计费用关系研究 [J]. 审计研究，2007 (3)：65 – 71.

[4] 陈骏，王明. 上市公司会计欺诈预警模型的应用研究 [J]. 财会通讯，2004 (4)：50 – 54.

[5] 崔君平，徐振华. 审计学 [M]. 北京：北京大学出版社，2020.

[6] 丁瑞玲，吴溪. 审计学 [M]. 北京：经济科学出版社，2018.

[7] 范少星. 从职业道德角度分析正中珠江会计师事务所对于康美药业的审计执行过程和审计报告 [J]. 广西质量监督导报，2020 (4)：131 – 132.

[8] 范瑾，石金. 浅谈会计师事务所 IPO 审计的风险控制 [J]. 老字号品牌营销，2019 (7)：53 – 54.

[9] 傅胜，曲明. 审计习题与案例 [M]. 大连：东北财经大学出版社，2017.

[10] 高翔宇. 獐子岛公司存货审计案例研究 [D]. 长春：吉林财经大学，2019.

[11] 郭蓓丽. 货币资金审计探讨：基于新绿股份审计失败案例 [J]. 中国乡镇企业会计，2020 (11)：164 – 165.

[12] 高嵩. 文化传媒上市公司审计风险及其防范研究：以欢瑞世纪为例 [D]. 北京：北京交通大学，2020.

[13] 郭兴艳，李隽. 洪良国际涉嫌包装上市近 10 亿港元 IPO 筹资遭冻结 [N]. 第一财经日报，2010 – 04 – 05.

[14] 胡韵如. 信永中和审计风险控制问题探讨：以登云股份为例 [D]. 南昌：江西财经大学，2020.

[15] 黄河，罗敏夏. 那些神秘的手"拿捏"绿大地 [N]. 南方周末，2012 – 03 – 19.

[16] 黄芳，张莉芳. 货币资金审计失败分析：基于证监会 2007—2019 年处罚公告 [J]. 中国注册会计师，2021 (2)：81 – 83.

[17] 阚京华，周友梅，管亚梅. 审计学 [M]. 北京：人民邮电出版社，2016.

[18] 康雅琳. 九好集团财务舞弊案例分析及审计启示 [J]. 现代商业，2020 (18)：95 – 96.

[19] 罗燕. 欢瑞影视借壳上市财务造假案例研究 [D]. 长春：吉林大学，2020.

[20] 李涛. 从绿大地事件看上市公司监管 [J]. 财会研究，2012 (6)：61 – 63.

[21] 李越冬，张冬，刘伟伟．内部控制重大缺陷、产权性质与审计定价［J］．审计研究，2014（2）：45－52．

[22] 李景辉．《审计》：生产与存货循环审计、货币资金审计［N］．中国会计报，2020－07－17（14）．

[23] 刘星，牛艳芳，唐志豪．关于推进大数据审计工作的几点思考［J］．审计研究，2016（5）：3－7．

[24] 刘俊萍，沈真恋．水产养殖企业审计风险识别及应对策略：以獐子岛为例［J］．经济研究导刊，2021（12）：62－64．

[25] 刘可朦．上市公司年报审计中政府补助项目审计失败及对策研究［D］．天津：天津财经大学，2016．

[26] 刘静，刘为，杨玉．以"审计之剑"，捍卫市场秩序：以银基烯碳公司审计案为例［J］．商业会计，2019（13）：61－64．

[27] 李唯滨，张一凡．瑞幸咖啡做空事件分析：基于审计视角［J］．财务管理研究，2020（5）：1－10．

[28] 林勇峰，陈世文，白智奇．瑞幸事件的理论分析与监管思考：基于舞弊三角理论的逻辑推演［J］．金融会计，2020（5）：67－74．

[29] Mindak M，Heltzer W. Corporate environmental responsibility and audit risk［J］. Managerial Auditing Journal，2011，26（8）：697－733．

[30] 秦荣生，卢春泉．审计学［M］．北京：中国人民大学出版社，2017．

[31] 屈源育，沈涛，吴卫星．IPO还是借壳：什么影响了中国企业的上市选择？［J］．管理世界，2018（9）：130－142．

[32] 曲京山，王家璇，刘雅琦．东方金钰财务舞弊波尔原子模型分析［J］．合作经济与科技，2021（8）：142－144．

[33] 孙歆婳．康美药业财务舞弊研究［D］．天津：天津财经大学，2020．

[34] 孙芳城，丁瑞．应收账款特征、审计收费与审计意见［J］．会计之友，2020（2）：111－117．

[35] 宋夏云，谭博文．正中珠江会计师事务所对康美药业审计失败的案例研究［J］．商业会计，2019（22）：4－8．

[36] 佟佳俐，姜昕．"翡翠帝国"财务舞弊的GONE理论分析［J］．商业文化，2021（6）：130－131．

[37] 唐曲．立信所对大智慧年报审计失败案例研究［D］．长沙：湖南大学，2018．

[38] 陶钧．生物资产审计风险防范研究：以大华会计师事务所审计獐子岛集团为例［D］．哈尔滨：哈尔滨商业大学，2020．

[39] 田园，秦春霖．新三板企业财务舞弊问题探讨：以新绿股份为例［J］．邢台学院学报，2020，35（4）：86－91．

[40] 王刚潮．浅议如何有效识别虚增利润舞弊行为［J］．财会学习，2019（31）：111－113．

[41] 吴倩. 立信会计师事务所对大智慧审计失败的案例分析 [D]. 南昌：江西财经大学，2018.

[42] 翁雅，陈文寿. 上市公司舞弊审计案例研究：以九好集团为例 [C] // 四川劳动保障杂志出版有限公司. 劳动保障研究会议论文集（七）. 成都：四川劳动保障杂志出版有限公司，2020.

[43] 王文博. 大数据审计的应用和探讨 [J]. 现代审计与会计，2021 (3)：14 – 15.

[44] 谢晓娟. 基于关键审计事项视角下的审计失败案例研究：以正中珠江对康美药业的审计为例 [J]. 商业会计，2020 (8)：78 – 81.

[45] 肖岳阳. 上市公司关联交易与法律规制 [J]. 市场周刊，2021 (3)：152 – 153，168.

[46] 肖笛. 金亚科技审计失败案例研究 [D]. 武汉：华中科技大学，2018.

[47] 薛田. 立信对金亚科技审计失败案例分析 [J]. 北方经贸，2019 (12)：106 – 109.

[48] 熊锦秋. 如何遏制创业板过度投机 [J]. 金融博览（财富），2020 (11)：95.

[49] 肖丽琼. 东方金钰"打补丁" [J]. 支点，2019 (7)：64 – 66.

[50] 新能源汽车"骗补"风波 [J]. 中国战略新兴产业，2016 (21)：42 – 43.

[51] 杨云飞. 注册会计师审计失败的反思与应对策略研究：以新绿股份审计失败案为例 [J]. 经营与管理，2021 (2)：31 – 36.

[52] 袁敏. 康美药业货币资金审计问题反思 [J]. 中国注册会计师，2020 (8)：63 – 68.

[53] 豫金刚石：解决董事"双重角色"考核难题 [J]. 董事会，2019 (Z1)：74.

[54] 严誉嘉. 注册会计师审计责任界定研究 [D]. 沈阳：辽宁大学，2014.

[55] 于丁垚，尹成君，宁润浩. IPO审计风险防范问题研究 [J]. 商业经济，2018 (8)：149 – 151.

[56] 张美娟. 大股东减持对企业财务风险的影响 [J]. 全国流通经济，2020 (19)：83 – 85.

[57] 周尚熠. 基于瑞幸咖啡案例分析 [J]. 现代营销（下旬刊），2021 (1)：18 – 19.

[58] 张丽. 审计学 [M]. 成都：西南财经大学出版社，2020.

[59] 张曦. IPO审计风险防范策略探讨 [J]. 审计月刊，2013 (5)：48 – 49.

[60] 张春暖. 新能源汽车补贴专项资金审计研究 [D]. 重庆：西南政法大学，2017.

[61] 中国注册会计师协会. 中国注册会计师职业道德守则（2020）[Z]. 2020 – 12 – 17.